금석문
한시 101수

常碧 **鄭 瑄 鎭** 著

㈜이화문화출판사

금석문 한시 101수를 집필하면서

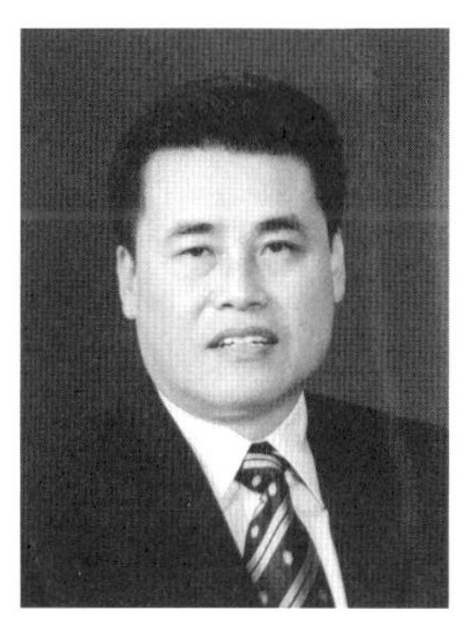

상벽 정 관 진

최근 금문에 관한 연구와 관심이 높아가는 시기에 한자 서예를 40년간 써온 필자는 남북 코리아미술 교류협의회 이사장 직함을 맡으면서 금문 글자에 매료되어 한시 101편을 금문으로 써 보고 싶었다.

그동안 써온 해서체, 행서체, 예서체, 전서체 등 여러 서체를 두루 섭렵하고 나니 금문에 대한 새로운 지식 욕구가 생겨나 자전을 들치고 금문 자료를 찾고 없는 글자는 집자하여 유명한 한시를 금문으로 써 모으게 되었다,

필자가 금문에 관심을 끌게 된 이유는 금문이 갑골문에 이어 한자의 전 단계문자로 우리 민족인 동이족이 만든 문자이며 고조선 삼국시대 고려 조선에 이르기까지 모든 중요 기록이 금문에서 발전된 한자로 기록되었다는 점이다. 그러므로 한자는 우리 민족이 만들고 오늘날까지 사용하고 있는 우리 한민족 글자인 점이다.

비록 101편의 금문 한시이지만 앞으로 금문 서체를 연구하는 모든 이들에게 좋은 참고자료가 되기를 기대한다.

이 금문 한시 101수를 집필하기까지 많은 도움과 격려해 주신 한국서예학원 원장님이신 평강 정주환 선생님과 아낌없는 질정으로 함께한 영산 류제군 님께 감사드립니다.

병오년 1월 지은이

♣ 한자에 대한 고찰 ♣

고대 문자가 없던 시기 결승문자나 서계가 있었다.
이후 상형문자인 도문 갑골문 금문을 거쳐 한자로 발전되었다.

결승문자는
중국의 역『易』계사전(繫辭傳)에 의하면 "상고에는 결승에서 시작하여 후세의 성인이 이것을 서계(書契, 刻記)로 바꾸었다." 라는 기록이 있는데 이것은 동양 문화권에 서는 셈에 관한 가장 오래된 기록이다.

서계 문자는
서계(書契)란, 나무 같은 것에 선을 긋거나 홈을 파서 어떤 물건의 수량이나 개념, 사건, 약속 등을 표시하던 각획문자(刻劃文字)이다.
서계의 탄생은 결승과 마찬가지로 기억의 보조수단으로 만들어진 것이다.

1. 한자의 기원
역사적으로 한자의 기원을 유추할 근거는 3,000년 전 사용된 금문과 3,300년 전 사용된 갑골문, 그리고 6,800년 전 사용된 도문인데, 일반적으로 갑골문(甲骨文)을 한자의 기원인 글자로 보는 견해가 많다. 한비자나 여씨춘추와 같은 책을 보면 한자는 창힐[사진자료 1]이라는 사람이 만들었다고 한다.

가. 도문(匋文)
중국 고대의 토기(土器)[사진자료 2]에 새겨진 글, 대개는 도장으로 찍힌 것이 많은데 생략된 서예가 독특한 아취를 가지며 문자학 연구의 자료가 된다.
고대 중국의 토기에 있는 부호와 명문(銘文), 선사시대의 대문구문화(大汶口文化)에 가장 오래된 문자로 발견됨. 은(상) · 주시대에는 숫자와 기호를 선각(線刻)또는 비성한 예도 있다. 허베이성 고성현 대서유적과 장시성 청강현 오성 유적에서 출토된 은대중기의 예에서는 수개의 문자가 기록되어 있어 주목된다.

나. 갑골문(甲骨文)
갑골문(甲骨文)는 동북아시아의 고대 상형 문자이다, 주로 거북이의 배딱지(龜甲)와 짐승의 견갑골을 표현한 골(骨)자를 합하여 갑골문(甲骨文)이라고 명명하였다. 중국 대륙에서 청조 말렵인 1899년에 안양현 소둔촌, 사의 수도였던 은허(殷墟)에서 왕의영(王懿榮)이 최초로 발견한 이후 중국 도처에서 대량으로 발견되었다. 발견된 지역 명칭을 따라 은허 문자라고 부르기도 한다, 갑골문자는 상형문자이고 한자의 초기 문자 형태에 해당한다. 발굴된 뼈 연대는 대부분 기원전 1200년에서 기원전 1050년으로 상(商)말기에 해당한다.

다. 금문(金文) - [사진자료 4]

금문(金文)은 금속(청종)에 새기거나 주물로 만든 문자이다. 쇠북(청동종)이나 쇠솥(청동 솥)에 보이기에 종정문(鐘鼎文)이라고도 불린다.
한국에서 유명한 금문으로는 칠지도 명문[사진자료 3]이 있다.
금문은 주나라 상형문자로서 갑골문자와 거의 일치하며 그 뜻을 유추하는데 있어서 도움이 된다. 명문(銘文)이라고 불리며, 서주(西周) 및 춘추전국시대(기원전 11세기 - 기원전 3세기)에 쓰였다.

2. 우리 민족과 한자

한자의 기원인 갑골문자가 은(殷)나라 때 탄생했고, 은나라는 한족이 아닌 동이(東夷)족의 나라이며, 우리 민족이 동이족 후손인 것을 생각하면 한자는 우리 글자라는 것이다.

동이는 중국 동북방에 분포한 민족을 중국인(漢族)이 부르던 종족 명칭이다. 중국 역사 초기에 등장하는 '동이'라는 개념은 중국의 한문화(漢文化)와 상대적인 문화개념으로 호칭된 것이다. 진나라의 중국통일 이전에는 방위 개념에 따라 산둥반도 등 동쪽의 변방까지를 포함하여 동이라 하였으나 중국통일 후에는 만주와 한반도 지역의 특정 종족을 가리키는 개념으로 성격이 점차 바뀌었다, 한민족의 근간이 된 예맥족이 포함된 동이족은 중국의 한족과 대립하면서 중국 및 북방종족들과도 다른 독특한 문화전통을 유지·발전시킨 종족이라 할 수 있다.

3. 우리 역사와 한자

이상에서 보듯 한자는 우리 동이족이 만든 우리 문자이며 지금까지 우리가 사용해 온 문자이다.

오늘날까지 한자를 쓰고 있는 나라들을 보면 한자(漢字)는 표어문자의 하나로 중국 대륙에서 발원하여 중화인민공화국, 베트남, 싱가포르, 말레이시아 등의 동아시아와 동남아시아 국가에서 사용되고 있거나 역사적으로 사용되었던 문자이다.

그런데도 아쉬운 점은 삼국시대 이전 한자에 대한 기록을 한 역사서가 우리나라엔 없다는 점이다.

중국은 사마천(司馬遷)의 사기(史記)와 반고(班固)의 한서(漢書)를 비롯해서 각 시대별 정사(正史)가 있다. 자신이 항상 중심이 되니 주변 국가를 오랑캐라고 폄하하면서 낮추어 기술하고 있다. 사마천의 사기나 반고의 한서 같은 역사서가 없고 고구려 광개토대왕 비문이 유일하게 존재할 뿐이다. 일본만 해도 일본서기에 백제 역사를 쓴 3권이 존재한다.

김부식의 삼국사기 이전 삼국유사가 있고 근세조선의 왕조실록이 좋은 역사서이다. 우리는 이 역사책들이 모두 한자로 기록되었다는 점을 간과하지 말아야 한다.

세종대왕이 우수한 한글을 창제했지만, 역사서와 중요한 기록은 한자로 기록되었다. 이는 우리 동이족이 만든 한자를 근세까지 사용해온 것은 한자가 우리 문자라는 방증인 셈이다.

4. 한국의 금문 연구

금문은 은(殷)나라, 주(周)나라, 그리고 철기(鐵器)시대인 한(漢)나라 때까지 발견되어 고대 석기시대, 청동기시대, 철기시대의 전 문명의 발전사를 살펴볼 수 있다. 이처럼 금문은 오랜 시기의 변천 과정을 통해 다양한 서체의 특징이 나타남으로서, 갑골문보다 더 동아시아의 고대 역사를 파악하는 데 도움이 된다. 아울러 금문에 새겨진 내용은 주조된 청동기 물(物)의 축복을 기원하는 내용을 표시하거나 주조된 연원이나 기물의 주인 등을 표시했고, 또한 전반적인 당시의 상황인 전쟁이나 제례(祭禮), 계약 등을 기록하고 있어, 당시의 정치나 사회문화 등을 이해하는 소중한 자료가 되고 있는 금문을 시대별로 구분해서 대표적인 금석문을 소개한다

가. 선사시대의 금석문[사진자료 5]

선사시대의 금석으로는 여러 곳의 암각화가 있다. 가장 규모가 큰 것으로는 울주군 대곡리 반구대(盤龜臺)[사진 자료 5]의 암각화와 울주군 천전리의

암각화가 있다. 전자는 각종의 동물들이 주를 이루었고, 사람과 배 · 수렵용구, 그리고 의미를 알 수 없는 기호 같은 것도 섞여 있어 매우 다양하다. 동물에는 호랑이 · 표범 · 사슴 · 멧돼지 등이 많고, 고래 · 상어 · 해표(海豹) 등의 바다 동물도 섞여 있다. 이들을 포획하기 위한 수렵이나 어로의 기구를 묘사한 것이 많이 보이는데, 이는 고대의 어렵(漁獵)생활을 영위하던 종족들의 유적이다.

나. 낙랑시대의 금석문[사진자료 6]

역사시대에 들어와서 우리의 금석은 문자가 주류를 이루고 그림도 상당 수에 달한다.

다. 고구려시대의 금석문[사진자료 7]

광개토왕릉비와 묘전, 그리고 모두루묘(牟頭婁墓)의 벽서 묘지가 발견되었을 뿐이다.

라. 백제시대의 금석문[사진자료 8]

금석유물은 수가 적으며 내용에 있어서도 그다지 웅장한 것이 없다. 공주 무령왕릉의 매지권(買地券) 2점과 부여에서 발견된 사택지적당탑비(砂宅智積堂塔碑)는 백제의 대표적인 금석유물이라 할 수 있다.

마. 신라시대의 금석문[사진자료 9]

금석유적도 비교적 많은 양이 남아 있다.
울주군에 있는 두 곳의 선사시대의 석각은 모두 신라의 영역에 해당되었으나, 문자가 있기 이전의 유적이다. 다만, 천전리 석각에는 삼국시대에 해당되는 많은 제각(題刻 : 문자나 물건의 모양을 새김)과 낙서들이 남아 있다.

바. 통일신라시대의 금석문[사진자료 10]

문무왕릉비와 김인문(金仁問)묘비, 보림사(寶林寺)의 보조선사비(普照禪師碑), 봉림사(鳳林寺)의 진경대사비를 비롯하여 최치원(崔致遠)이 지은 4개 소의 사찰비, 이른바 사산비명(四山碑銘) 등은 글 · 글씨 · 조각에 있어서 모두 각 시대를 통하여 이들을 앞선 작품이 없는 명작들이다.

사. 고려시대의 금석문[사진자료 11]

고려에서 가장 화려하고 비중이 높은 것은 탑비이며 신라의 봉암사(鳳

巖寺) 정진대사탑비(靜眞大師塔碑) 사적비(寺蹟碑)가 있다.

아. 조선시대의 금석문([사진자료 12]- 금암기적비(黔巖紀蹟碑)

금석문으로 여러 문집 발간한 신도비 · 묘갈 · 묘지 · 행장 등을 묘도문자라고하며 묘도문자는 곧 그 무덤의 주인의 전기가 된다.

"동이는 은나라 사람과 동족이며, 그 신화 역시 근원이 같다. 태호 복의, 제준(帝俊), 제곡(帝嚳), 제순(帝舜), 소호(少昊) 그리고 설(契)(은나라를 세운 탕임금의 선조)등이 같다고 하는 것은 근래의 사람들이 이미 명확히 증명하는 바다"
- 고사변(古史辨)

100년대 초 청(淸)나라 말기, 장개석의 국민당 초기에 하북성 청원 남향에서 당우 삼과병명(唐虞 三戈兵銘)이라는 청동으로 만든 칼 세 자루가 발굴됐다. 이 칼에 새겨져 있는 글자는 삼황오제시대 제왕들과 그 친족들의 이름이 칼에 새겨져 나온다.

전욱(顓頊)은 고대 중국의 신화상의 제왕이다. 이름은 고양(高陽)이었고 고양씨(高陽氏)로도 부른다. 전욱 고양은 신농의 아들인 희화 주와 황제의 딸 상아 사이에서 태어난 오제의 한 명으로 소호의 뒤를 이어 세 번째로 왕위에 올라 78년을 재위했다고 한다, 전욱의 아버지는 창의(昌意), 어머니는 촉산씨(蜀山氏)의 딸인 창복(昌僕)이다. 창의는 황제의 아들이고 전욱은 바로 황제의 손자가 된다, 자식으로는 궁선(窮蟬)이 있었다고 한다.

조선(朝鮮)과 한(韓)은 고양과 그의 아들 대에 생겨난 종묘제도를 반영하여 만들어진 문자인 것이다.

뿐만아니라 조선(朝鮮)이라는 이름은 4,300년 전의 중국 고사서 「산해경」속에서도 등장한다. 산해경의 34편중 「해내경(海內經)」속에 24자 중에 조선이 나오는 것이다.

동해지내(東海之內) 북해지우(北海之隅)
유국명왈(有國名曰) 조선천독(朝鮮天毒)
기인수거(其人水居) 외인애지(偎人愛之)
이 글은 동해의 안쪽, 북쪽 바닷가에 조선이라고 하는 나라가 있다. 하늘이 기르는 그 사람들은 구주에 살며 모든 이웃 나라 사람들을 가까이하고 사랑한다는 뜻이다. 이곳에서 말하는 조선은 바로 지금의 중국 산둥성 태산의 남쪽 당곡부를 가리킨다고 한다. 산해경은 분명히 4,300년 전에 조선이라는 나라가 존재하고 있었음을 말하고 있는 것이다. - 2013. 7.12 황청호
♠ 시사 칼럼

전북대 최남규(63)교수가 3,000여년 전 서주(西周)시기 주요 금문 1,140개를 우리 말로 풀이하고 연구한 역작 '중국 양주 금문 연구총서-서주편'을 내놓았다. 14권의 총서는 6,978쪽으로 이루어졌다. 서주시기 주요 금문을 모두 풀이한 연구는 세계 최초다
♠서울신문 기사

최근 금문에 대한 연구화 관심이 높아가는 시기에 한문 서예를 40여년간 써온 상벽 정관진 남북코리아미술교류협의회 이사장이 한문 서체를 두루 섭렵한 후 금문 글자에 매료되어 한시 101편을 주옥같은 필치로 담아 서첩으로 발간하게 되었다.
앞으로 금문을 연구하는 모든이들에게 큰 도움이 될 것을 기대 한다.

참고자료

1. 위키백과, 나무위키
2. 한민족 문화대백과사전
3. 경향신문 - 우리역사의 아쉬운 대목
4. 서울신문 - 서주식 금문 연구총서, 최남규
5. 금문으로 고증하는 역사적 사실, 황철호
6. 금문속의 고조선 문자로 나타난 하나님
7. 고대문명연구소 - 상주 금문의 이해
8. 금석과안록(金石過眼錄), 김정희
9. 해동금석원(海東金石苑), 유희해
10. 해동금석원(海東金石苑) 보유(補遺)(유승간, 1922)
11. 조선금석총람(朝鮮金石總覽) 조선총독부(朝鮮總督府, 1919)

(금문 사진자료)

(사진 1)

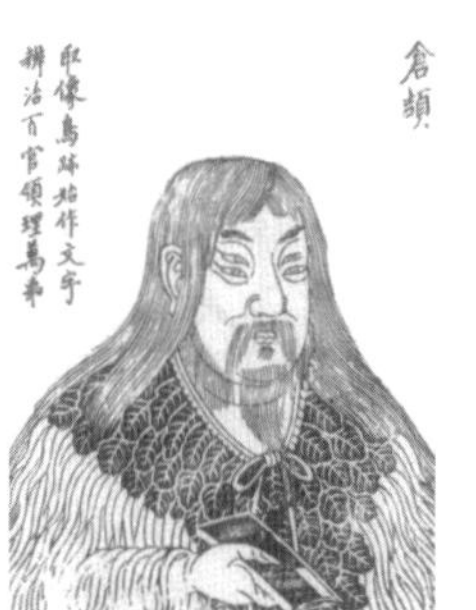

(창힐)

(사진 2)

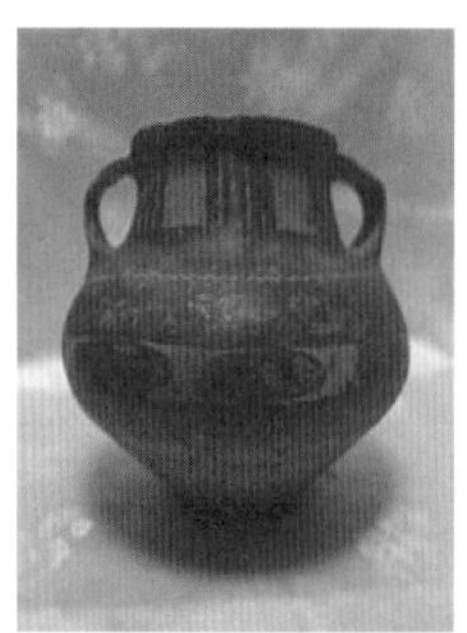

(중국 토기 도문)

(사진 3)

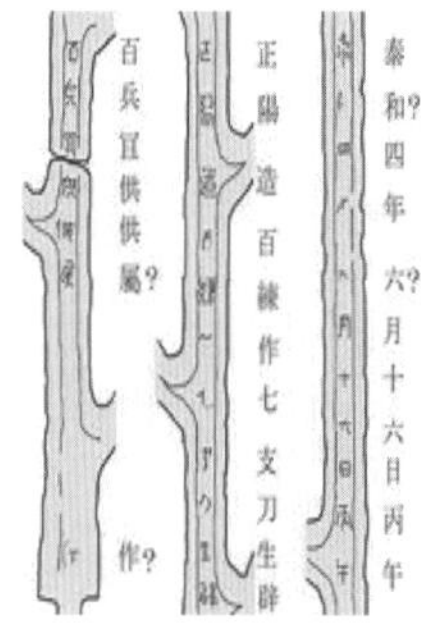

(칠지도(七支刀)명문(名文))

(사진 4)

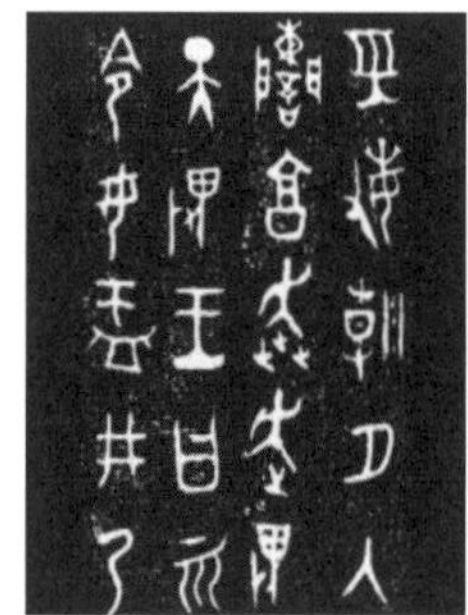

금문

(사진 5) 선사시대

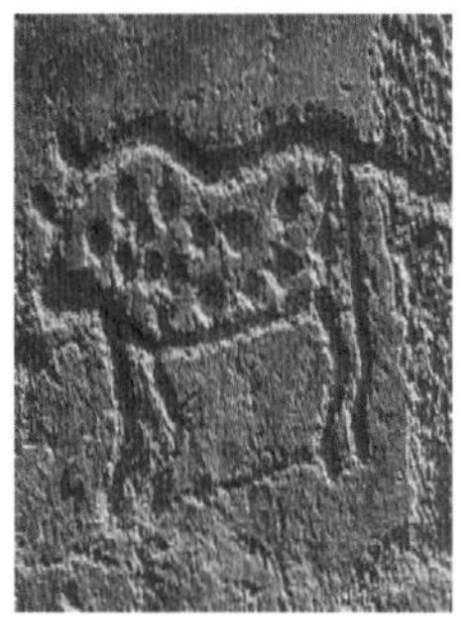

울진 반구대 암각화

(사진 6) 낙랑시대

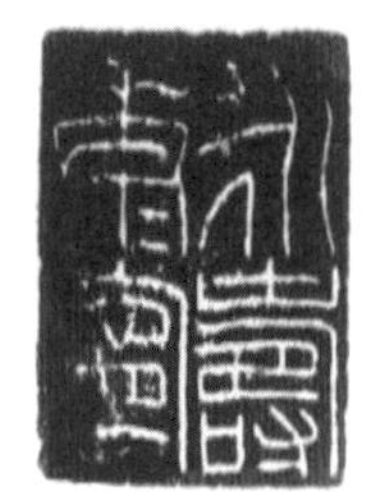

영수강령옥인

(사진 7) 고구려

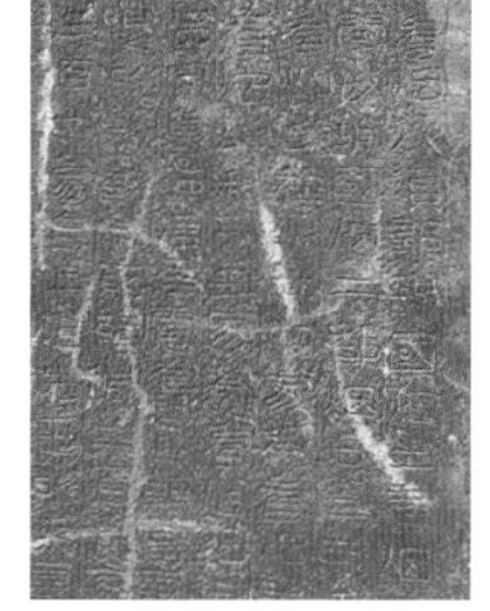

광개토대왕비

(사진 8) 백제시대

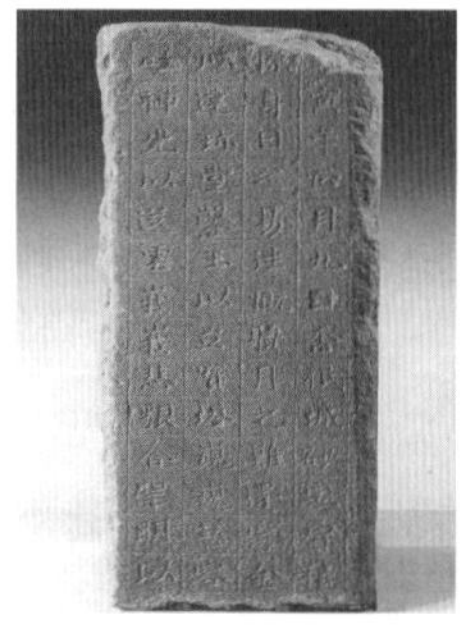

부여 사택지적비

(사진 9) 신라시대

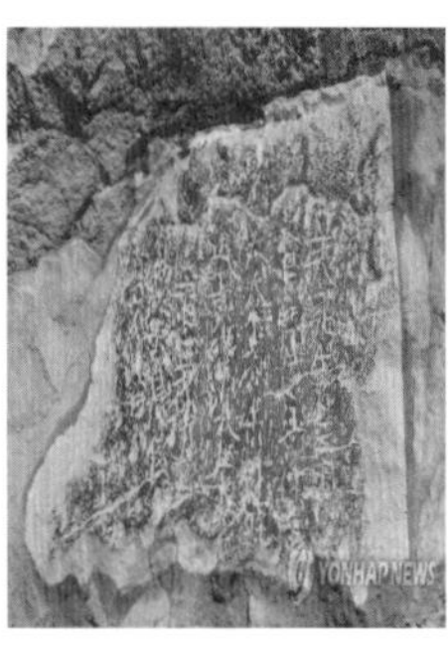

울진석류굴 금석문

(사진 10) 통일신라시대

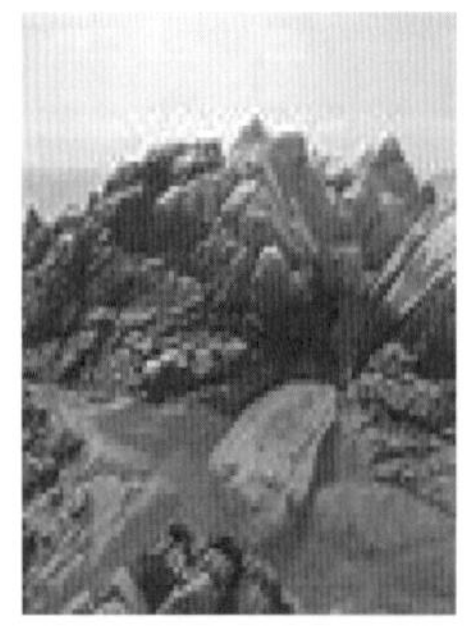

문무왕릉비

(사진 11) 고려시대

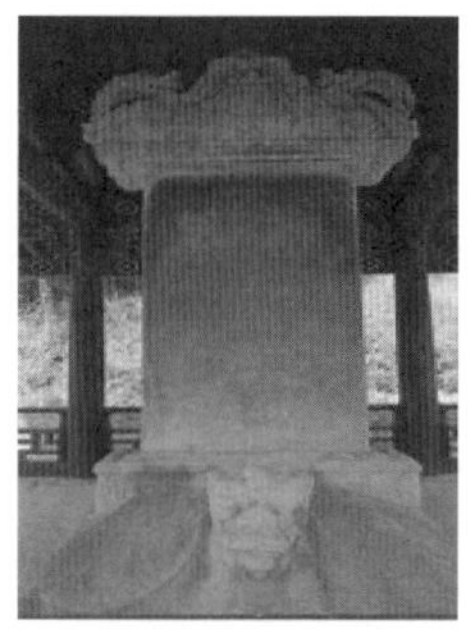

봉암사 정진대사 사탑비

(사진 12) 조선시대

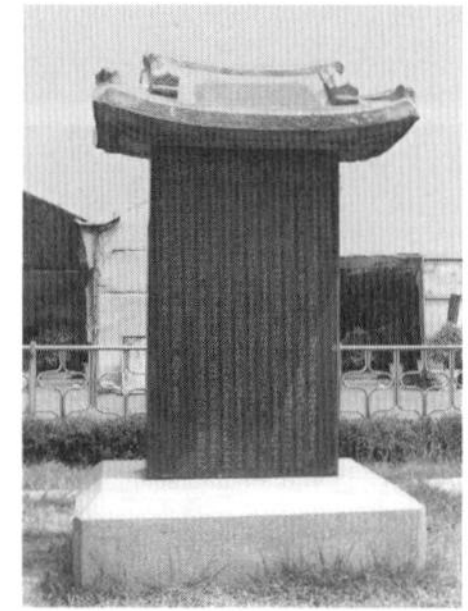

금암기적비

금석문 한시 101수 목차

오언시 / 17

칠언시 / 115

오 언 시

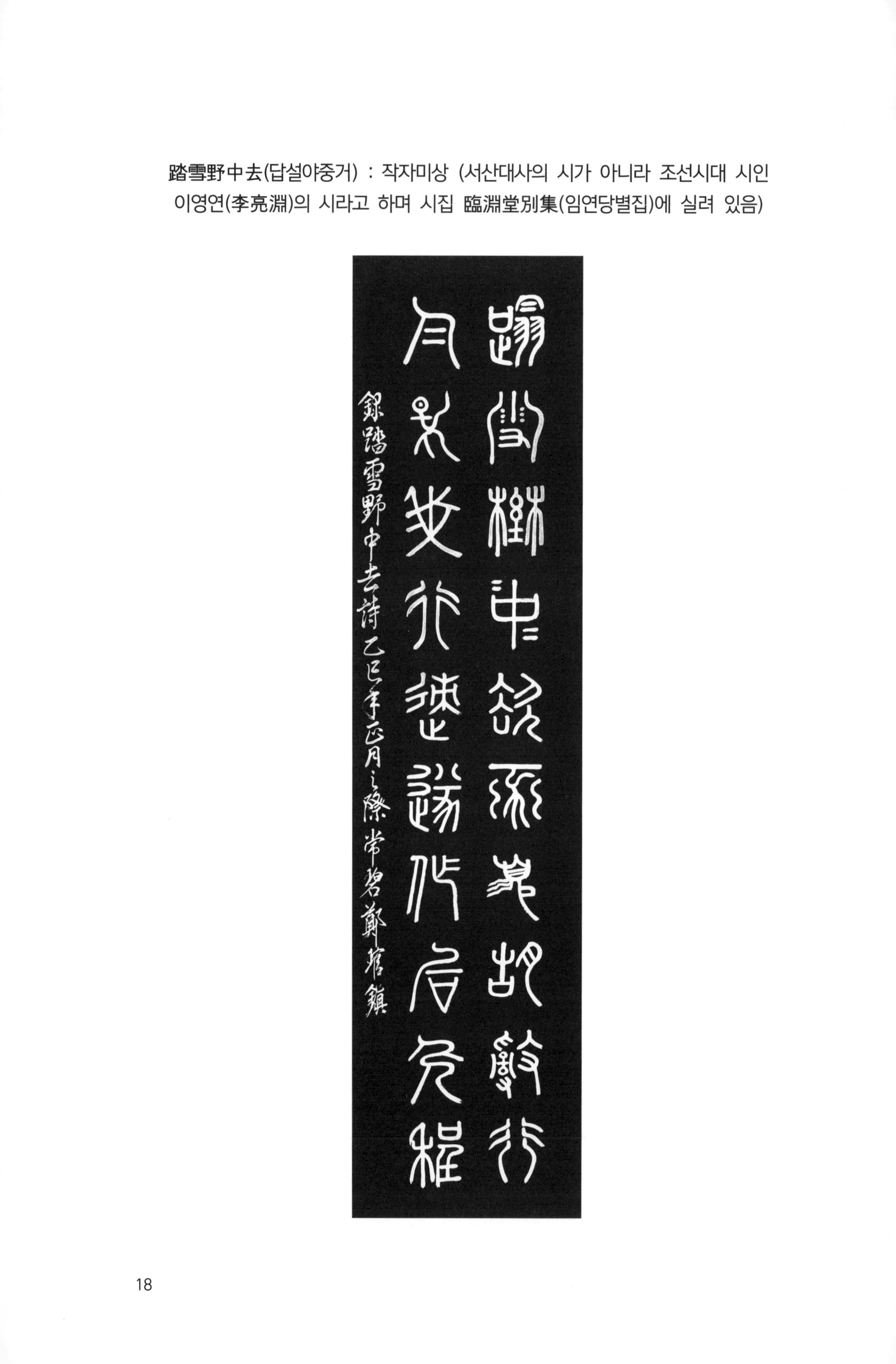

踏雪野中去(답설야중거) : 작자미상 (서산대사의 시가 아니라 조선시대 시인 이영연(李亮淵)의 시라고 하며 시집 臨淵堂別集(임연당별집)에 실려 있음)

踏雪野中去(답설야중거) - 눈 덮인 광야를 가는 이여 : 작자미상
(서산대사의 시가 아니라 조선시대 시인 이영연(李亮淵)의 시라고 하며 시집 臨淵堂別集(임연당별집)에 실려 있음)

踏雪野中去(답설야중거) : 눈덮인 들판을 밟아 갈때는
不須胡亂行(불수호란행) : 모름지기 오랑캐처럼 함부로 어지러이 걷지 마라
今日我行跡(금일아행적) : 오늘 내가 지나간 발자취는
遂作後人程(수작후인정) : 반드시 뒷사람의 이정표가 되리니

♣ 백범 김구 선생님의 좌우명으로 삼았던 시라고 하며 1948년 남북협상 길에 38선을 넘으며 읊었다는 일화가 있다. 마곡사에 친필 시가 있습니다

☞ **한자와 어구**

♠ 踏(밟을 답) : 足-총15획; [tà,tā] : 밟다, 디디다, 발판, 신
♠ 雪(눈 설) : 雨-총11획; [xuě,xuè] : 눈, 눈이 오다, 씻다, 더러움을 씻다, 누명이나 치욕을 벗나, 희나, 흰 것의 비유
♠ 野(들 야) : 里-총11획; [yě] : 들, 들판, 백성, 촌스럽다, 거칠다
♠ 中(가운데 중) : 丨-총4획; [zhōng,zhòng] : 가운데, 마음, 치우치지 아니하다
♠ 去(갈 거) : 厶-총5획; [qù] : 가다, 떠나다, 잃다, 잃어버리다, 배반하다
♠ 不(아닌가 부{아닐 불, 클 비} : 一-총4획; [bù] : 아닌가, 아니다, 크다, 말라(금지의 뜻), 새 이름
♠ 須(모름지기 수) : 頁-총12획; [xū] : 모름지기, 마땅히, 수염, 기다리다, 대기하다
♠ 胡(턱밑 살 호) : 肉-총9획; [hú] : 턱밑 살, 턱에 드리워진 살, 드리워지다, 멀다
♠ 亂(어지러울 란{난}) : 乙-총13획; [luàn] : 어지럽다, 다스리다, 반역(反逆)
♠ 行(갈 행) : 行-총6획; [xíng,háng] : 가다, 걷다, 나아가다, 달아나다, 돌아다니다, 겪다, 흐르다, 움직이다, 보내다, 행하다, 일하다, 쓰다, 베풀다,
♠ 我(나 아) : 戈-총7획; [wǒ] : 나, 우리, 외고집
♠ 跡(자취 적) : 足-총13획; [jī] : 자취, 흔적, 뒤를 캐다, 밟다, 뛰다
♠ 遂(이를 수) : 辵-총13획; [suì,suí] : 이르다, 성취하다, 마치다, 끝내다, 미치다, 통달하다, 자라다, 뻗다, 다하다, 따르다, 순응하다, 맞다, 적합하다

尋隱者不遇(심은자불우) : 賈島(가도)

松下問童子言師採藥去
只在此山中雲深不知處

錄賈島詩尋隱者不遇乙巳年正月之際常碧鄭[illegible]鎭

尋隱者不遇(심은자불우) - 은자를 찾아갔으나 만나지 못하고 : 賈島(가도)

松下問童子(송하문동자) : 소나무 아래서 동자에게 묻노니
言師採藥去(언사채약거) : 스승님은 약초를 캐러 가셨다 하네.
只在此山中(지재차산중) : 다만, 이 산중에 계신 줄은 알지만...
雲深不知處(운심부지처) : 구름이 깊어 계신 곳을 알지 못한다고 하네.

☞ **한자와 어구**

♠ 尋隱者不遇(심은자불우) : 심(尋)은 찾아가 방문한다는 뜻이고, 은자(隱者)는 산중에서 은거하고 있는 벗을 지칭한다. 일설에는 가도의 작품이 아니고, 손혁(孫革)의 방양존사(訪羊尊師)라고 하기도 한다.

♠ 童子(동자) : 은자의 어린 제자를 말한다.

♠ 幽居(유거) : 쓸쓸하고 궁벽한 곳에 사는 일 또는 그런 곳에 있는 집

♠ 草徑(초경) : 풀이 무성한 좁은 길

♠ 雲根(운근) : 벼랑이나 바윗돌을 말함. 詩에서 나타내는 말

♠ 松(송나라 송) : 송나라 송

♠ 問(물을 문) : 묻다, 물음, 질문, 알리다, 고하다

♠ 童(아이 동) : 아이, 열대여섯 살 이하의 아이, 어리석다, 아직 뿔이 나지 아니한 양이나 소

♠ 師(스승 사) : 스승, 전문적인 기예를 닦는 사람, 스승으로 삼는다

♠ 採(캘 채) : 캐다, 따다, 묻힌 것을 파내다, 가리다, 가려낸다.

♠ 藥(약 약) : 약, 독, 고치다, 치료하다 ♠ 只(다만지) : 다만, 어조사, 뿐

♠ 在(있을 재) : 있다, 보다, 살피다, 제멋대로 하다.

♠ 此(이 차) ; 이, 이곳, 이것, 가까운 사물을 가리킴, 그래서

♠ 雲(구름 운) : 구름, 습기, 높음의 비유

♠ 深(깊을 심) :깊다, 깊게 하다, 깊이, 매우

♠ 知(알 지) : 알다, 깨닫다, 느끼다, 분별하다, 기억하다, 들어서 알다, 부아서 알다, 사귀다, 나타나다, 다스리다.

♠ 處(살 처) :살다, 머물러 있다, 남아서 지키다, 묵다, 쉬다, 마음을 두다, 거쳐 하다, 집에 있다, 두다, 벼슬을 하지 않다, 안정시키다.

秋江晚渡(추강만도) : 伯均(백균)

秋江晩渡(추강만도) - 추강을 오후 늦게 건너간다 : 伯均(백균)

落日歸棹緩(낙일귀도완) : 지는 해에 느릿느릿 돌아가는 배

瘡江秋思加(창강추사가) : 푸른 강에는 가을빛 더욱 깊어

雙鱗上荷葉(쌍린상하엽) : 짝지은 물고기 연잎 위로 뛰고

一雁下蘋花(일안하빈화) : 마름꽃 마름 밑으로 날아드는 외기러기

☞ **한자와 어구**

♠ 落(떨어질 락) : 떨어지다, 흩어지다, 빠지다, 수습되다, 몰락하다, 그치다, 버리다, 쓸모없게 되다

♠ 歸(돌아갈 귀) : 돌아가다, 돌아오다, 돌려보내다, 반환하다, 시집을 보내다

♠ 棹(노 도) : 노, 키, 노를 젓다, 책상

♠ 緩(느릴 완) : 느리다, 느슨하다, 늦추다, 느슨하게 하다, 늘어지다

♠ 瘡(부스럼 창) : 부스럼, 종기, 상처 내다, 상처

♠ 江(강 강) : 강, 큰 내, 별 이름

♠ 秋(가을 추) : 가을, 결실, 성숙한 때, 결실한 때

♠ 思(생각 사) : 생각하다, 생각, 뜻 마음

♠ 加(더할 가) : 더하다, 있다, 처하다, 입다, 몸에 붙이다

♠ 雙(쌍 쌍) : 쌍, 짝이 되다

♠ 鱗(비늘 린) : 비늘, 물고기, 비늘이 있는 동물

♠ 荷(연 하) : 연, 책망하다, 규탄하다, 번거롭다

♠ 葉(잎 엽) : 잎, 초목의 잎, 뽕나무, 끝, 갈래, 가지

♠ 雁(기러기 안) : 기러기, 거위, 가짜, 모조

♠ 蘋(네가래 빈) : 네가래, 개구리밥, 풀 이름

♠ 花(꽃 화) : 꽃, 초목의 꽃, 꽃 형상을 한 물건, 꽃이 피다, 꽃답다, 아름다운 것을 비유

四時(사시) :　顧愷之(고개지)

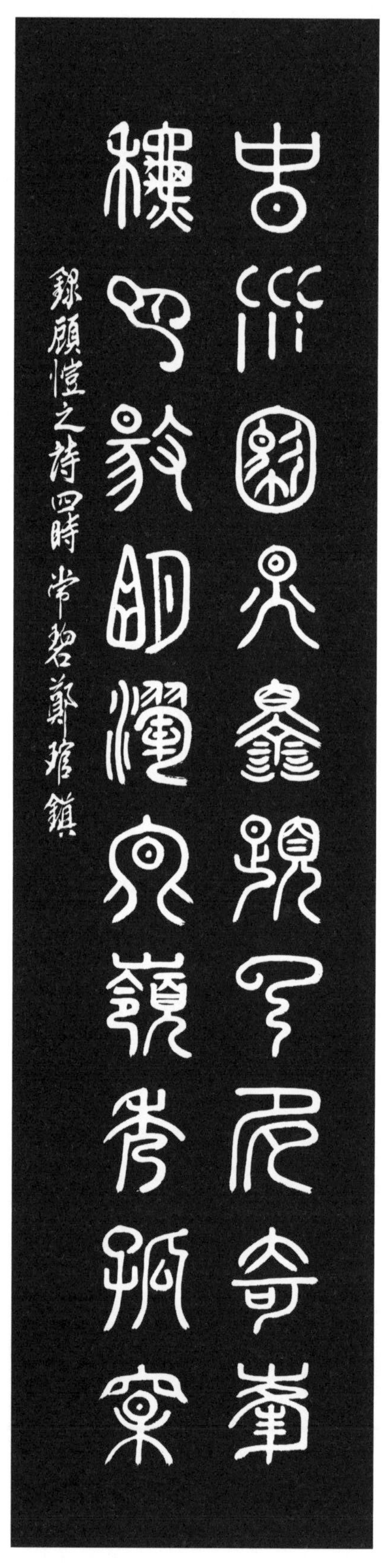

四時(사시) - 사철(한달 중의 네 때) : 顧愷之(고개지)

♣ 사시 : 한 달 중의 네 때 (회(晦), 삭(朔), 현(弦), 망(望), 하루의 네 때, 곧 단(旦), 주(晝), 모(暮), 야(夜), 택(澤(못택) : 못(넓고 오목하게 팬 땅에 물이 괴어 있는 곳)

春水滿四澤(춘수만사택) : 봄 물은 사방 못 속에 넘실거리고,
夏雲多奇峰(하운다기봉) : 여름 구름 기이한 봉우리 많네.
秋月揚明輝(추월양명휘) : 가을 달빛 휘영청 밝기만 하고,
冬嶺秀孤松(동령수고송) : 겨울 산마루네 수려한 소나무 외롭네.

☞ 한자와 어구

♠ 春(봄 춘) : 봄, 젊은 때, 움직이다, 꿈틀거림, 젊을 때, 남녀의 연정. 주로 여자가 남자를 생각하는 정
♠ 水(물 수) : 물, 하천(河川) 이름에 붙이는 말, 물의 범람, 오행(五行)의 하나, 평평하게 하다.
♠ 滿(찰 만) : 차다, 번민하다, 가득하다, 넉넉하다, 곡식이 익다, 교만하다, 속이다, 만주(滿洲)의 약칭.
♠ 四(넉 사) : 넷, 네 번, 사방.
♠ 澤(못 택) : 못, 풀다, 전술, 별 이름, 늪. 윤, 윤이 나다
♠ 夏(여름 하) : 여름, 중국, 여름의 좌선(坐禪), 나라 이름, 크다. 약초 이름
♠ 雲(구름 운) : 구름, 습기, 높음의 비유, 많음의 비유, 구름같이 덩이져 보이는 것의 비유.
♠ 多(많을 다) : 많다, 많아지다, 많게 하다, 후하다, 낫다. 도량이 넓다, 겹치다, 포개지다
♠ 奇(기이할 기) : 기이하다, 홀수, 역(易)에서의 양수(陽數), 뛰어나다, 몰래.
♠ 峯(봉우리 봉) : 峰과 同字. 봉우리, 뫼, 산, 봉우리 모양을 한 것
♠ 秋(가을 추) : 가을, 결실, 성숙한 때, 결실한 때
♠ 揚(버들 양) : 버들, 버드나무
♠ 明(밝을 명) : 밝다, 밝히다, 밝게, 환하게
♠ 輝(빛날 휘) : 빛나다, 광채를 발한다
♠ 冬(겨울 동) : 겨울, 동면하다
♠ 嶺(옷깃 령) : 옷깃, 목, 가장 요긴한 곳
♠ 秀(빼어날 수) : 빼어나다, 높이 솟아나다, 꽃 피다, 꽃이 피고 열매를 맺지 아니하는 것

奉使入金(봉사입금) ： 陳澕(진화)

西華已蕭索
北塞尙昏蒙
坐待文明日
天東日欲紅

錄陳澕詩奉使入金 乙巳年正月之際 常碧 鄭瑢鎭

奉使入金(봉사입금) - 사신으로 금나라에 들어가며 : 陳澕(진화)

西華已蕭索(서화이소삭) : 서쪽 송나라는 이미 쓸쓸해졌고,

北寨尙昏蒙(북채상혼몽) : 북쪽 진영(금나라)은 아직도 혼몽(어리석고 어두운)한 상태일세.

坐待文明旦(좌대문명단) : 앉아서 문명의 새 아침을 기다리노라니,

天東日欲紅(천동일욕홍) : 우리나라 쪽의 태양은 붉게 동트려 하는구나.

☞ 한자와 어구

♠ 陳(늘어놓을 진) : 阜-총11획; [chén] : 늘어놓다, 늘어서다, 펴다, 넓게 깔다

♠ 澕(물 깊을 화) : 水-총15획; [hé] : 물이 깊다

♠ 蕭索(소삭) : 적막하고 쓸쓸한 모양

♠ 蕭(맑은대쑥 소) : 艸-총16획; [xiāo] : 맑은대쑥, 비뚤어지다, 삼가다

♠ 索(찾을 색{동아줄 삭}) : 糸-총10획; [suǒ] : 찾다, 동아줄, 노, 어질다, 다하다, 꼬다, 새끼 꼬다, 가리다, 선택하다

♠ 濛(가랑비 올 몽) : 水-총17획; [méng] : 가랑비가 오다, 흐릿하다, 큰물

♠ 奉使(봉사) : 사신의 임무를 받듦.

♠ 西華(서화) :서쪽에 있는 중화(中華:중국). 구체적으로는 송(宋)나라.

♠ 北寨(북채) :북쪽 국경 지방의 오랑캐.

♠ 寨(울짱 채) : 宀-총14획; [zhài] : 울짱, 울타리, 작은 성, 성채

♠ 尙(오히려 상) : 小-총8획; [shàng] : 오히려, 바라다, 바라건대, 높다, 높이다, 숭상하다

♠ 昏蒙(혼몽) : 사리에 어둡고 어리석음. 무지몽매함.

♠ 旦(아침 단) : 日-총5획; [gàn] : 아침, 해 돋을 무렵, 밤을 새우다, 밤이 새다

♠ 欲(하고자 할 욕) : 欠-총11획; [yù] : 하고자 하다, 하려고 하다, -할 것 같다, 바라다, 기대하거나 원하다

♠ 紅(붉을 홍) : 糸-총9획; [hóng,gōng] : 붉다, 붉은빛, 붉은 모양, 연지

春曉(춘효) : 孟浩然(맹호연)

春眠不覺曉處處聞啼鳥
夜來風雨聲花落知多少

春曉(춘효) - 봄 새벽 : 孟浩然(맹호연)

春眠不覺曉(춘면불각효) : 봄잠에 취하여 새벽인 줄 몰랐는데
處處聞啼鳥(처처문제조) : 여기저기서 새소리 들려온다.
夜來風雨聲(야래풍우성) : 밤사이 비바람 소리 들리더니
花落知多少(화락지다소) : 꽃잎은 얼마나 떨어졌을까?

☞ **한자와 어구**

♠ 春(봄 춘) : 日-총9획; [chūn] : 봄, 젊은 때, 남녀(男女)의 정(情), 주로 여자가 남자를 생각하는 정

♠ 眠(잠잘 면) : 目-총10획; [mián] : 잠자다, 조수(鳥獸)가 쉬다, 시들다, 지각이 없다, 모르다, 어지럽다

♠ 覺(깨달을 각) : 見-총20획; [jué,jiào] : 깨닫다, 터득하다, 깨우치다, 깨닫게 하다, 깨달음, 도리를 깨달아 아는 일

♠ 曉(새벽 효) : 日-총16획; [xiǎo] : 새벽, 동틀 무렵, 밝다, 환하다, 깨닫다, 환히 알다.

♠ 春眠(춘면) : 봄철의 노곤한 졸음

♠ 不覺(불각) : 깨닫지 못하는 것

♠ 處(살 처) : 虍-총11획; [chù,chǔ] : 살다, 머물러 있다, 남아서 지키다, 묵다, 쉬다, 마음을 두다, 거처하다, 자리를 차지하고 있다, 집에 있다, 야(野)에 있다, 벼슬을 하지 않다, 두다, 자리 잡고 있다, 안정시키다, 저축하다

♠ 聞(들을 문) : 耳-총14획; [wén] : 듣다, 삼가 받다, 가르침을 받다, 알다, 널리 견문하다, 냄새 맡다, 들려주다, 알리다, 찾다,

♠ 啼(울 제) : 口-총12획; [tí] : 울다, 새나 짐승들이 울다, 울부짖다

♠ 鳥(새 조) ; 鳥-총11획; [niǎo,diǎo] : 새, 봉황, 별 이름

♠ 處處(처처) : 이곳저곳, 이리저리, 곳곳

♠ 夜(밤 야) : 夕-총8획; [yè] : 밤, 성(姓), 고을 이름

♠ 來(올 래{내}) : 人-총8획; [lái,lài] : 오다, 장래, 부르다

♠ 風(바람 풍) : 風-총9획; [fēng] : 바람, 불다, 바람이 불다, 바람을 쐬다

♠ 聲(소리 성) : 耳-총17획; [shēng] : 소리, 음향, 음성, 소리를 내다, 탄식할

♠ 落(떨어질 락) : 艸-총13획; [luò,là,luō] : 떨어지다, 흩어지다, 빠지다, 수습되다, 몰락하다, 벗겨지다, 그치다, 죽다, 버리다, 쓸모없게 되다

♠ 知(알지) : 矢-총8획; [zhī] : 알다, 깨닫다, 느끼다, 분별하다, 기억하다, 들어서 알다, 보아서 알다, 사귀다, 나타나다, 다스리다

鹿柴(녹채: 지명) : 王維(왕유)

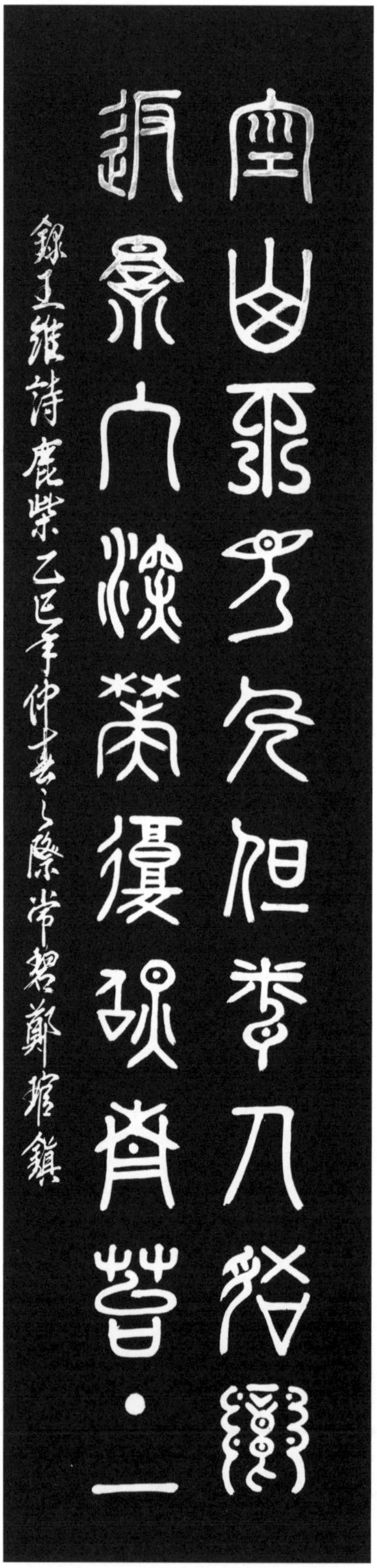

鹿柴(녹채: 지명) - 사슴을 키우는 농장 울타리 : 王維(왕유)

空山不見人(공산불견인) : 빈산에 사람 보이지 않고

但聞人語響(단문인어향) : 어디선가 말소리만 울려온다.

返景入深林(반경입심림) : 석양이 숲속 깊이 들어와

復照青苔上(부조청태상) : 푸른 이끼를 다시 비춘다.

☞ **한자와 어구**

♠ 返景(반경) : 석양빛, 낙조.

♠ 復照(부조) : 아침에 비추고 다시 비춘다. 낮에는 햇빛이 들지 않으므로.

♠ 青苔(청태) : 바위에 붙은 푸른 이끼.

♠ 返景(반경) : 동쪽으로 되비치는 빛, 즉 석양을 말한다.

♠ 苔(태:이끼) : '莓'로 되어 있는 본도 있다.

♠ 鹿柴(녹채) : 녹채(鹿砦) : 나뭇가지나 나무토막을 사슴뿔처럼 얼기설기 놓거나 막아서 적, 짐승, 가축 등의 침입이나 탈출을 막는 장애물. 배적(裴迪)으로 지은 녹채(鹿柴)의 내용으로 미루어 아마도 넓게 울타리를 둘러 사슴을 기른 것으로 보임.

♠ 但(다만 단) : 人-총7획; [dàn] : 다만, 무릇, 부질없이

♠ 復(다시 부, 회복할 복) : 돌아오다, 돌려보내다, 뒤집다

♠ 語(말씀 어) : 言-총14획; [yǔ,yù] : 말씀, 말, 어구(語句), 문구(文句), 속담, 말씨, 말 비슷한 소리, 새.벌레 따위의 우는 소리, 말하다, 의사를 발표하다, 논란하다, 대답하다, 설명하다, 의논하다, 담화하다

♠ 響(울림 향) : 音-총22획; [xiǎng] : 울림, 음향(音響), 울리다, 명성(名聲)

♠ 返(돌아올 반) : 辵-총8획; [fǎn] : 돌아오다, 되돌아오다, 돌려주다, 바꾸다, 새롭게 하다

♠ 深(깊을 심) : 水-총11획; [shēn] : 깊다, 깊게 하다, 깊이, 매우

♠ 苔(이끼 태) : 艸-총9획; [tái,tāi] : 이끼

靜夜思(정야사)　：李白(이백)

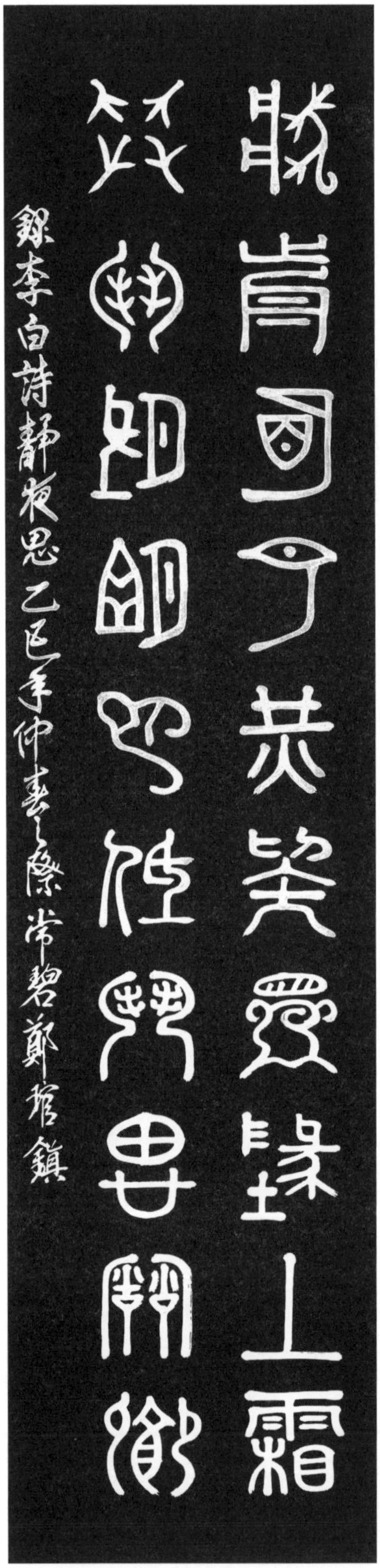

靜夜思(정야사) - 고요한 밤에 생각하다 : 李白(이백)

牀前明月光(상전명월광) : 침상 머리에 밝은 달빛
疑是地上霜(의시지상상) : 땅 위에 내린 서리런가.
擧頭望明月(거두망명월) : 머리 들어 밝은 달 바라보다
低頭思故鄕(저두사고향) : 고개 숙여 고향을 생각한다.

☞ **한자와 어구**

♠ 夜思(야사) : 이 시의 제목은 보통 정야사(靜夜思)로 통용된다.
♠ 床前明月光(상전명월광) : 상(床)'이 상(牀)'으로, 명월광(明月光)이 간월광(看月光)으로 되어있는 본도 있다.
♠ 疑是地上霜(의시지상상) : 양(梁)나라 간문제(簡文帝)의 시 현포납량(玄圃納涼)에 "밤 달이 가을 서리 같다. 야월사추상(夜月似秋霜)고 한 구절을 습용(襲用)한 것이다. 또는 초당시인(初唐詩人) 장익허(張若虛)의 시 춘강화월야(春江花月夜)에 "허공 속에 흐르는 서리가 날리는 줄 모르겠네. 허리류상부각비(虛裏流霜不覺飛)라고 한 구절에서 묘사한 달빛 부분을 모티브 삼은 것으로 보기도 한다.
♠ 望明月(망명월) : 망산월(望山月)로 되어있는 본도 있다. 진(晉)나라 청상곡사(淸商曲辭) 자야사시가(子夜四時歌) 추가(秋歌)에 "머리들어 밝은 달 보며, 멀리 비치는 달빛에 정을 붙이네. 앙두간명월 기정천리광(仰頭看明月 寄情千里光)이라고 한 구절이 이 시와 관계있다고 보기도 한다.
♠ 低頭(저두) : 깊이 생각하는 모습을 표현한 말이다.
♠ 牀(상 상) : 상, 밥상 책상 평상 등의 통칭, 소반
♠ 疑(의심할 의) : 안정할응, 멈출을, 멈출익
♠ 是(이 시) : 옳을 시
♠ 地(땅 지) : 대지, 땅, 곳, 장소,
♠ 霜(서리 상) : 서리, 해, 세월, 머리털이 하얀 것을 이유
♠ 擧(들 거) : 들다, 오르다, 움직이다
♠ 頭(머리 두) : 머리, 머리털, 꼭대기, 맨 앞, 시초, 우두머리, 지혜, 재능,
♠ 望(바랄 망) ; 바라다, 기대하다, 원하다, 멀리 내다 보다, 향하여 보다, 기다리다, 우러러보다
♠ 低(밑 저) : 밑, 속, 안, 이르다
♠ 故(옛 고) : 예, 이미, 지나간 때, 옛, 예전의, 옛날의, 원래, 본래
♠ 鄕(시골향) : 시골, 마을, 곳, 장소

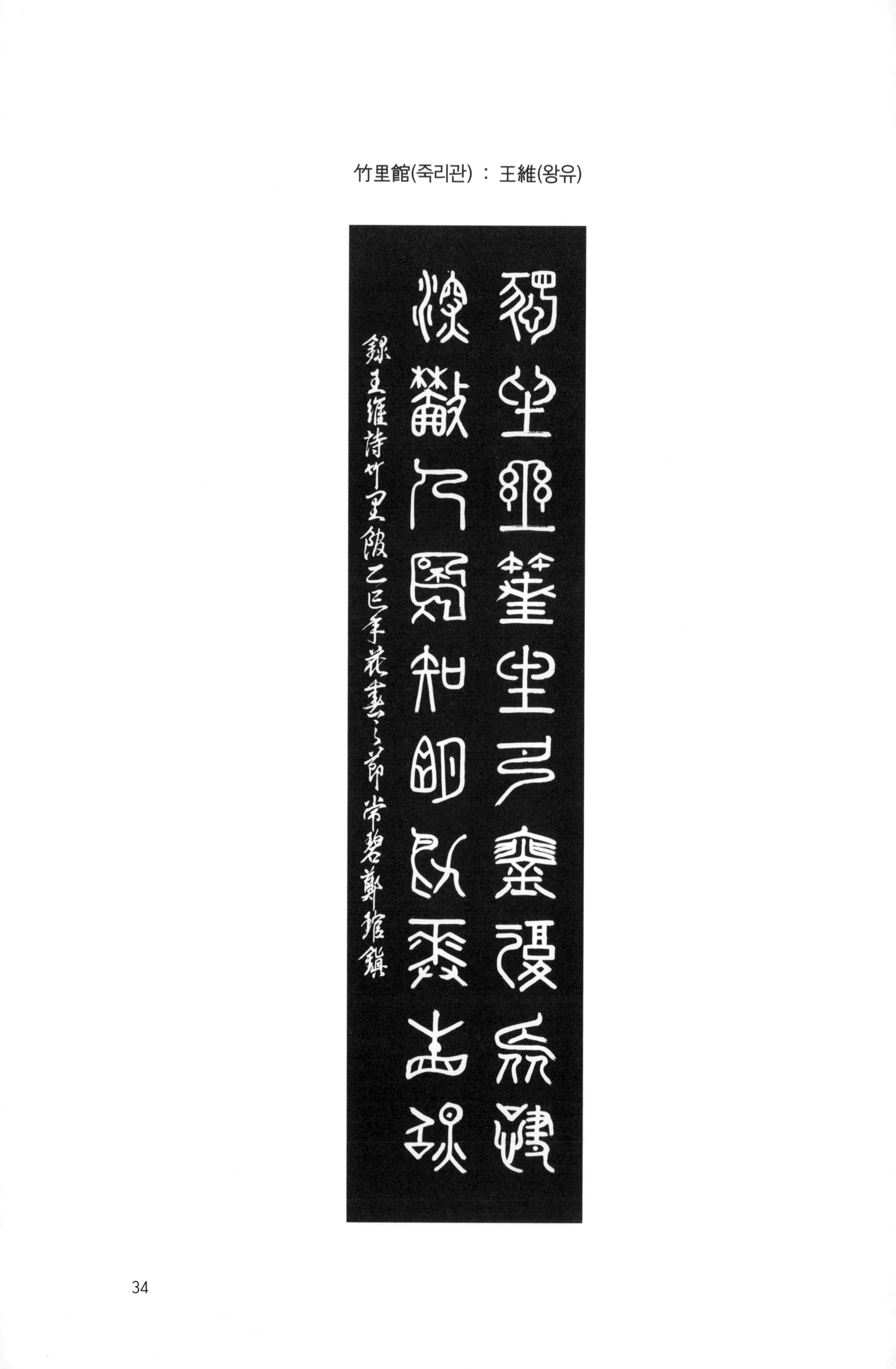

竹里館(죽리관) : 王維(왕유)

竹里館(죽리관) - 왕유 별장의 대나무 숲속의 저택 : 王維(왕유)

獨坐幽篁裏(독좌유황리) : 고요한 대숲에 홀로 앉아

彈琴復長嘯(탄금부장소) : 거문고 타고 시를 읊네

深林人不知(심림인부지) : 죽림은 깊은 숲속이라 사람들은 알지 못하지만

明月來相照(명월래상조) : 밝은 달만 나를 비추네

☞ **한자와 어구**

♠ 竹里館(죽리관) : 망천(輞川) 별장의 승경(勝景) 중 한 곳이다.

♠ 幽篁(유황) : 황(篁)은 대나무 숲이다. 유황(幽篁)은 빽빽하여 깊고 고요한 대나무 숲을 말한다.

♠ 彈琴(탄금) : 거문고를 타다.

♠ 長嘯(장소) : 길게 휘파람을 불다.

♠ 復長嘯(부장소) : 부(復)는 又의 의미이다. 소(嘯)는 휘파람을 부는 것인데, 여기서는 시를 읊거나 노래하는 것을 가리킨다.

♠ 坐(앉을 좌) : 앉다, 앉아서, 아무 일도 하지 않고서, 무릎 꿇다

♠ 篁(대숲 황) : 대숲, 대의 통칭, 피리

♠ 裏(속 리) : 속, 내부, 가운데, 속마음, 안, 사물의 안쪽, 다스려지다

♠ 彈(탄알 탄) : 탄알, 탄알을 쏘는 활, 열매, 과실

♠ 琴(거문고 금) : 거문고

♠ 復(부, 돌아올 복) : 돌아오다, 돌려보내다, 뒤집다

♠ 嘯(휘파람불 소) : 휘파람 불다, 읊조리다, 울부짖다

♠ 知(알 지) : 알다, 깨닫다, 느끼다, 분별하다, 기억하다, 들어서 알다, 보아서 알다, 사귀다, 나타나다, 다스리다

♠ 相(서로 상) : 서로, 도다, 자세히 보다, 바탕

♠ 照(비출 조) : 비추다, 비치다, 햇빛

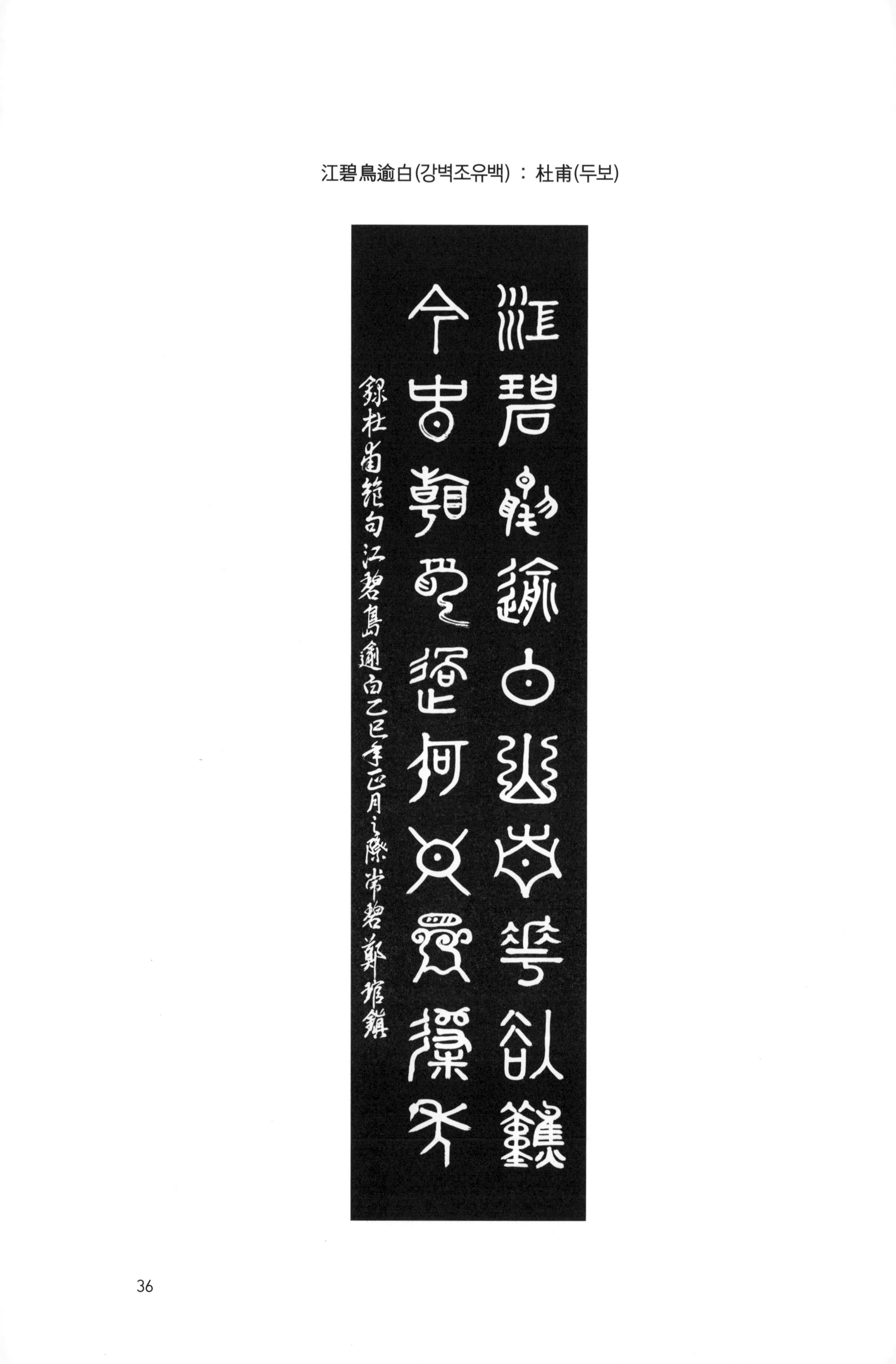

江碧鳥逾白(강벽조유백) : 杜甫(두보)

江碧鳥逾白(강벽조유백)- 강물 빛이 푸르니 새가 더욱 희고 : 杜甫(두보)

江碧鳥逾白(강벽조유백) : 강은 푸르러 새는 더욱 희고

山靑花欲然(산청화욕연) : 산은 푸르러 꽃은 불타는 듯하다

今春看又過(금춘간우과) : 올봄은 보는 새 또 지나가나니

何日是歸年(하일시귀년) : 어느 날이 바로 돌아가는 해런가

☞ **한자와 어구**

♠ 逾白(유백) : 더욱 희다. 逾(넘을 '유')는 '더욱, 한층'의 뜻.

♠ 花欲燃(화욕연) : 꽃이 활짝 피어서 불붙는 듯하다.

♠ 碧(푸를 벽) : 푸르다, 푸른 옥돌

♠ 鳥(새 조) : 새, 봉황, 별 이름

♠ 逾(넘을 유) : 넘다, 넘어가다, 건너다, 지나다, 낫다, 점점 더, 더욱, 멀다, 까마득하다

♠ 靑(푸를 청) : 푸르다, 푸른빛, 푸른 흙, 녹청

♠ 欲(하고자할 욕) : 하고자 하다, 하려고 하다, 바라다, 기대하거나 원하다,

♠ 然(그러할 연) : 그러하다, 그렇다고 여기다, 그리하여

♠ 看(볼 간) : 보다, 손을 이마에 얹고 바라보다, 방문하다, 지키다,

♠ 又(또 우) : 又-총2획 ; [yòu] : 또, 다시, 용서하다, 오른손, 오른쪽(右)

♠ 過(지날 과) : 辵-총13획; [guò,guō,guò] : 지나다, 초월하다, 낫다, 빠져나가다, 여유가 있다, 심하다, 동떨어지다, 실수하다, 틀리다, 분수를 잃다, 잘못하여 법을 어기다, 실수

♠ 何(어찌 하) : 人-총7획; [hé] : 어찌, 무엇, 얼마

♠ 是(옳을 시) : 日-총9획; [shì] : 옳다, 바르다, 옳다고 하다, 바르다고 인정하다, 바로잡다, 바르게 하다

江雪(강설) : 柳宗元(유종원)

江雪(강설) - 강 위에 내리는 눈 : 柳宗元(유종원)

千山鳥飛絶(천산조비절) : 천 개의 산에는 새 한 마리 날지 않고
萬逕人蹤滅(만경인종멸) : 만개의 길에는 사람 발길 사라졌네
孤舟蓑笠翁(고주사립옹) : 외로운 쪽배엔 도롱이 입고 삿갓 쓴 노인
獨釣寒江雪(독조한강설) : 눈 내리는 찬 강에서 혼자 낚시를 하네

☞ **한자와 어구**

♠ 千山(천산) : 산이 많은 것을 가리킨다. '千'은 다음 구절의 '만(萬)'과 마찬가지로 실제 숫자가 아니라 많다는 의미이며, 모든 산과 모든 길을 가리킨다.

♠ 飛(날비) : 飛-총9획 ; [fēi] : 날다, 떨어지다, 오르다, 빨리 가다, 튀다, 넘다, 날리다, 높다, 누각 같은 것이 높이 솟아 있는 것의 형용

♠ 絶(끊을절) : 糸-총12획; [jué] : 끊다, 막다, 그만두다, 가로막다, 사이를 띄우다, 없애다, 버리다, 멸망시키다, 끊어지다, 물이 마르다, 망하다, 숨이 그치다, 없다, 떨어지다, 말라 죽다, 건너다, 곧바로 가다

♠ 逕(소로경) : 辵-총11획; [jìng] : 소로, 좁은 길, 지르다, 지름길, 곧, 당장

♠ 人蹤(인종) : 사람의 발자취.

♠ 蹤(자취 종) : 발자취 종, 蓑는 도롱이 사, 도롱이는 짚으로 엮어 허리나 어깨에 걸쳐 두르는 비옷을 말한다.

♠ 滅(멸망할 멸) : 水-총13획 ; [miè] : 멸망하다, 멸하다, 없어지다, 제거하다, 끄다, 불이 꺼지다

♠ 簑笠(사립) : 도롱이와 삿갓. 비에 젖는 것을 막기 위해 만든 도롱이를 입고 삿갓을 썼다.

♠ 蓑(도롱이 사) : 艸-총14획; [suō] : 도롱이, 덮다, 풀로 덮어 가리다, 초목의 잎이 우거진 모양

♠ 釣(낚시 조) : 金-총11획; [diào] : 낚시, 또 낚시질하다, 낚다, 꾀다, 유호가다, 구하다, 탐내다

♠ 寒(찰 한) : 宀-총12획; [hán] : 차다, 차갑다, 얼다, 추위로 손발 등이 곱다, 차게 하다, 식히다

♠ 雪(눈 설) : 雨-총11획; [xuě,xuè] : 눈, 눈이 오다, 씻다, 더러움을 씻다, 누명이나 치욕을 벗다, 희다, 흰 것의 비유

秋風引(추풍인) : 劉禹錫(류우석)

何處秋風至蕭蕭送雁群
朝來入庭樹孤客最先聞

秋風引(추풍인) - 가을 바람의 노래 : 劉禹錫(류우석)

何處秋風至(하처추풍지) : 어디서 가을바람이 불어오는지
蕭蕭送雁群(소소송안군) : 살살 불고 기러기 무리를 보낸다.
朝來入庭樹(조래입정수) : 아침 되어 마당 나뭇가지에 불어오는데
孤客最先聞(고객최선문) : 고독한 나그네가 가장 먼저 이 소리를 듣네

☞ 한자와 어구

♠ 秋風引(추풍인) : 악부로 인(引)은 곡(曲), 행(行), 가(歌)와 같은 뜻이다.
♠ 蕭蕭(소소) : 바람 소리의 의성어. 우수수.
♠ 朝來(조래) : 아침. 래(來)는 어조사.
♠ 孤客(고객) : 외로운 나그네. 작자.
♠ 何(어찌 하) : 人-총7획; [hé] : 어찌, 무엇, 얼마
♠ 處(살 처) : 虍-총11획; [chù,chǔ] : 살다, 머물러 있다, 남아서 지키다, 묵다, 쉬다, 마음을 두다, 거처하다, 자리를 차지하고 있다, 집에 있다, 야(野)에 있다, 벼슬을 하지 않다, 두다, 자리 잡고 있다, 안정시키다, 지축히디
♠ 風(바람 풍) : 風-총9획; [fēng] : 바람, 불다, 바람이 불다, 바람을 쐬다
♠ 至(이를 지) : 至-총6획; [zhì] : 이르다, 새가 땅에 내려앉다, 도래하다, 미치다, 닿다, 두루 미치다, 끝 가다, 지극히, 매우, 지극하다, 극에 이르다
♠ 送(보낼 송) : 辵-총10획; [sòng] : 보내다, 사람을 보내다, 물품을 보내다, 쫓다, 물러나게 하다, 다하다, 바치다, 전송, 선물
♠ 雁(기러기 안) : 隹-총12획; [yàn] : 기러기, 거위, 가짜, 모조
♠ 群(무리 군) : 羊-총13획; [qún] : 무리, 떼, 떼 지어 모이다, 동아리, 동료(同僚), 羣의 俗字
♠ 庭(뜰 정) : 广-총10획; [tíng] : 뜰, 집 안에 있는 마당, 집 안, 조정(朝廷)
♠ 樹(나무 수) : 木-총16획; [shù] : 나무, 자라고 있는 나무, 초목, 담, 담장
♠ 孤(외로울 고) ; 子-총8획; [gū] : 외롭다, 홀로, 외따로, 고아
♠ 客(손 객) : 宀-총9획; [kè] : 손님, 붙이다, 의탁하다, 상객(上客), 한 자리의 공경 받는 사람
♠ 最(가장 최) : 曰-총12획; [zuì] : 가장, 제일, 모두, 모조리, 최상, 가장 뛰어난 것
♠ 先(먼저 선) : 儿-총6획; [xiān] : 먼저, 나아가다, 옛날

梅花塢坐月(매화오좌월) : 翁照(옹조)

梅花塢坐月(매화오좌월) - 매화 둑에 앉은 달빛 : 翁照(옹조)

靜坐月明中(정좌월명중) : 달 밝은 밤 조용히 앉아
孤吟破淸冷(고음파청냉) : 홀로 읊조리는 소리에 서늘함이 출렁이고
隔溪老鶴來(격계노학래) : 개울 건너 늙은 학이 찾아와
踏碎梅花影(답쇄매화영) : 매화꽃 그늘을 밟아 부수누나

☞ **한자와 어구**

♠ 翁照(옹조) : 청(靑)나라 강소(江蘇) 강음(江陰) 사람으로, 초명(初名)은 옥행(玉行), 자(字)는 낭부(朗夫), 호(號) 제당(霽堂)이다. 국자감생(國子監生)이 되어 모기령(毛奇齡)과 주이준(朱彛尊)에게 수학했다. 시를 잘 지었고, 중년에는 경학(經學)을 연구했는데, 한학(漢學)과 송학(宋學) 연구 방법의 장점을 동시에 채용하였다. 특히 장주(章奏)에 뛰어나 고관들이 다투어 그를 막하(幕下)로 초빙하였다. 저서에 사서당시문집(賜書堂詩文集)이 있다.

♠ 塢(둑 오) : 산간의 평지. 사면이 높고 가운데가 움푹 들어간 곳. 둑, 제방(堤防). 미을. 보루(堡壘). 성채(城砦). 후미진 곳.

♠ 淸冷(청랭) : 맑고 서늘하다. 쓸쓸하다. 적막하다. 썰렁하다.

♠ 踏碎(답쇄) : 밟아서 깨뜨리거나 부숨.

♠ 坐月(좌월) : (한의학에서) 임부가 해산하는 달. 임산(臨産)과 같은 뜻으로 쓰인다.

♠ 靜(고요할 정) : 靑-총16획; [jìng] : 고요하다, 맑다, 단청(丹靑)이 정밀하다.

♠ 吟(읊을 음) : 口-총7획; [yín] : 읊다, 끙끙 앓다, 노래, 시(詩)

♠ 破(깨뜨릴 파) : 石-총10획; [pò] : 깨뜨리다, 풀어 떨어지게 하다, 일을 망치다, 째다, 가르다, 지우다, 패배시키다, 깨짐, 깨지는 일, 다하다, 남김이 없다

♠ 淸(맑을 청) : 水-총11획; [qīng] : 맑다, 빛이 선명하다, 사념(邪念)이 없다, 탐욕이 없다.

♠ 冷(찰 랭{냉}) : 冫-총7획; [lěng] : 차다, 식히다, 맑다

♠ 隔(사이뜰 격) ; 阜-총13획; [gé] : 사이가 뜨다, 또 사이를 떼다, 멀어지다, 나누다, 등한히 하다, 가리다, 숨기다, 거리, 치다(擊)

♠ 溪(시내 계) : 水-총13획; [xī] : 시내, 시냇물, 산골짜기, 텅 비다, 헛되다, 골, 살이 모이는 곳

夜雪(야설) ： 白居易(백거이)

已訝衾枕冷復見窗戶明
夜深知雪重時聞折竹聲

錄白居易詩夜雪乙巳年花甚之節常碧鄭琯鎭

夜雪(야설) - 밤에 내리는 눈 : 白居易(백거이)

已訝衾枕冷(이아금침냉) : 이상하게 이부자리 싸늘하기도 하여,
復見窓戶明(부견창호명) : 다시 보니 창문도 훤하게 밝구나.
夜深知雪重(야심지설중) : 밤은 깊어 눈 많이 내린 것을 알 것 같으니,
時聞折竹聲(시문절죽성) : 때때로 대나무 꺾어지는 소리 들려오는구나.

☞ **한자와 어구**

♠ 已訝(이아) : 벌써 의심하다. 訝는 의심할 '아'.
♠ 衾枕(금침) : 이부자리와 베개
♠ 復見(부견) : 또한 보다, 보고 알다.
♠ 牕戶(창호) : 창이나 문
♠ 知雪重(지설중) : 눈이 많이 쌓여 무거운 줄 알았다.
♠ 時聞(시문) : 때마침 들린다, 또는 간간히 들린다.
♠ 折竹聲(절죽성) : 무거운 눈 때문에 대나무가 꺾이는 소리.
♠ 時聞折竹聲(시문절죽성) : 눈이 많이 내려 눈 무게에 대나무가 꺾이는 소리가 때때로 들린다.
♠ 訝(맞을 아) : 言-총11획; [yà] : 맞다, 위로하다, 의심하다, 놀라다, 서로 만나 놀라다
♠ 衾(이불 금) : 衣-총10획; [qīn] : 이불, 침구의 한 가지
♠ 枕(베개 침) : 木-총8획; [zhěn] : 베개, 잠잘 때 베는 베개, 긴 물건 밑에 베개처럼 가로 괴는 물건, 베다, 베개 삼아 베다, 잠자다, 잠
♠ 夜(밤 야) : 夕-총8획; [yè] : 밤, 성(姓), 고을 이름
♠ 深(깊을 심) : 水-총11획; [shēn] : 깊다, 깊게 하다, 깊이, 매우
♠ 重(무거울 중) : 里-총9획; [zhòng,chóng] : 무겁다, 무겁게 하다, 무게
♠ 折(꺾을 절) : 手-총7획; [zhé,shé,zhē] : 꺾다, 자르다, 쪼개다, 꺾이다, 부러지다
♠ 竹(대 죽) : 竹-총6획; [zhú] : 대, 대나무, 피리, 대나무로 만들어 불면 소나는 악기, 죽간(竹簡), 옛날에 종이가 없을 때 문자를 기록하는 데 쓰던 것
♠ 聲(소리 성) : 耳-총17획; [shēng] : 소리, 음향, 음성, 소리를 내다, 탄식하는 따위의 소리, 음악

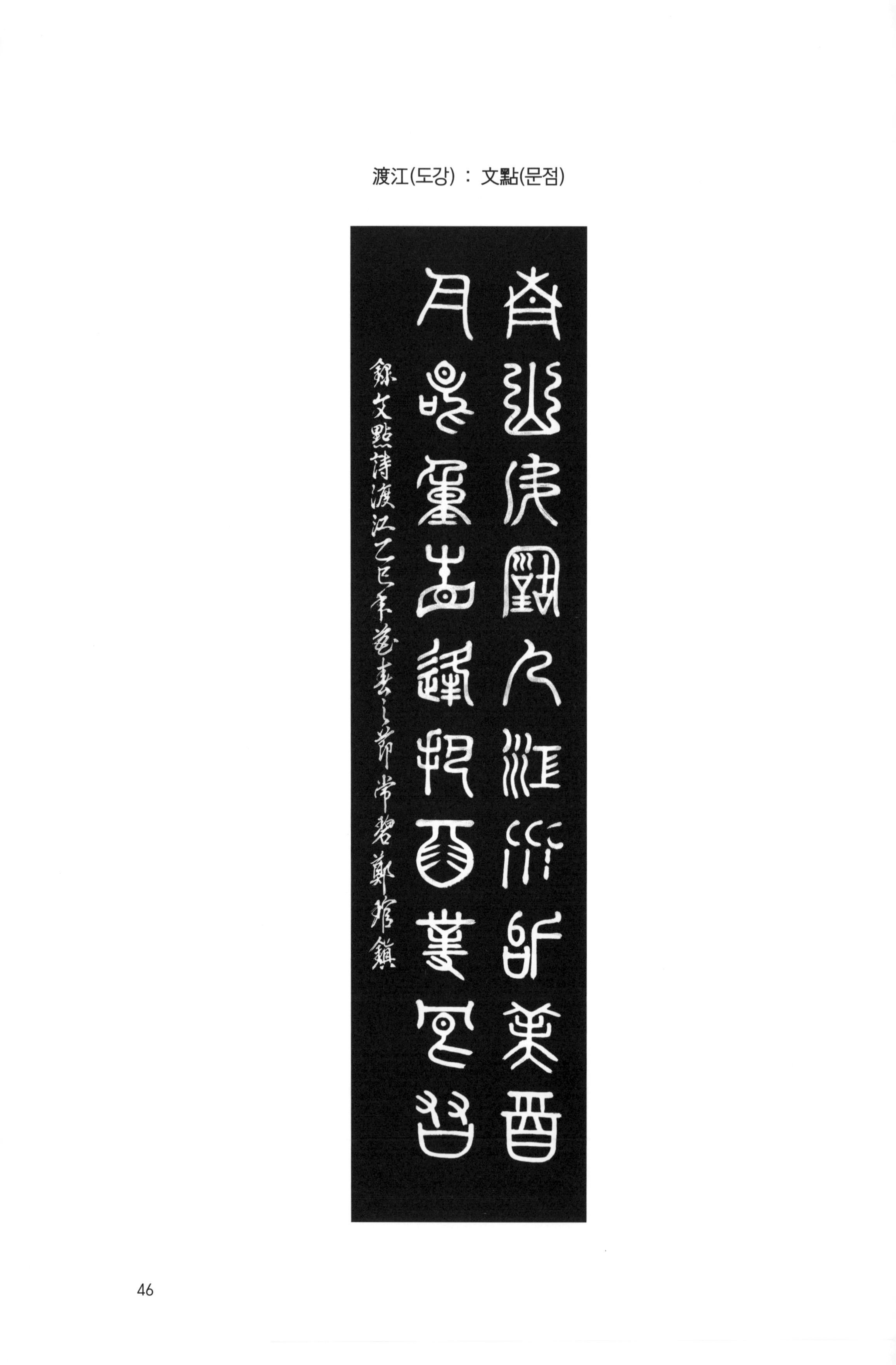

渡江(도강) : 文點(문점)

渡江(도강) - 강을 건너며 : 文點(문점)

靑山如古人(청산여고인) : 청산은 옛 친구와 같고

江水似美酒(강수사미주) : 강물은 좋은 술과 같다

今日重相逢(금일중상봉) : 오늘 다시 서로 만나니

把酒對良友(파주대량우) : 술잔을 잡고 친구를 대한 듯하네

☞ 한자와 어구

♠ 美酒(미주) : 맛이 좋은 술

♠ 把酒(파주) : 술잔을 들다.

♠ 靑(푸를 청) : 靑-총8획; [qīng] : 푸르다, 푸른빛, 푸른 흙, 녹청(綠靑)

♠ 如(같을 여) : 女-총6획; [rú] : 같다, 같게 하다, 따르다

♠ 古(옛 고) : 口-총5획; [gǔ] : 옛, 예, 오래다, 예스럽다

♠ 似(같을 사) : 人-총7획; [sì] : 같다, 닮다, 잇다

♠ 美(아름다울 미) : 羊-총9획; [měi] : 아름답다, 맛이 좋다, 좋다

♠ 酒(술 주) : 酉-총10획; [jiǔ] : 술, 누룩으로 빚은 술, 무술, 현주(玄酒),

♠ 今(이제 금) : 人-총4획; [jīn] : 이제, 이, 이에(사물을 가리키는 말), 혹은

♠ 重(무거울 중) : 里-총9획; [zhòng,chóng] : 무겁다, 무겁게 하다, 무게

♠ 相(서로 상) : 目-총9획; [xiāng,xiàng] : 서로, 보다, 자세히 보다, 바탕

♠ 逢(만날 봉) : 辵-총11획; [féng] : 만나다, 맞다, 영합하다, 점치다

♠ 把(잡을 파) : 手-총7획; [bǎ,bà] : 잡다, 한 손으로 쥐다, 줌, 다섯 손가락과 손바닥으로 감싸 쥘 정도의 크기, 자루, 손잡이

♠ 對(대답할 대) : 寸-총14획; [duì] : 대답하다, 대하다, 대(對), 짝, 상대

♠ 良(좋을 량{양}) : 艮-총7획; [liáng] : 좋다, 어질다, 뛰어나다, 아름답다, 경사스럽다, 공교하다, 편안하다, 순진하다, 잘, 능히, 진실로, 정말

♠ 友(벗 우) : 又-총4획; [yǒu] : 벗, 벗하다, 우애 있다

秋夜雨中(추야우중) : 崔致遠(최치원)

秋風惟苦吟 世路少知音
窓外三更雨 燈前萬里心

秋夜雨中(추야우중) - 비가 오는 가을밤에 자신을 알아 줄 지기(知己)가 없는 외로움을 노래한 작품 : 崔致遠(최치원)

※ 12살의 어린 소년의 몸으로 정든 고향을 떠나 만리타국 당나라에 유학 중이던 최치원이, 깊어가는 가을밤의 스산한 바람 소리를 들으며 멀리 떨어진 고국을 생각하며 지은 시

秋風唯苦吟(추풍유고음) : 가을바람에 오직 괴로운 마음으로 읊조리니

世路少知音(세로소지음) : 세상에 나를 아는 사람이 적구나.

窓外三更雨(창외삼경우) : 창밖에 밤 깊도록 비가 내리고

燈前萬里心(등전만리심) : 등불 앞에는 만 리를 향한 마음만이 서성이네.

☞ **한자와 어구**

♠ 苦吟(고음) : 괴로이 시를 읊조림이다.

♠ 世路(세로) : 세상 살아가는 길. 처세 방법.

♠ 知音(지음) : 음악의 곡조를 잘 알고, 새나 짐승의 울음을 가려 잘 알아들으며, 마음이 서로 통하는 친한 벗을 비유적으로 이르는 말이다.

♠ 三更(삼경) : 밤11시~새벽 1시 사이(한밤중)

♠ 萬里(만리) : 약 4000km(1里=400m) 아주 먼 거리

♠ 唯(오직 유) ; 口-총11획; [wéi] : 오직, 발어사, 비록-하더라도(雖)

♠ 苦(쓸 고) ; 艸-총9획; [kǔ] : 쓰다, 쓴맛, 씀바귀, 쓴 나물, 괴로워하다

♠ 吟(읊을 음) ; 口-총7획; [yín] : 읊다, 끙끙 앓다, 노래, 시(詩)

♠ 路(길 로{노}) ; 足-총13획; [lù] : 길, 거쳐 가는 길, 겪는 일, 크다

♠ 少(적을 소) ; 小-총4획; [shǎo,shào] : 적다, 약간, 조금, 얼마간, 적다고 여기다

♠ 知(알지) ; 矢-총8획; [zhī] : 알다, 깨닫다, 느끼다, 분별하다, 기억하다, 들어서 알다, 보아서 알다, 사귀다, 나타나다, 다스리다

♠ 音(소리 음) ; 音-총9획; [yīn] : 소리, 음악, 가락, 글 읽는 소리, 음신(音信)

♠ 更(고칠 경{다시 갱}) ; 曰-총7획; [gēng,gèng] : 고치다, 다시, 재차, 개선하다, 새로워지다, 고쳐지다

♠ 雨(비 우) ; 雨-총8획; [yǔ,yù] : 비, 많은 모양의 비유, 흩어지는 모양의 비유

♠ 燈(등잔 등) ; 火-총16획; [dēng] : 등잔, 등, 등불, (佛)부처의 가르침

♠ 前(앞 전) ; 刀-총9획; [qián] : 앞, 앞서다, 나아가다, 전진하다

♠ 萬(일만 만) ; 艸-총13획; [wàn,mò] : 일만, 수의 많음을 나타내는 말, 다수, 크다

暮春(모춘) : 金萬重(김만중)

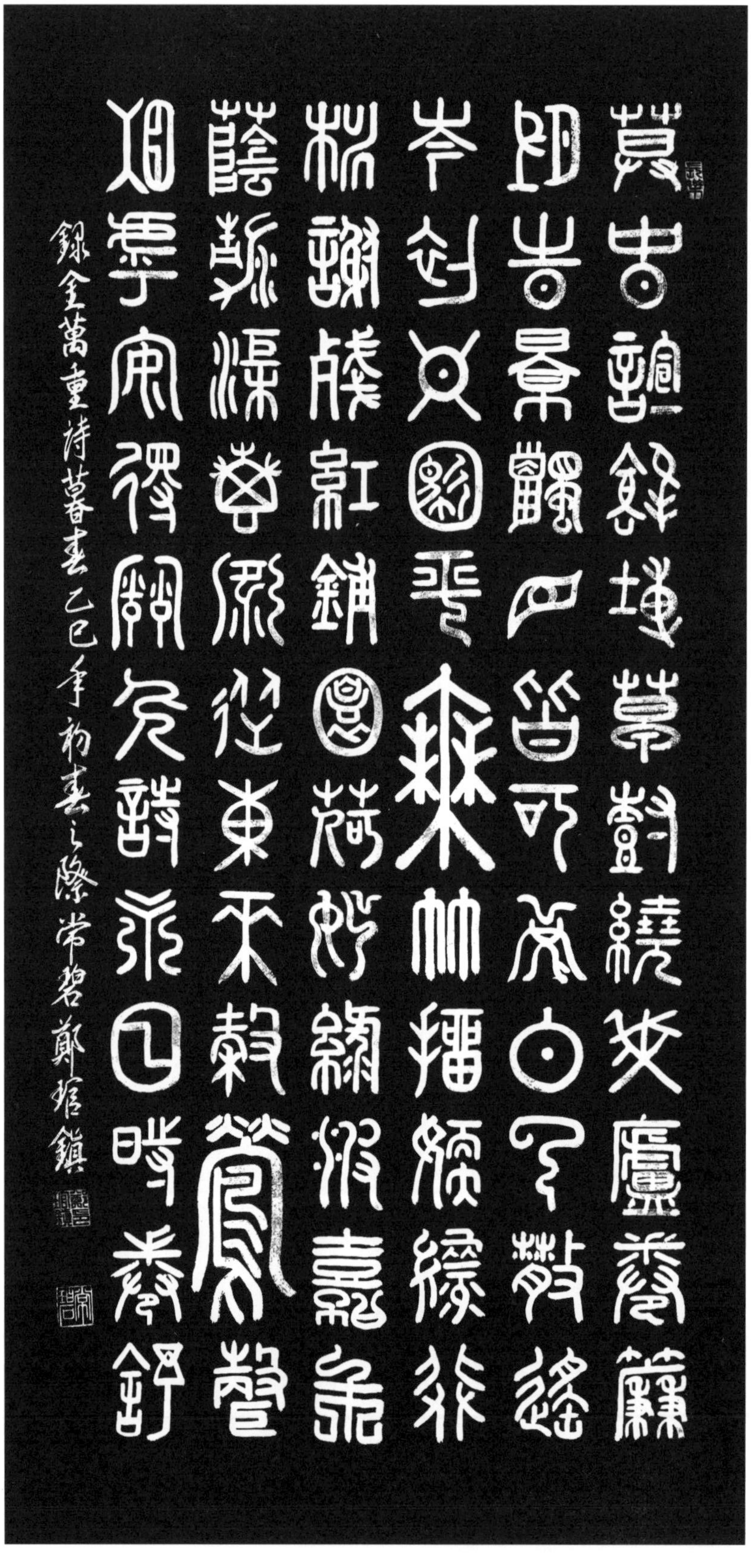

暮春(모춘) - 늦은 봄 : 金萬重(김만중)

暮春暄氣敷(모춘훤기부) : 늦은 봄날 따뜻한 기운 천지에 퍼지고
草樹繞我廬(초수요아려) : 풀과 나무들 내 초가집을 둘러싸네
捲簾望時景(권렴망시경) : 발을 걷고 지금의 경치를 바라보니
觸目皆可娛(촉목개가오) : 보이는 것 모두가 즐길 만하네
白雲散遙岑(백운산요잠) : 흰 구름은 아득한 산봉우리에 흩어지고
初日滿平蕪(초일만평무) : 처음으로 햇볕이 들판에 가득하네
竹抽嫩綠排(죽추눈록배) : 대나무는 연약한 새잎 사이를 뚫고 나오고
桃謝殘紅鋪(도사잔홍포) : 복숭아꽃은 남은 꽃잎 사이로 지네
圓荷出綠波(원하출녹파) : 둥근 연꽃은 푸른 물결 위로 솟고
嘉木蔭淸渠(가목음청거) : 아름다운 나무들 맑은 도랑에 그늘지우네
惠風從東來(혜풍종동래) : 봄바람이 동쪽에서 불어와
谷鶯聲相呼(곡앵성상호) : 골짜기에선 꾀꼬리 서로 불러대네
安得故人詩(안득고인시) : 어찌 고인의 시를 얻어
永日時卷舒(영일시권서) : 영원히 때때로 펴보지 않으리오

☞ **한자와 어구**

♠ 惠風(혜풍) : 화창(和暢)하게 부는 봄바람,
♠ 永日(영일) : 아침부터 늦게 까지의 긴 날.
♠ 暮(저물 모) : 저물다, 해 질 무렵, 저물 무렵, 밤
♠ 暄(따뜻할 훤) : 따뜻하다, 온난하다.
♠ 敷(펼 부) : 펴다, 공포하다, 진술하다, 나누다, 분할 하다, 퍼지다, 널리 흩어지다.
♠ 繞(두를 요) : 두르다, 둘러싸다, 감다, 얽히다.
♠ 慮(색각할 려(여)) : 생각하다, 꾀하다, 근심하다, 걱정하다.
♠ 簾(발 렴(염)) : 발, 주렴
♠ 岑(봉우리잠) : 봉우리, 높다, 크다,
♠ 娛(즐거워할 오) : 즐거워하다, 안정되다, 편안하다, 장난치다.
♠ 蕪(거칠어질 무) : 거칠어지다, 잡초가 우거지다, 거친 풀, 순무나물
♠ 嫩(어릴 눈) : 어리다, 예쁘다, 엷다
♠ 鶯(꾀꼬리 앵) : 꾀꼬리, 새 깃의 아름다운
♠ 舒 (펼 서) : 펴다, 펴지다, 열리다, 흩어지다

在南天路(재남천로) : 慧超大師(혜초대사)

月夜瞻鄉路 浮雲颯颯歸
緘書參去便 風急不聽迴
我國天岸北 他邦地角西
日南無有雁 誰為向林飛

錄慧超大師詩在南天路乙巳年正月之際 常碧 鄭瑢鎭

在南天路(재남천로) - 남천추국 가는 길에서 : 慧超大師(혜초대사)

月夜瞻鄕路(월야첨향로) : 달밤에 고향길을 바라보니
浮雲颯颯歸(부운삽삽귀) : 뜬구름만 너울너울 시원스럽게 돌아가네!
緘書參去便(함서참거편) : 저 구름 편에 소식 전하려 하였더니
風急不聽廻(풍급불청회) : 휘몰아치는 바람이 급해 내 말을 듣지 않네!
我國天岸北(아국천안북) : 내 나라는 저 하늘 끝 북쪽에 두고
他邦地角西(타방지각서) : 나는 지금 남의 나라 서쪽 변방에 와 있다니
日南無有雁(일남무유안) : 남쪽은(베트남 중부지방) 따뜻해 기러기도 오지 않는데
誰爲向林飛(수위향림비) : 누가 이 소식을 전하러 고향(계림 : 경주)을 향해서 날아가리

☞ **한자와 어구**

♠ 瞻(볼 첨) : 보다, 쳐다보다, 우러러보다, 굽어보다,
♠ 鄕(시골 향) : 시골, 마을, 곳, 장소,
♠ 颯(바람 소리 삽) : 風-총14획; [sà] : 바람 소리, 바람이 불다, 꺾다
♠ 日南(일남) : 베트남 중부지방
♠ 緘(봉할 함) : 봉하다, 새끼, 줄, 함을 묶는 끈,
♠ 急(급할 급) : 급하다, 갑자기, 빠르다,
♠ 廻(돌 회) : 돌다, 빙빙 돌다, 돌이다, 머리를 돌리다, 피하다
♠ 岸(언덕 안) : 언덕, 기슭, 뛰어나다
♠ 邦(나라 방) : 나라, 서울, 수도, 제후의 봉토
♠ 角(뿔 각) : 뿔, 짐승의 뿔, 달팽이나 곤충의 촉각, 모, 귀, 구석, 한 모퉁이
♠ 雁(기러기 안) : 기러기, 거위, 가짜, 모조
♠ 誰(누구 수) : 누구, 어떤 사람 묻다, 찾아 묻다, 옛날
♠ 爲(할 위) : 하다, 만들다, 베풀하다, 이루다, 바꿔다, 다스리다, 정치를 하다, 해설하다, 배우다
♠ 飛(날 비) : 날다, 떨어지다, 오르다, 빨리 가다, 튀다, 넘다, 날리다, 높다

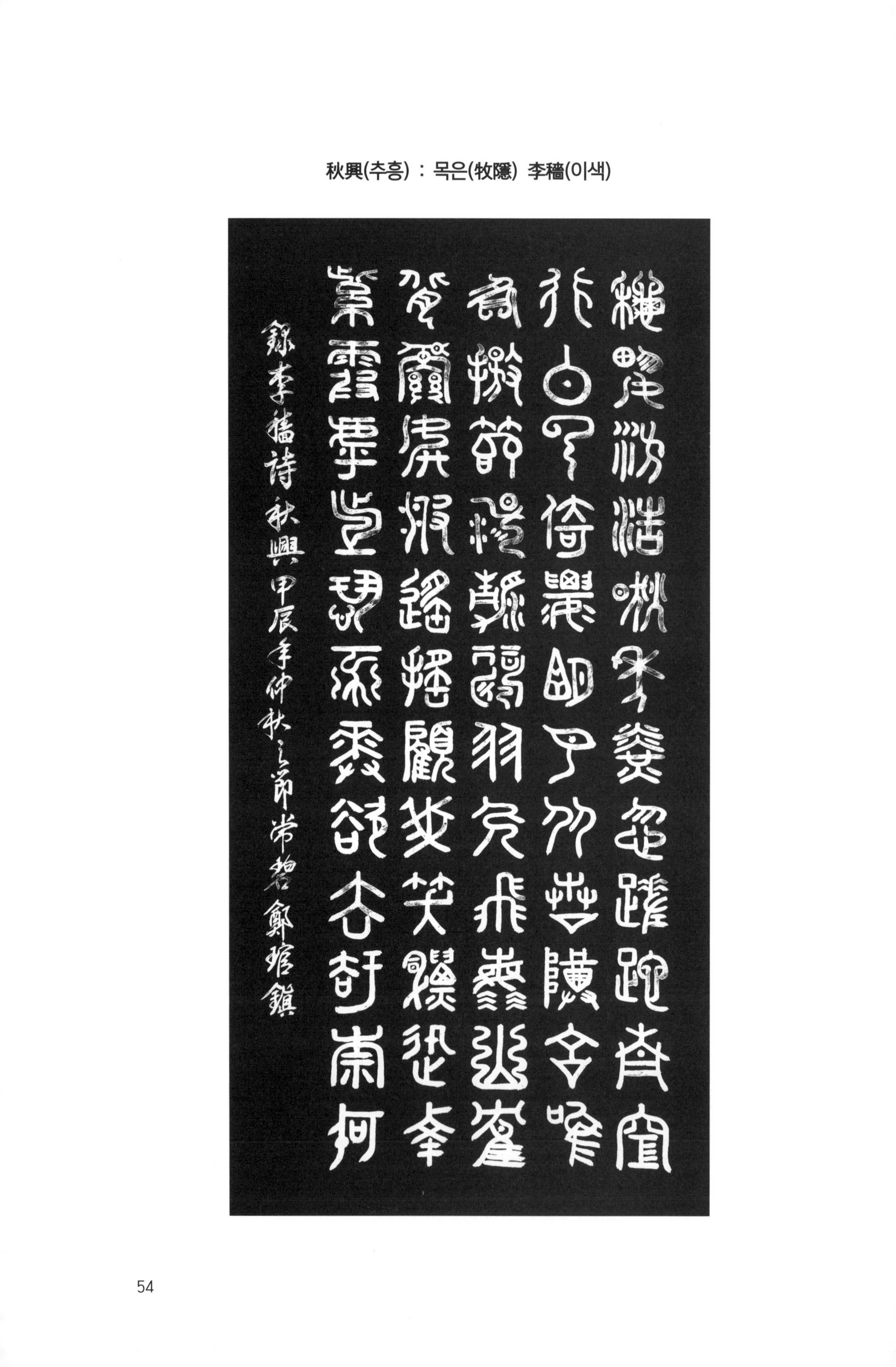

秋興(추흥) : 목은(牧隱) 李穡(이색)

秋興(추흥) - 가을 흥취 : 목은(牧隱) 李穡(이색)

秋興方浩然(추흥방호연) : 가을 흥취는 바야흐로 호연한데
年光忽蹉跎(년광홀차타) : 세월은 문득 헛되이 지나버렸네!
靑空行白雲(청공행백운) : 푸른 공중엔 흰 구름이 오가는데
倚樓明月多(의루명월다) : 누각에 기대니 달은 하도 밝아라
芳樽對佳客(방준대가객) : 좋은 술에 아름다운 손 마주하여
擊節揚淸歌(격절양청가) : 무릎 치며 청아한 노래 드날리네
羽人飛海山(우인비해산) : 신선은 바다와 산을 날아 넘을 제
鶴背天如波(학배천여파) : 학의 등 위엔 하늘이 물결 같은데
遙遙顧我笑(요요고아소) : 멀리서 나를 돌아보고 웃으면서
飄迅陵紫霞(표신릉자하) : 붉은 놀을 훌쩍 넘어 날아가누나
呼之恐不來(호지공불래) : 그를 부르면 아마 오지 않을 텐데
欲去知奈何(욕거지내하) : 내가 가려면 어찌해야 한단 말인가?

☞ **한자와 어구**

♠ 興(일 흥) : 일다, 일어나다, 일으기디
♠ 然(그러할 연) : 그러하다, 그렇다고 여기다, 그리하여
♠ 忽(소홀히할 홀) : 소홀히 하다, 갑자기, 돌염, 다하다, 말하다
♠ 蹉(넘어질 차) : 넘어지다, 때를 놓치다, 실패하다, 지니다, 지나가다
♠ 樓(다락구(누)) : 다락, 다락집, 망루, 겹치다, 포개다
♠ 芳(꽃다울 방) : 꽃답다, 향기 풀, 향기, 좋은 냄새, 명성
♠ 佳(아름다울 가) : 아름답다, 좋다, 좋아하다
♠ 歌(노래 가) : 노래, 노래하다, 소리를 내어 억양을, 붙여 읊다
♠ 擊(부딪칠 격) : 부딪치다, 배나 수레가 질서 있게 나아가다, 거리끼다, 방해가 되다
♠ 節(마디 절) : 마디, 대, 또는 초목의 마디, 뼈의 마디, 사물의 한 단락, 음악의 곡조, 절개, 규칙, 제도
♠ 鶴(학 학) : 학, 두루미, 희다, 흰 빛깔의 비유, 호미의 머리 부분
♠ 背(등 배) : 등, 뒤, 등 쪽, 양 ♠ 遙(멀요) : 멀다, 아득하다, 길다, 거닐다,
♠ 顧(돌아볼 고) : 돌아보다, 마음에 새기다, 관찰하다, 만성하다, 생각하다, 마음에 두다, 찾다, 방문하다
♠ 飄(회오리바람 표) : 회오리바람, 질풍, 일정하지 않은 바람

獨坐(독좌) : 徐居正(서거정)

獨坐(독좌) - 홀로 앉아 : 徐居正(서거정)

獨坐無來客(독좌무래객) : 찾아올 손 없이 홀로 앉아 있자니
空庭雨氣昏(공정우기혼) : 금세 비 오려나 빈 뜰은 침침하네
魚搖荷葉動(어요하엽동) : 물고기가 흔드는지 연잎 움직이고
鵲踏樹梢飜(작답수초번) : 까치가 밟았나 흔들리는 나뭇가지
琴潤絃猶響(금윤현유향) : 거문고는 젖었어도 줄은 울려지고
爐寒火尙存(노한화상존) : 화로는 싸늘해도 불씨는 남아 있네
泥途妨出入(이도방출입) : 진흙창이 나들잇길 가로막고 있으니
終日可關門(종일가관문) : 종일 문을 닫아걸고 있을 수밖에

☞ **한자와 어구**

♠ 獨(홀로 독) : 犬-총16획; [dú] : 홀로, 홀몸, 늙어서 자식이 없는 사람, 홀어미, 자손이 없는 사람, 어찌

♠ 坐(앉을 좌) : 土-총7획; [zuò] : 앉다, 앉아서, 아무 일도 하지 않고서, 무릎 꿇다

♠ 無(없을 무) : 火-총12획; [wú,mó] : 없다, 허무(虛無)의 도, 말라, 금지하는 말

♠ 客(손 객) : 宀-총9획; [kè] : 손님, 붙이다, 의탁하다, 상객(上客), 한 자리의 공경 받는 사람

♠ 庭(뜰 정) : 广-총10획; [tíng] :뜰, 집 안에 있는 마당, 집 안, 조정(朝廷)

♠ 氣(기운 기) : 气-총10획; [qì] : 기운, 공기, 대기, 숨, 숨 쉴 때 나오는 기운

♠ 昏(어두울 혼) : 日-총8획; [hūn] : 어둡다, 저녁때, 해 질 무렵, 밤(夜)

♠ 搖(흔들릴 요) : 手-총13획; [yáo] : 흔들리다, 움직이다, 흔들다, 오르다, 올라가다

♠ 荷(연 하) : 艸-총11획; [hé,hè] : 연(蓮), 책망하다, 규탄하다, 번거롭다

♠ 鵲(까치 작) : 鳥-총19획; [què] : 까치

♠ 踏(밟을 답) : 足-총15획; [tà,tā] : 밟다, 디디다, 발판, 신

♠ 梢(나무 끝 초) : 木-총11획; [shāo,sào,shāo,sào] : 나무 끝, 나뭇가지의 끝(杪), 끝, 말단(末端), 꼬리

♠ 飜(뒤칠 번) : 飛-총21획; [fān] : 뒤치다, 엎어지다, 날다, 물이 넘쳐흐르다

♠ 琴(거문고 금) : 玉-총12획; [qín] : 거문고

♠ 關(빗장 관) : 門-총19획; [guān] : 빗장, 기관(機關), 자동장치, 닫다, 잠그다

推句(추구) - 人生(인생) : 작가 미상

推句(추구) - 人生(인생) : 작가 미상

流水不復回(유수불복회) : 흐르는 물은 다시 돌아 오지 않고
行雲難再尋(행운난재심) : 떠도는 구름은 다시 볼 수 없네 !

老人頭上雪(노인두상설) : 늙은이의 머리 위에 내린 흰 눈은
春風吹不消(춘풍취불소) : 봄바람 불어와도 녹지를 않네!

春盡有歸日(춘진유귀일) : 봄은 오고 가고 하건만
老來無去時(노래무거시) : 늙음은 한번 오면 갈 줄을 모르네!

春來草自生(춘래초자생) : 봄이 오면 풀은 절로 나건만
靑春留不住(청춘유불주) : 젊음은 붙들어도 달아나네.

花有重開日(화유중개일) : 꽃은 다시 필날이 있어도.
人無更少年(인무갱소년) : 사람은 다시 소년이 될 수 없네!

山色古今同(산색고금동) : 산색은 예나 지금이나 변하지 않으나
人心朝夕變(인심조석변) : 사람의 마음은 아침저녁으로 변하네!

男人靠心變老(남인고심변노) : 남자는 마음으로 늙고
女人靠臉變老(여인고검변노) : 여자는 얼굴로 늙는다네

☞ **한자와 어구**

♠ 盡(다될 진) : 다 되다, 비다. 줄다, 없어지다, 끝나다, 그치다, 죽다, 다하다, 한도에 이르다. 죄다, 맡기다, 몰살하다, 정성을 다하다
♠ 歸(돌아갈 귀) : 돌아가다, 돌려보내다, 반환하다, 시집가다, 시집을 보내다,
♠ 去(갈 거) : 가다, 떠나다, 잃다, 잃어버리다. 배반하다.
♠ 草(풀 초) : 풀, 초원, 거친 풀, 잡초
♠ 有(있을 유) : 있다, 존재하다, 많다, 넉넉하다, 소유물
♠ 色(빛 색) : 빛, 빛깔, 얼굴빛, 색채, 윤, 광택, 모양, 상태, 기색, 형상, 용모의 이쁨, 갈래, 종류, 여색, 정욕

推句(추구) - 歲月(세월) : 작가 미상

推句(추구) - 歲月(세월) : 작가 미상

流水不復回(유수불복회) : 흐르는 물은 다시 돌아 오지 않고
行雲難再尋(행운난재심) : 떠도는 구름은 다시 볼 수 없네!

老人頭上雪(노인두상설) : 늙은이의 머리 위에 내린 흰 눈은
春風吹不消(춘풍취불소) : 봄바람 불어와도 녹지를 않네!

春盡有歸日(춘진유귀일) : 봄은 오고 가고 하건만
老來無去時(노래무거시) : 늙음은 한번 오면 갈 줄을 모르네!

春來草自生(춘래초자생) : 봄이 오면 풀은 절로 나건만
靑春留不住(청춘유불주) : 젊음은 붙들어도 달아나네.

花有重開日(화유중개일) : 꽃은 다시 필날이 있어도.
人無更少年(인무갱소년) : 사람은 다시 소년이 될 수 없네!

山色古今同(산색고금동) : 산색은 예나 지금이나 변하지 않으나
人心朝夕變(인심조석변) : 사람의 마음은 아침저녁으로 변하네!

화향백리(花香百里) : 꽃의 향기는 백 리를 가고
인향만리(人香萬里) : 사람의 향기는 만 리를 간다네

☞ **한자와 어구**

♠ 難(어려울 난) : 어렵다, 재앙, 근심, 구슬 이름, 꾸짖다, 성하다, 타다
♠ 尋(찾을 심) : 찾다, 생각하다, 보통, 평소
♠ 頭(머리 두) : 머리, 머리털, 꼭대기, 맨 앞, 시초, 우두머리, 상위, 지혜, 재능, 근처, 근방
♠ 同(한가지 동) : 한가지, 서로 같게 하다, 같게, 함께, 다 같이
♠ 朝(아침 조) : 아침, 처음, 시작의 때, 뵙다, 알현하다
♠ 香(향기 향, 향기롭다, 소리 · 빛 · 모양 · 맛 같은 것의 아름다움
♠ 里(마을 리) : 거리, 주거
♠ 萬(일만 만) : 일만, 수의 많음을 나타내는 말, 다수, 크다

略題述其愚志(약제술기우지) : 慧超大師(혜초대사)

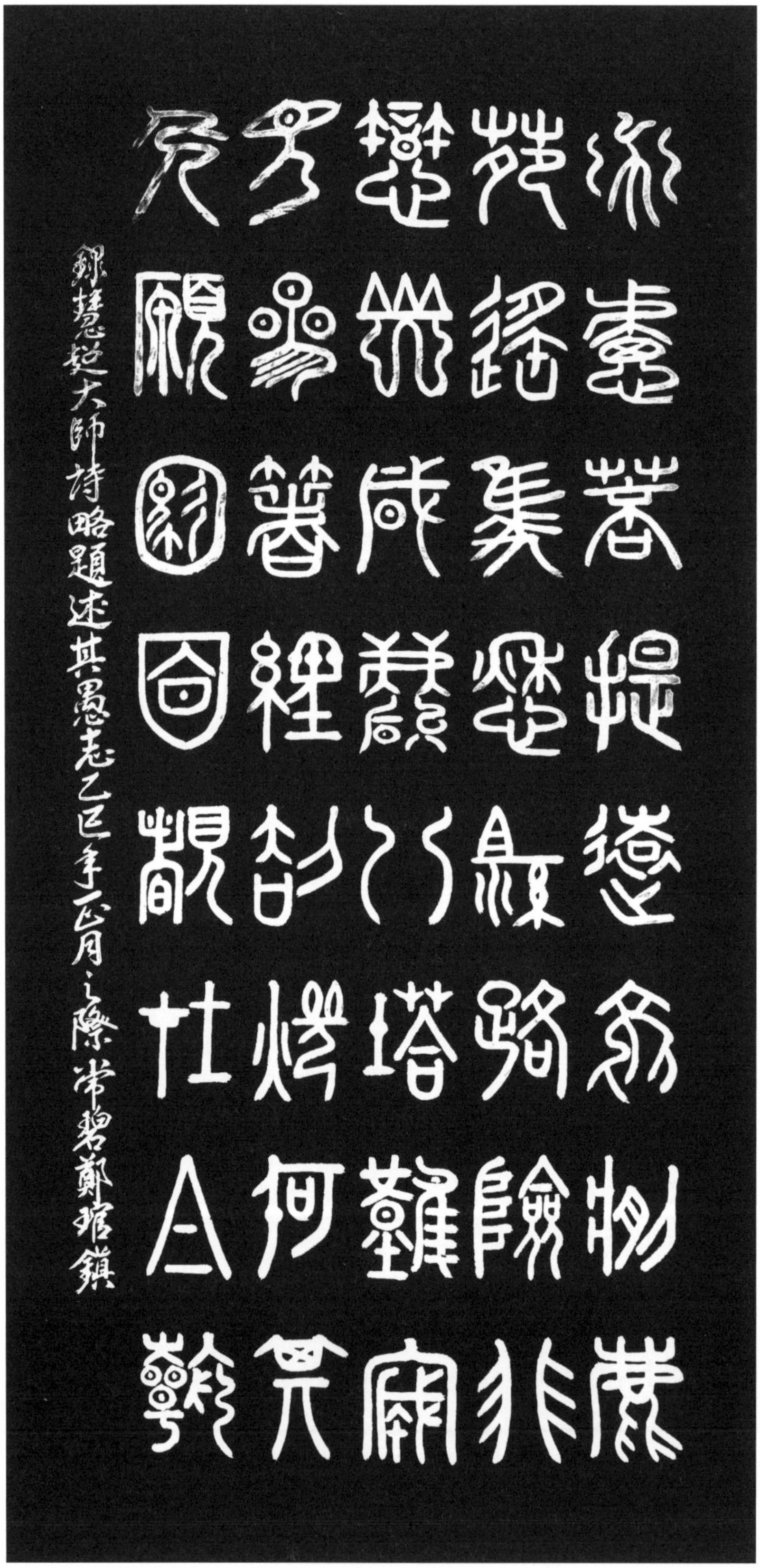

略題述其愚志(약제술기우지) - 달마게 타국 마하 보리사에서 본바탕을 기리며 기쁨이 대단해서 어리석은 내 뜻을 적는다 : **慧超大師(혜초대사)**

不慮菩提遠(불려보리원) : 아득한 깨달음도 염려하지 않았는데
焉將鹿苑遙(언장녹원요) : 녹야원 먼 것쯤 어찌 걱정했겠는가?
只愁懸路險(지수현로험) : 근심이라면 길 하나 험하다는 것이지만
非意業風飄(비의업풍표) : 업의 바람에 날릴 테니 개의치 않으리라
八塔難誠見(팔탑난성견) : 여덟 탑을 보는 것은 어려운 일이지만
參著經劫燒(참착경겁소) : 오랜 세월에 타버린 모습 보고 있네
何其人願滿(하기인원만) : 이렇게 사람 소원 이뤄지다니
目覩在今朝(목도재금조) : 오늘 아침 내 눈으로 모두 보았네

☞ **한자와 어구**

♠ 鹿苑(녹원:녹야원) : 부처님이 처음 설법 한 곳
♠ 業風(업풍) : 업보(業報)가 돌아오는 바람
♠ 八塔(팔탑) : 석가모니의 탄생, 성도, 최초 설법, 열반의 장소 등에 세워진 8가지 기념물(탑)
♠ 廬(오두막집려(여)) : 오두막집, 주막, 여인숙, 임시 거쳐
♠ 焉(어찌 언) : 어찌, 이에, 이, 여기
♠ 鹿(사슴 록(녹)) : 사슴, 권좌의 비유, 곳집, 방형 모양의 쌀 창고,
♠ 懸(매달 현) : 매달다, 달아매다, 매달리다, 늘어지다, 걸다, 상을 걸다
♠ 塔(탑 탑) : 탑, 절, 불당
♠ 經(날 경) : 날, 날실, 세로, 길, 조리, 도로
♠ 劫(위협할 겁) : 위협하다, 빼앗다, 부지런하다.
♠ 燒(사를 소) : 사르다. 불태우다, 타다, 익히다, 불에 쬐어 익히다.
♠ 願(원할 원) : 바라다, 원하다, 마음에 품다, 희망하다, 빌다, 기원하다, 청하다, 부탁하다, 소원, 소망
♠ 覩(볼 도) : 보다
♠ 今(이제 금) : 이제, 이, 이에(사물을 가리키는 말), 혹은

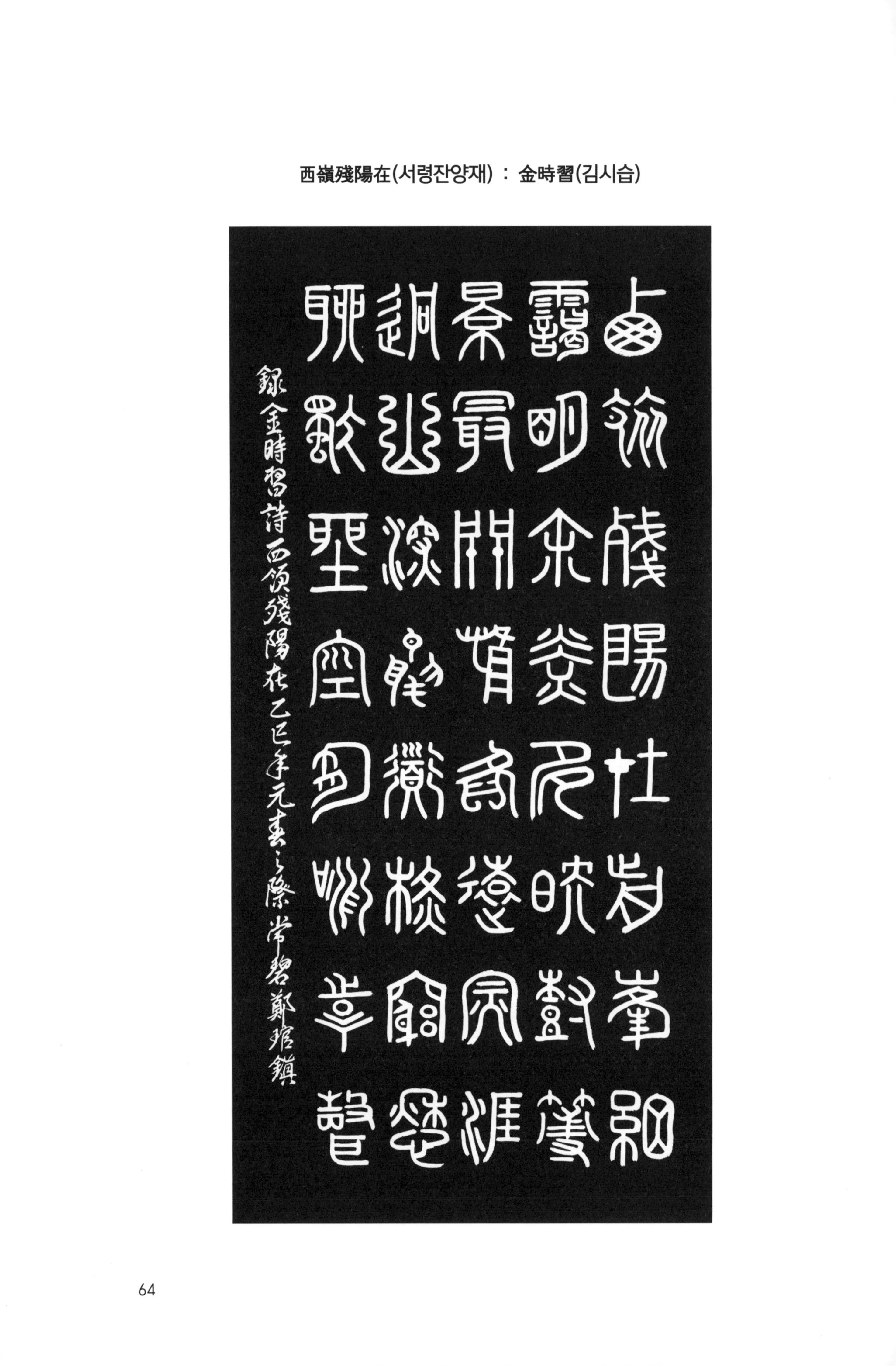

西嶺殘陽在(서령잔양재) : 金時習(김시습)

西嶺殘陽在(서령잔양재) - 서쪽 봉우리에 넘어가는 햇살 : 金時習(김시습)

西嶺殘陽在(서령잔양재) : 넘어가는 햇살은 서쪽 봉우리에 남아 있는데
前峯細靄明(전봉세애명) : 앞의 봉우리는 옅은 아지랑이로 밝기만 하네
餘光多映樹(여광다영수) : 남은 빛이 비스듬히 나무에 걸렸는데
薄影最關情(박영최관정) : 옅은 그림자는 옥관의 정을 자아내게 하도다
客遠天涯逈(객원천애형) : 나그네는 멀리 아득한 하늘 끝만 바라보는데
山深鳥道橫(산심조도횡) : 산은 깊고 새는 길을 가로질러 날아가는구나!
窮愁聊獨坐(궁수료독좌) : 끝이 없는 수심에 무료히 홀로 앉아서
空有詠詩聲(공유영시성) : 헛되이 시를 읊는 소리만 내고 있도다

☞ **한자와 어구**

♠ 嶺(재령 (영)) : 재, 산봉우리, 연산, 잇달아 뻗어있는 산줄기
♠ 殘(해칠 잔) : 해치다, 해롭게 하다, 손상하다, 죽이다, 멸하다, 무너지다
♠ 峯(봉우리 봉) : 봉우리, 뫼, 산, 봉우리 모양을 한 것
♠ 靄(아시랑이 애) : 아시랑이, 자욱하게 낀 기운, 구름이 모이는 모양
♠ 餘(남을 여) : 남다, 넉넉하다, 여유가 있다, 여가, 말리, 결말, 결국, 죄다,
♠ 影(그리자 영) : 그림자, 사람의 모양, 모습, 화상
♠ 薄(엷을 박) : 엷다, 적다, 가볍다, 천하다, 담박하다, 좁다, 깔보다, 싫어하다
♠ 關(빗장 관) : 빗장, 기관, 자동장치, 닫다, 잠그다
♠ 涯(물가 애) : 물가, 가, 끝, 근처, 어느 곳
♠ 深(깊을 심) : 깊다, 깊게 하다, 깊이, 매우
♠ 鳥(새 조) : 새, 봉황, 별 이름
♠ 橫(가로 횡) : 가로, 동서, 좌우, 가로 놓다, 가로지르다.
♠ 窮(다할 궁) : 다하다, 끝나다, 말다, 그치다, 떨어지다, 막히다, 가난하다
♠ 聊(귀울 료(요)) : 귀가 울다, 의지하다, 힘입다, 즐기다
♠ 坐(앉을 좌) : 앉다, 앉아서, 아무 일도 하지 않고서, 무릎 꿇다
♠ 空(빌 공) : 비다, 다하다, 없다, 모자라다, 내실이 없다, 근거가 없다, 쓸쓸 하다, 부질없이, 헛되이
♠ 詠(읊을 영) : 읊다, 노래하다, 사물에 빗대어 노래하다, 새가 노래하다.
♠ 聲(소리 성) 소리, 음향, 음성, 소리를 내다, 음악

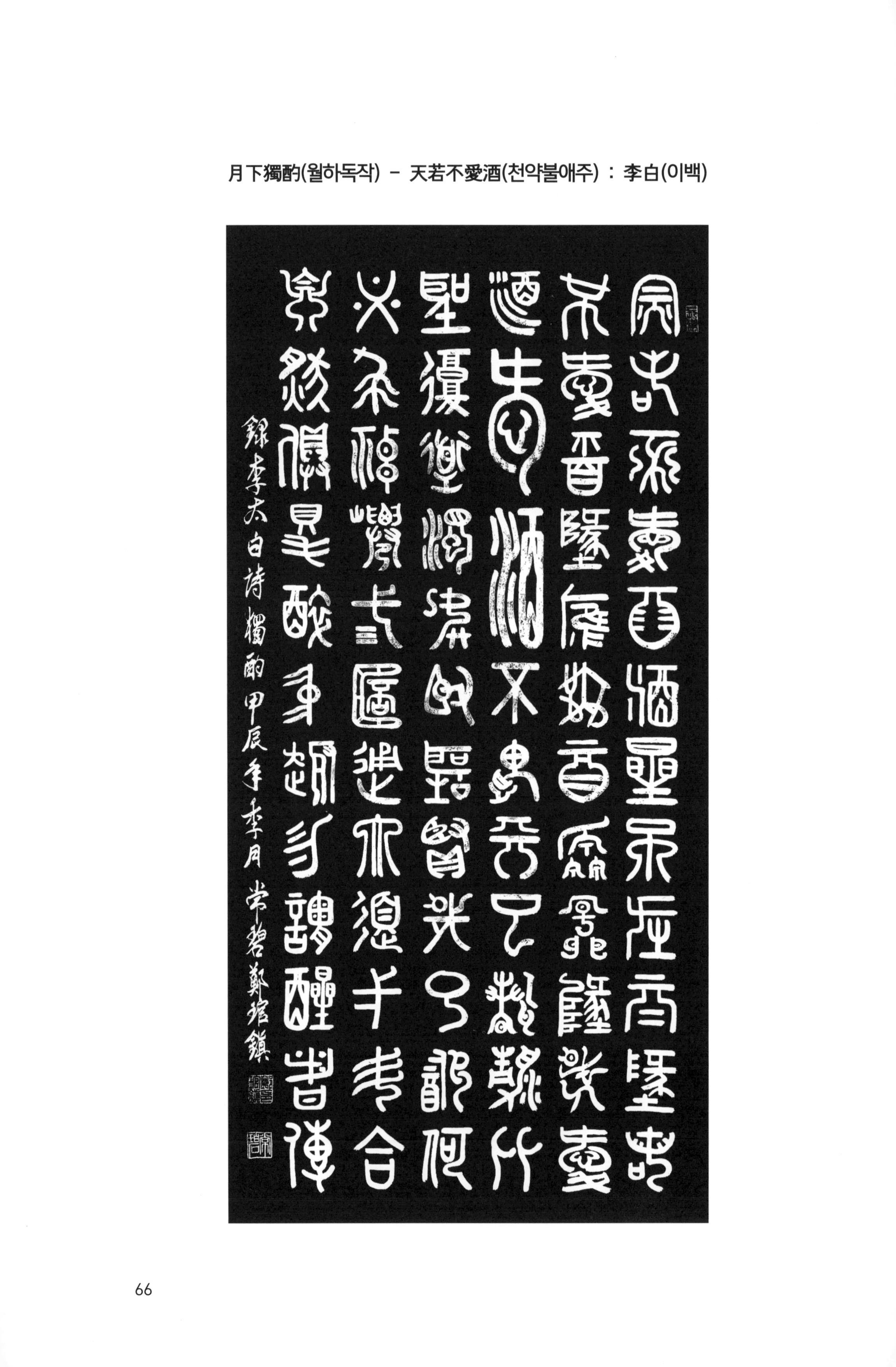

月下獨酌(월하독작) – 天若不愛酒(천약불애주) : 李白(이백)

月下獨酌(월하독작) - 天若不愛酒(천약불애주) 하늘이 술을 사랑하지 않는다면 : 李白(이백)

天若不愛酒(천약불애주) : 하늘이 만약 술을 사랑하지 않았으면
酒星不在天(주성불재천) : 어찌 하늘에 주성(酒星)이 있으며
地若不愛酒(지약불애주) : 땅이 또한 술을 즐기지 않았으면
地應無酒泉(지응무주천) : 땅에 응당 주천(酒泉)이 없었겠지
天地旣愛酒(천지기애주) : 천지가 이미 술을 사랑했으니
愛酒不愧天(애주불괴천) : 애주를 즐김을 하늘에 부끄러워하리.
已聞淸比聖(이문청비성) : 듣자니 청주는 성인에 비견할 만하고
復道濁如賢(복도탁여현) : 탁주를 일러 현인과 같다 하니
聖賢旣已飮(성현기이음) : 성현들도 원래부터 이미 마셨거늘
何必求神仙(하필구신선) : 어찌 신선을 찾아 구하여 무엇하리
三盃通大道(삼배통대도) : 석 잔 술로 큰 도와 통하고
一斗合自然(일두합자연) : 한 말을 마시면 자연과 합해지니
俱得醉中趣(구득취중취) : 모두 취하여 얻는 즐거움을
勿謂醒者傳(물위성자전) : 굳이 깨어 있는 자들에게 전하지 말아라

☞ **한자와 어구**

♠ 若(같을 약) : 艸-총9획; [ruò,rě] : 같다, 너, 만일

♠ 愛(사랑 애) : 心-총13획; [ài] : 사랑, 사랑하다, 친밀하게 대하다

♠ 酒(술 주): 酉-총10획; [jiǔ] : 술, 누룩으로 빚은 술, 무술, 현주(玄酒), 잔치, 주연(酒宴)

♠ 在(있을 재) : 土-총6획; [zài] : 있다, 보다, 살피다, 제멋대로 하다.

♠ 地(땅 지) : 土-총6획; [dì,dė,di] : 땅, 토지의 신, 처지, 처해 있는 형편

♠ 應(응할 응) : 心-총17획; [yīng] : 응하다, 받다, 응당-하여야 한다..

♠ 泉(샘 천) : 水-총9획; [quán] : 샘, 땅속에서 솟는 물, 돈

♠ 聞(들을 문) : 耳-총14획; [wén] : 듣다, 삼가 받다, 가르침을 받다, 알다, 널리 견문하다, 들려주다, 알리다, 찾다, 방문하다, 서신을 보내다

♠ 淸(맑을 청) : 水-총11획; [qīng] : 맑다, 빛이 선명하다, 사념(邪念)이 없다, 탐욕이 없다.

♠ 聖(성스러울 성) : 耳-총13획; [shèng] : 성스럽다, 성인, 한 방면에 대하여 더할 수 없이 뛰어난 사람

♠ 趣(달릴 취) : 走-총15획; [qù] : 달리다, 향하다, 미치다, 다다르다

月下獨酌(월하독작) 一首(1수) : 李白(이백)

舉杯邀明月對影成三人月既
不解飲影徒隨我身暫伴月將
影行樂須及春我歌月徘徊我
舞影零亂醒時同交歡醉後各
分散永結無情遊相期邈雲漢

錄李白詩月下獨酌(1) 乙巳年元宵之際 常碧 鄭琯鎭

月下獨酌(월하독작) 一首(1수) : 달빛 아래서 홀로 술(酒)을 마시다. : 李白(이백)

月下獨酌(월하독작)4수 중 一首(1수)

擧盃邀明月(거배요명월): 잔 들어 밝은 달맞이하고
對影成三人(대영성삼인): 그림자 대하니 세 사람이 되었다네.
月旣不解飮(월기불해음): 달은 본디 술 마실 줄 모르니
影徒隨我身(영도수아신): 그림자만 날 따라 마시는구나.
暫伴月將影(잠반월장영): 잠시나마 달과 그림자를 데리고
行樂須及春(행락수급춘): 이 봄 가기 전에 즐겨나 볼까.
我歌月排徊(아가월배회): 내 노래에 달은 서성이고
我舞影凌亂(아무영능란): 내 춤에 그림자도 따라 춘다.
醒時同交歡(성시동교환): 취하지 않을 때는 함께 서로 즐기다가
醉後各分散(취후각분산): 취하고 나면 제각기 흩어질지니.
永結無情遊(영결무정유): 영원히 맺은 우리의 우정
相期邈雲漢(상기막운한): 아득한 은하에서 다시 만나세.

☞ **한지의 어구**

♠ 三人(삼인) : 홀로 잔을 기울이는 자신과 하늘의 밝은 달, 그리고 달빛에 비친 자신의 그림자를 합하여 말한 것이다.

♠ 暫伴月將影(잠반월장영) : '장(將)'은 '여(與)'와 같은바, 달과 그림자를 벗할 수 있는 시간이 짧음을 표현하였다.

♠ 壺(병 호) : 병, 술병.

♠ 擧(들 거) : 들다, 오르다, 움직이다

♠ 邀(맞을 요(료)) : 맞다, 오는 것을 기다리다, 부르다, 초대하다, 구하다, 요구하다, 만나다, 마주치다

♠ 飮(마실 음) : 마시다, 잔치, 주연, 음료

♠ 暫(잠시 잠) : 잠시, 잠깐, 갑자기, 별안간

♠ 排(밀칠 배) : 밀치다. 물리치다. 배척하다, 없애다

♠ 亂(어지러울 란(난)) : 어지럽다, 다스리다

♠ 醒(깰 성) : 깨다, 술이 깨다, 잠이 깨다, 깨닫다, 도리에 밝고 성실한 일, 별 이름

♠ 歡(기쁘게할 환) : 기뻐하다, 기쁘게 하다, 기쁨, 즐거움

♠ 醉(취할 취) : 취하다, 취하게 하다 ♠ 邈(막) : 멀다. 아득하다.

月下獨酌(월하독작)二首 (2수) : 李白(이백)

月下獨酌(월하독작)二首(2수) : 달빛 아래서 홀로 술(酒)을 마시다. : 李白(이백)

月下獨酌(월하독작)4수 중 二首(2)

花間一壺酒(화간일호주) : 꽃 사이 놓인 한 동이 술을
獨酌無相親(독작무상친) : 친한 이 없이 혼자 마시네.
擧盃邀明月(거배요명월) : 잔 들어 밝은 달을 맞이하고
對影成三人(대영성삼인) : 그림자를 대하니 셋이 되었구나.
月旣不解飮(월기불해음) : 달은 전부터 술 마실 줄 모르고
影徒隨我身(영도수아신) : 그림자는 부질없이 흉내만 내는구나.
暫伴月將影(잠반월장영) : 한동안 달과 그림자 벗해
行樂須及春(행락수급춘) : 행락은 모름지기 봄에 맞추었다.
我歌月排徊(아가월배회) : 내가 노래하니 달은 거닐고
我舞影凌亂(아무영능란) : 내가 춤을 추니 그림자 어지러워
醒時同交歡(성시동교환) : 깨어서는 모두 같이 즐기고
醉後各分散(취후각분산) : 취한 뒤에는 제각기 흩어진다.
影結無情遊(영결무정유) : 길이 무정한 놀음 저들과 맺어
相期邈雲漢(상기막운한) : 아득한 은하에서 다시 만나길.

☞ **한자와 어구**

♠ 酒星(주성) : 진서(晉書) 천문지(天文志)에 말하기를 주성(酒星)은 유성(柳星) 옆의 세 별로 주기성(酒旗星)이라 이름한다." 하였다.
♠ 酒泉(주천) : 하서(河西) 숙주(肅州)가 주천군이며, 술의 샘이란 뜻을 가진 지명이다. 섬서성 대려현(陜西省大荔縣)에 있는 주천 샘물은 술을 빚기에 알맞고, 감숙성 주천현(甘肅省酒泉縣) 동북쪽에 있는 주천 샘물은 술맛이 난다고 함.
♠ 復道(부도) : 또 말함.
♠ 賢聖旣已飮(현성기이음) : 성현(聖賢)을 이미 마시니. 성현(聖賢) : 성인과 현인
♠ 大道(대도) : 노장사상(老莊思想)의 무위자연(無為自然)의 원리.
♠ 醉中趣(취중취) : 술에 취하는 즐거움이나 흥취. 맹가(孟嘉)가 술을 좋아하니 상관인 정승 환온(桓溫)이 술에 무슨 좋은 것이 있어 마시느냐고 묻자 "공은 아직 '酒中의 趣'를 모르신다." 하였음
♠ 勿爲(물위) : ~하지 마라.

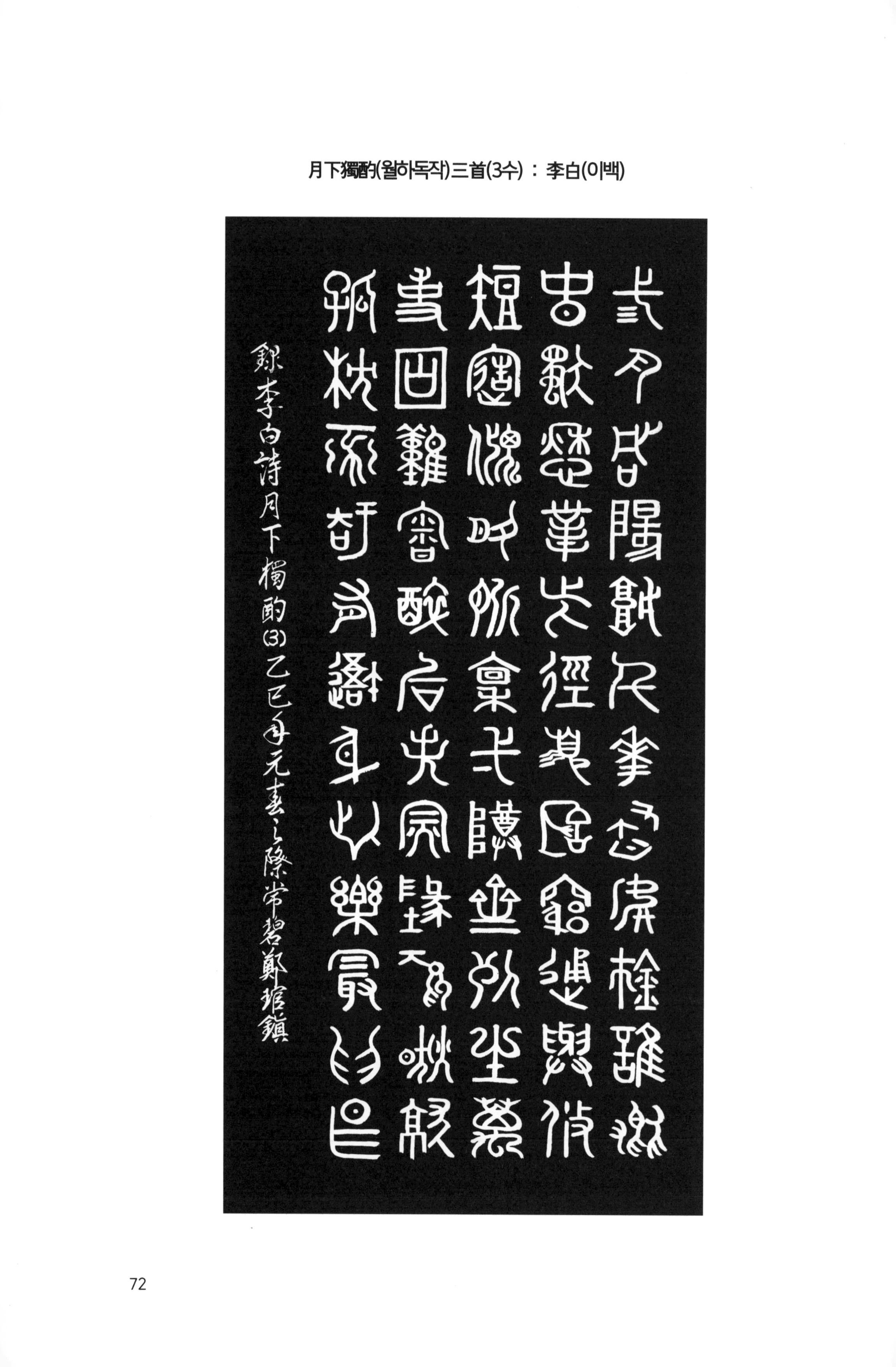

月下獨酌(월하독작)三首(3수) : 李白(이백)

錄李白詩月下獨酌(3)乙巳年元春之際常碧鄭瑢鎭

月下獨酌(월하독작)三首(3수) : 달빛 아래서 홀로 술(酒)을 마시다. : 李白(이백)

月下獨酌 (월하독작)4수 중 三首(3)

三月咸陽城(삼월함양성) : 삼월이라 함양 성에
千花晝如錦(천화주여금) : 갖가지 꽃핀 낮이 비단 같구나.
誰能春獨愁(수능춘독수) : 뉘라서 이 봄 수심에 잠기리
對此徑須飮(대차경수음) : 이 풍경 마주하여 마시리로다.
窮通與修短(궁통여수단) : 궁핍하거나 형통함, 명의 길이가 짧음도
造化夙所稟(조화숙소품) : 일찍이 조물주로부터 받은 것이니
一樽齊死生(일준제사생) : 한 잔의 술이면 삶과 죽음이 같은 것이요
萬事固難審(만사고난심) : 세상만사는 원래 알기가 힘든 것이다.
醉後失天地(취후실천지) : 술에 취하여 천지를 잃어버리고
兀然就孤枕(올연취고침) : 쓰러져 홀로 잠에 빠지면
不知有吾身(부지유오신) : 이 내 몸이 있음도 모르게 되니
此樂最爲甚(차락최위심) : 이 즐거움이 으뜸이로다.

☞ **한자와 어구**

♠ 咸陽城(함양성) : 장안(長安)
♠ 徑須(경수) : 우선。경(徑)은 곧, 바로. 이백의 장진주(將進酒)에 인하위언 주소전 , 경수고취대군작(人何為言 主 少錢 , 徑須沽取對君酌) 주인은 어이하여 돈이 적다고 말하는가, 우선 술을 받아다 그대와 대작하리라. 라는 표현이 있다.
♠ 窮通(궁통) : 궁핍함과 형통함. 빈궁과 영달.
♠ 修短(수단) : 장단(長短). 즉 사람의 수명.
♠ 造化(조화) : 조물주 ♠ 稟(줄 품) : 주다. 내려주다.
♠ 齊死生(제사생) : 삶과 죽음은 차별이 없이 동등하다.
♠ 兀然(올연) : 홀로 외롭고 우뚝한 모양.
♠ 孤枕(고침) : 홀로 잘 때의 외로운 베개. 곧 외로운 잠자리
♠ 窮(다할 궁) : 다하다, 끝나다, 말다, 그치다, 떨어지다, 막히다, 어려움을 겪다, 가난하다, 궁구하다
♠ 稟(줄 품) : 주다, 내려주다, 녹, 녹미, 받다
♠ 枕(베개 침) : 베개, 잠잘 때 베는 베개, 베다, 베개 삼아 베다, 잠자다

月下獨酌(월하독작)四首(4수) : 李白(이백)

窮愁千萬端美酒三百杯愁多酒雖少酒傾愁不來所以知酒聖酒酣心自開辭粟臥首陽屢空飢顏回當代不樂飮虛名安用哉蟹螯卽金液糟丘是蓬萊且須飮美酒乘月醉高臺

錄李白詩月下獨酌(4) 乙巳年元春之際 常碧 鄭瑢鎭

月下獨酌(월하독작) (4수) : 달빛 아래서 홀로 술(酒)을 마시다. : 李白(이백)

月下獨酌 (월하독작)4수 중 **四首**(4)

窮愁千萬端(궁수천만단) : 근심걱정은 천만 가지요
美酒三百杯(미주삼백배) : 아름다운 술은 삼 백 잔이라.
愁多酒雖少(수다주수소) : 근심은 많고 비록 술은 적으나
酒傾愁不來(주경수불래) : 술잔을 기울이면 근심은 오질 않네.
所以知酒聖(소이지주성) : 하여 술을 성인에 비유함을 알겠구나.
酒堪心自開(주감심자개) : 술을 마시면 마음이 절로 열리고
辭粟臥首陽(사속와수양) : 수양산에서 먹기를 사양했던 백이 숙제나
屢空飢顔回(누공기안회) : 빈 쌀뒤주에 굶주린 안 회나
當代不樂飮(당대불락음) : 살아생전 술 마시기를 즐기지 않았다면
虛名安用哉(허명안용재) : 헛된 이름 남겨 어디 쓰겠나.
蟹敖(+蟲)卽金液(해오즉금액) : 게의 집게발 안주는 황금액이요
糟丘是蓬萊(조구시봉래) : 술지게미 더미는 봉래산이라.
且須飮美酒(저수음미주) : 모름지기 아름다운 술을 마시며
乘月醉高臺(승월취고대) : 달을 타고 취하여 높은 대에 오르리.

☞ **한자와 어구**

♠ 窮愁(궁수) : 궁핍(窮乏)을 겪는 근심
♠ 千万端(천만단) :천만 가지. 端은 끝 '단'으로 길이의 단위.
♠ 美酒(미주) : 빛과 맛이 좋은 술 ♠ 所以(소이) : 까닭. 일이 생기게 된 원인이나 조건 ♠ 酒聖(주성) : 맑은 술. 청주(淸酒). 술을 잘 마시는 사람. 주호(酒豪) ♠ 蟹螯(해오) : 게와 조개 ♠ 乘月(승월) : 달빛을 받고 오르다.
♠ 辭粟臥首陽(사속와수양) : 수양산에서 곡식을 사양하였다. 고죽국의 백이와 숙제는 지조를 지키기 위해 수양산에서 주나라의 곡식을 먹지 않겠다며 고사리를 캐어 먹다가 굶어서 죽었다는 고사를 인용하였다.
♠ 屢空飢顔回(누공기안회) : 어려운 처지의 안회는 굶주렸다. 누공(屢空)은 어려운 처지(處地). 도연명의 음주 제11수에는 "누공불획년(屢空不獲年) 안회는 끼니 자주 걸러 오래 살지 못했고"라는 표현이 있다.
♠ 安用(안용) : 어디에 쓰려 하였나. 安은 '어디에'라는 뜻.
♠ 糟丘(조구) : 술지게미 언덕 ♠ 蓬萊(봉래) : 고대 전설의 신산(神山) 이름.

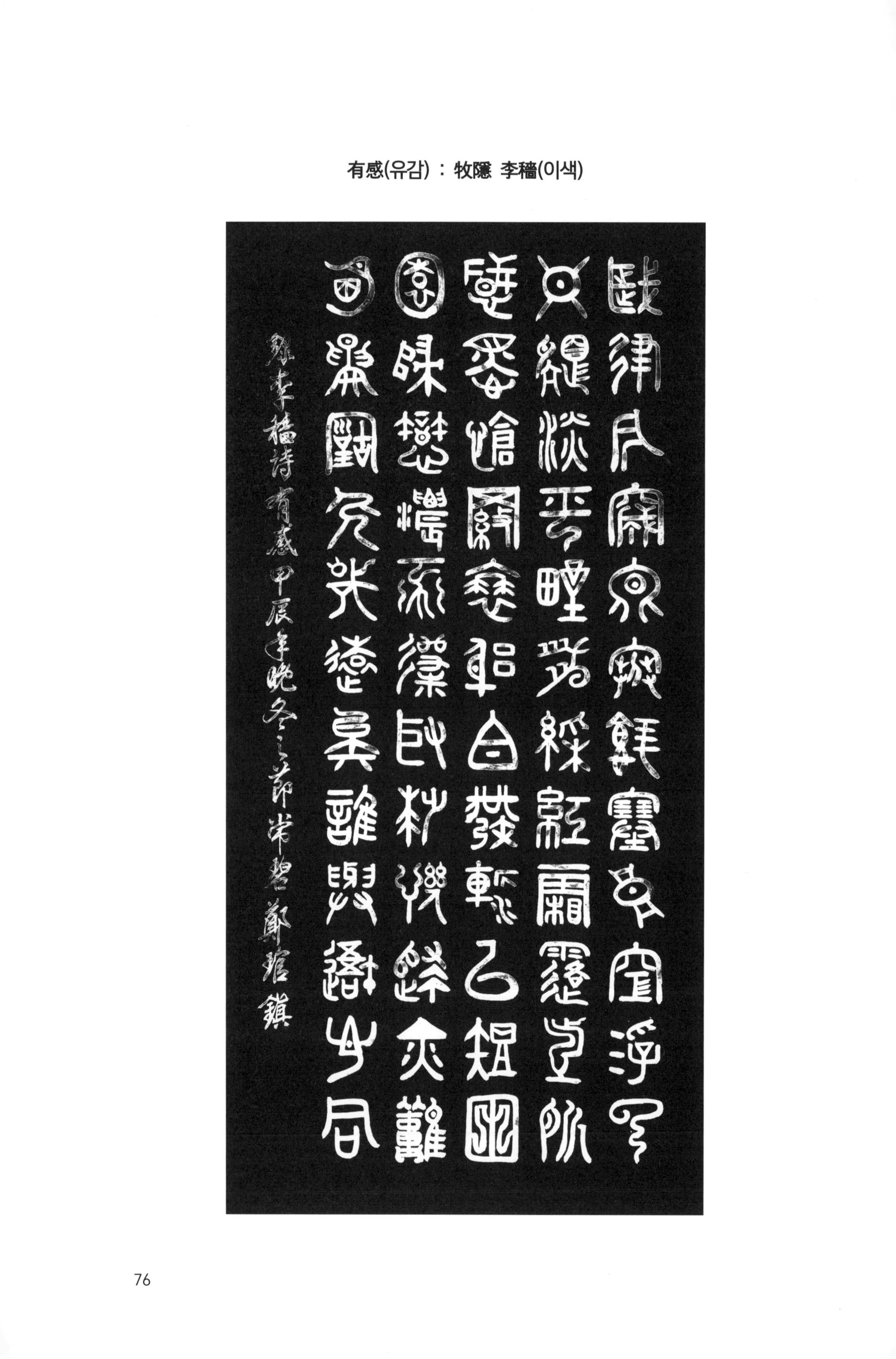

有感(유감) : 牧隱 李穡(이색)

有感(유감) - 마음에 차지 아니하고 섭섭하며 불만스러운 느낌 : 李穡(이색)

歲律今成冬(세률금성동) : 한 해도 다 지나고 이제 겨울철
寒氣塞高空(한기새고공) : 찬 기운이 높은 하늘 꽉 채웠는데
浮雲日色淡(부운일색담) : 구름 낀 태양 빛 엷기만 하고
平野林彩紅(평야림채홍) : 너른 벌 나무숲은 붉게 물들어
霜露之所感(상로지소감) : 서리와 이슬에 느껴지는 마음 있어.
惻愴撫衰躬(측창무쇠궁) : 처창한 심정으로 쇠한 몸 매만지네!
白髮漸以短(백발점이단) : 흰 머리칼 갈수록 더 성글어지며
田園歸意濃(전원귀의농) : 전원에 돌아갈 뜻 점점 짙어지는
不歸取世譏(부귀취세기) : 돌아가지 않으면 세상의 조롱받고
歸亦難明農(귀역난명농) : 돌아가도 농사짓기 어려운 내 신세여
古人旣遠矣(고인기원의) : 옛사람은 이미 멀어 볼 수 없으니
誰與吾心同(수여오심동) : 누구와 더불어 나의 마음 함께할까?

☞ **한자와 어구**

♠ 歲(해 세) : 해, 새해, 신념, 시일, 세월, 광음
♠ 律(법 률(율)) : 법, 법령, 정도, 비율, 자리, 지위, 등급, 가락
♠ 塞(변방 새) : 변방, 사이가 뜨다, 거리를 띄우다, 성채
♠ 淡(묽을 담) : 물다, 싱겁다, 담박하다
♠ 感(느낄 감) : 느끼다, 마음을 움직이다. 고맙게 여기다.
♠ 惻(슬퍼할 측) : 슬퍼하다, 진심을 다하는 모양
♠ 愴(슬퍼할 창) : 슬퍼하다, 마음 아파하다, 차다, 차갑다, 어지럽다, 어지러워지다
♠ 撫(어루만질 무) : 어루만지다, 누르다, 손으로 누르다, 손에 쥐다
♠ 衰(쇠할 쇠) : 쇠하다, 약해지다, 작아지다, 늙다, 여위다, 줄다, 게으르다, 세력이 없어지다, 줄이다.
♠ 漸(점점 점) : 점점, 차차, 차츰 나아가다, 천천히 움직이다
♠ 濃(짙을 농) : 짙다, 이슬이 많다, 우거지다, 무성하다
♠ 取(취할 취) : 취할, 골라 뽑다, 돕다, 의지하다
♠ 譏(나무랄 기) : 나무라다, 간하다, 충고하다, 원망하다
♠ 旣(이미 기) : 이미, 벌써, 원래, 처음부터, 그러는 동안에, 이윽고
♠ 與(줄 여) : 주다, 베풀다, 무리, 동아리가 되다, 따르다, 돕다, 허락하다, 편을 든다, 좋아한다.

詠忘(영망) : 李奎報(이규보)

詠忘(영망) - 잊어버림을 읊다 : 李奎報(이규보)

世人皆忘我(세인개망아) : 세상 사람 모두 나를 잊었으니
四海一身孤(사해일신고) : 온 세상의 이 한 몸은 외롭구나.
豈唯世忘我(기유세망아) : 어찌 오직 세상만 나를 잊을까?
兄弟亦忘予(형제역망여) : 형과 아우도 또한 나를 잊었네.
今日婦忘我(금일부망아) : 오늘은 아내가 나를 잊게 되고
明日吾忘吾(명일오망오) : 내일에는 내가 나를 잊을 테지.
却後天地內(각후천지내) : 도리어 뒤에는 온 천지 안에서
了無親與疏(요무친여소) : 친한 이 생소한 이 전혀 없겠네.

☞ **한자와 어구**

♠ 四海(사해) : 온 세상
♠ 予(나 여) : 나(≒余여)
♠ 了(마칠 료) : 마치다(修了수료). 깨닫다(이해하다;了解요해). 드디어(마침내)
♠ 親與疎(친여소) : 친함과 버성김. 여기서는 '친한 사람과 버성긴 사람'을 말함.
♠ 皆(나 개) : 나, 모두, 두루 미치다, 함께
♠ 忘(잊을 망) : 잊다, 건망증, 다하다, 끝나다 ♠ 我(나아) : 나, 우리, 외고집
♠ 孤(외로울 고) : 외롭다, 홀로, 외따로, 고아
♠ 豈(어찌 기) : 어찌, 반어의 조사, 그, 바라다
♠ 唯(오직 유) : 오직, 발어사, 비록...하더라도
♠ 亦(또 역) : 또, 또한, 모두, 크게, 대단히
♠ 婦(며느리 부) : 며느리, 아내, 여자
♠ 吾(나 오) : 나, 자신, 당신, 그대, 글 읽는 소리
♠ 却(물리칠 각) : 물리치다, 물러나다, 그치다, 쉬다, 멎다
♠ 後(뒤 후) : 뒤, 늦다, 능력 따위가 뒤떨어지다.
♠ 無(없을 무) : 없다, 말라, 금지하는 말
♠ 親(친할 친) : 친하다, 사랑하다, 사이좋게 지내다, 가까이 하다, 가깝다, 화목하다, 친히, 손수
♠ 與(줄 여) : 주다, 베풀다, 동아리, 무리, 동아리가 되다, 따르다, 돕다, 허락하다, 편을 들다, 좋아하다
♠ 疏(트일 소) : 트다, 통하다, 트이다, 막힌 것이 트이다, 멀다, 친하지 않다,

蜀葵花(촉규화) : 崔致遠(최치원)

寂寞荒田側繁花壓柔枝
香輕梅雨歇影帶麥風欹
車馬誰見賞蜂蝶徒相窺
自慚生地賤堪恨人棄遺

錄崔致遠詩蜀葵花甲辰年晚冬之際常碧鄭瑨鎭

蜀葵花(촉규화) - 접시꽃 : 崔致遠(최치원)

寂寞荒田側(적막황전측) : 적막하고 거친 밭 바로 옆에
繁花厭柔枝(번화염유지) : 번성한 꽃 연약한 가지 누르고 있네!
香輕梅雨窺(향경매우규) : 장맛비 멎어서 향기 가볍게 날리고
影帶麥風潚(영대맥풍의) : 바람 불어와 보리 그림자 누워 있구나!
車馬誰見賞(거마수견상) : 거마 탄 이 누가 있어 기쁘게 보아주리
蜂蝶徒相窺(봉접도상규) : 벌 나비만 분주하게 서로 엿보네!
自璃生地賤(자참생지천) : 태어난 땅 비천함이 스스로 부끄럽고
堪恨人弁遺(감한인변유) : 사람들 버려둔 것 한스럽기 그지없구나.

☞ **한자와 어구**

♠ 荒田(황전) : 가꾸지 아니하여 거칠어진 논과 밭
♠ 繁花(번화) : 탐스러운 꽃송이…. 여기서는 최치원 자신의 학문의 경지
♠ 梅雨(매우) : 매화나무 열매기 익어서 떨어질 때에 오는 장맛비, 6월 중순 부터 7월 상순까지 오는 장맛비.
♠ 麥風(맥풍) : 보리 위를 스치는 바람. 곧, 초여름의 훈훈한 바람.
♠ 車馬誰(거마수) : 수레와 말 탄 사람. 여기서는 높은 벼슬아치
♠ 自慙生地賤(자참생지천) : 약소국 신라에 태어난 것이 스스로 부끄럽다는 뜻
♠ 寂(고요할 적) : 고요하다, 평온하다
♠ 寞(쓸쓸할 막) : 쓸쓸하다
♠ 繁(많을 번) : 많다, 성하다, 번거롭다, 뒤섞이다. 자주, 무성하다, 번성하다
♠ 厭(싫을 염) : 싫다, 족하다, 차다, 가득 차다.
♠ 柔(부드러울 유) : 부드럽다, 성질이 화평하고 순하다, 약하다, 여리다,
♠ 窺(엿볼 규) : 엿보다, 보다, 반걸음
♠ 麥(보리 맥) : 보리, 작은 매미, 묻다, 매장하다
♠ 蜂(벌 봉) : 벌, 창날, 창의 날카로운 끝, 붐비다, 잡담하다
♠ 蝶(나비 접) : 나비
♠ 堪(견딜 감) : 견디다, 뛰어나다, 낫다, 하늘, 천도

春望詞(춘망사) : 薛濤(설도)

春望詞(춘망사) - 봄날의 소망 : 薛濤(설도)

花開不同賞(화개부동상) : 꽃이 피어도 함께 즐거워하지 못하고
花落不同悲(화락부동비) : 꽃이 떨어져도 함께 슬퍼하지 못하네요
欲問相思處(욕문상사처) : 언제가 제일 그립냐고 물으시면
花開花落時(화개화락시) : 꽃이 피고 지는 때라 대답할래요
風花日將老(풍화일장로) : 꽃잎은 바람에 지려 하건만
佳期猶渺渺(가기유묘묘) : 만날 기약 여전히 아득하군요
不結同心人(불결동심인) : 사랑하는 사람과 마음 맺지 못하고
空結同心草(공결동심초) : 공연히 풀잎만 맺고 있어요
攬草結同心(남초결동심) : 풀 꺾어 동 심결 고이 만들어
將以遺知音(장이유지음) : 사랑하는 임에게 보내려 합니다
春愁正斷絶(춘수정단절) : 슬픈 마음 이제 막 끊어지려 하는데
春鳥復哀吟(춘조복애음) : 새는 또다시 구슬피 우는군요
那堪花滿枝(나감화만지) : 아 어찌하랴 흐드러지게 핀 꽃 가지
翻作兩相思(번작양상사) : 도리어 그리움만 돋우어 놓으니
玉簪垂朝鏡(옥잠수조경) : 아침에 거울 보며 눈물 흘리는 내 마음
春風知不知(춘풍지부지) : 봄바람아 너는 아느냐 모르느냐?

☞ **한자와 어구**

♠ 賞(상) : 즐기다, ♠ 欲問(욕문) : 묻고자 하다, ♠ 相思(상사) : 그리운 님을 뜻한다.
♠ 攬結草(람결초) : 편지지 만들려고 풀잎을 따서 종이에 붙이는 것,
♠ 攬(람) : 따다, ♠ 結(결) : 맺다. 붙이다, ♠ 草(초) : 풀잎 또는 종이,
♠ 同心(동심) : 사랑 또는 그리움, ♠ 知音(지음) : 내 맘을 알아주는 사람
♠ 佳期(가기) : 사랑의 만남, ♠ 猶 : 지나칠 유, ♠ 渺 : 아득할 묘, ♠ 結 : 마음을 맺거나 풀잎을 종이에 붙이는 것, ♠ 同心人(동심인) : 그리운 님,
♠ 同心草(동심초) : 연서(러브레터)를 뜻한다.
♠ 那 : 어찌 나, ♠ 堪 : 견딜 감, ♠ 翻 : 뒤집힐 번, ♠ 兩(양) : 둘 (괴롭거나 사모하는 두개의 마음), ♠ 玉箸(옥저) : 옥 젓가락처럼 눈물 비유,
♠ 朝鏡(조경) : 아침에 일어나 보는 거울을 뜻한다.

♣ 춘망사(春望詞)는 설도가 사천성 성도 교외 완화계(浣花溪)에서 은거할 때 만난 시인 원진(元稹)과 맺은 정분을 잊지 못하고 그를 기다리는 애틋한 심정을 읊은 것이라 한다. 한국에서는 춘망사(春望詞) 4 首(수) 가운데 세 번째 수만을 따로 1946년 김안서 작사, 김성태 작곡으로 가곡 동심초(同心草)라는 노래로 만들어 부르고 있다.

送友人(송우인) : 李白(이백)

送友人(송우인) - 친구를 보내며 : 李白(이백)

青山橫北郭(청산횡배곽) : 푸른 산들은 북쪽 성곽 위로 가로 솟고
白水繞東城(백수요동성) : 강물은 은하수처럼 동쪽 성을 감싸며 흘러간다.
此地一爲別(차지일위별) : 이곳에서 우리 한번 이별하면
孤蓬萬里征(고봉만리정) : 외로운 쑥처럼 만리타향을 떠돌겠네.
浮雲游子意(부운유자의) : 뜬구름은 흘러가는 그대 마음이고
落日故人情(낙일고인정) : 지는 해는 떠나보내는 친구의 심정
揮手自茲去(휘수자자거) : 손을 흔들며 이제 떠나가니
蕭蕭班馬鳴(소소반마명) : 말들의 울음소리 내 맘 같아라.

☞ **한자와 어구**

♠ 送人(송인) : 사람을 떠나보냄

♠ 青山(청산) : 낙양 남쪽에 있는 남양(南陽) 서북쪽의 청산(精山)으로 보기도 한다.

♠ 郭(성곽 곽) : 외성

♠ 白水(백수) : 남양(南陽) 동쪽의 육수(淯水)로 보기도 한다. 육수(淯水)의 속명(俗名)이 백하(白河)이다.

♠ 孤蓬(고봉) : 외로운 쑥대를 말한다.

♠ 故人(고인) : 이백(李白) 자신을 가리킨다.

♠ 玆(사랑할 자) : 여기, 이곳(= 此)

♠ 蕭蕭(소소) : 말 울음소리

♠ 班馬(반마) : 역경의 '승마반여'에서 온 말로, '반여'는 머뭇거려 가지 않는다는 뜻이다.

♠ 橫(가로 횡) : 가로, 동서, 좌우, 가로놓다, 옆으로 누이다, 가로지르다.

♠ 繞(두를 요) : 두르다, 둘러싸다, 감다, 얽히다

♠ 浮(뜰 부) : 뜨다, 둥실둥실 떠 움직이다, 떠오르다

♠ 揮(휘두를 휘) : 휘두르다, 떨치다, 지휘하다, 지시하다

♠ 班(나눌 반) : 나누다, 나누어 줌, 헤어지다, 이어지다

♠ 鳴(울 명) : 울다, 울리다, 음향이 나다, 부르다, 새가 서로 짝을 구하여 부르다

長歌行(장가행) : 沈約(심약)

靑靑園中葵朝露待日晞
陽春布德澤萬物生光輝
常恐秋節至焜黃華葉衰
百川東到海何時復西歸
少壯不努力老大徒傷悲

錄沈約詩長歌行 乙巳年和月之節 常碧 鄭琯鎭

長歌行(장가행) - 악부의 노래 제목 : 沈約(심약)

靑靑園中葵(청청원중규) : 뜰의 아욱은 짙푸르고,
朝露待日晞(조로대일희) : 아침 이슬은 날이 밝게 비추기를 기다린다.
陽春布德澤(양춘포덕택) : 따뜻한 봄은 은덕과 혜택을 주어,
萬物生光輝(만물생광휘) : 만물은 생기가 넘친다.
常恐秋節至(상공추절지) : 항상 두려운 건 가을이 되어,
焜黃華葉衰(혼황화엽쇠) : 꽃잎이 누렇게 시드는 것이다.
百川東到海(백천동도해) : 온 강물은 동쪽으로 흘러 바다에 이르지만,
何時複西歸(하시복서귀) : 언제 다시 서쪽으로 돌아오던가?
少壯不努力(소장불노력) : 젊고 힘 넘칠 때 노력하지 않는다면,
老大徒傷悲(노대도상비) : 늙어서 헛되이 슬퍼하리라.

☞ **한자와 어구**

♠ 葵(해바라기 규) : 아욱, 옛날 중요한 채소 중의 하나.
♠ 晞(바라볼 희) : 하늘이 밝다. 도(徒) : 헛되이
♠ 焜黃(혼황) : (초목이)누렇게 시드는 모양
♠ 澤(못 택) : 못, 진펄, 늪, 윤, 윤이 나다.
♠ 輝(빛날 휘) : 빛나다, 광채를 발하다
♠ 恐(두려울 공) : 두려워하다, 두려움, 협박하다, 으르대다, 아마, 의심컨대
♠ 至(이를 지) : 이르다, 미치다, 새가 땅에 내려앉다, 도래하다, 닿다, 두루미치다, 지극히, 매우, 자극하다
♠ 焜(빛날 혼) : 빛나다, 밝다, 밝히다, 초목이 누렇게 시드는 모양
♠ 衰(쇠할 쇠) : 쇠하다, 약해지다, 작아지다, 늙다, 여위다, 줄다, 게으르다, 줄이다, 세력이 없어지다.
♠ 到(이를 도) : 이르다, 빈틈없이 찬찬하다, 속이다, 기만하다
♠ 壯(씩씩할 장) : 씩씩하다, 장하다, 기상이 굳세다, 성하다
♠ 努(힘쓸 노) : 힘쓰다
♠ 徒(무리도) : 무리, 동아리, 걷다
♠ 傷(상처 상) : 상처, 닿다, 이지러지다
♠ 悲(슬플 비) : 슬프다, 슬픔, 비애, 슬퍼하다

魯山山行(로산산행) : 梅堯臣(매요신)

適與野情愜千山高
復低好峰隨處改幽
徑獨行迷霜落熊升
樹林空鹿飲溪人家
在何許雲外一聲雞

錄梅堯臣詩魯山山行 乙巳年仲春之際 常碧 鄭瑢鎭

魯山山行(로산산행) –산을 혼자 걸으면서 느낀 자연의 아름다움과 고요함 : 梅堯臣(매요신)

適與野情愜(적여야정협) : (아침) 마침 山野를 좋아하는 내 취향과 딱 맞아
千山高複低(천산고복저) : 첩첩한 산들은 높아졌다가 낮아졌다 장관을 이루네
好峰隨處改(호봉수처개) : 오르는 봉오리는 보는 각도에 따라 풍경이 바뀌고
幽徑獨行迷(유경독행미) : 깊숙한 오솔길은 혼자 걷다가 길을 잃기도 한다.
霜落熊升樹(상락웅승수) : (저녁) 곰은 서리 맞은 나무 위로 올라가고
林空鹿飮溪(림공록음계) : 사슴들은 빈 숲의 물가에서 물을 마신다.
人家在何許(인가재하허) : 사람들 사는 집은 어디쯤인가?
雲外一聲雞(운외일성계) : 먼 데서 한 가닥 닭 울음소리 들리누나

☞ **한자와 어구**

♠ 魯山(노산): 하남성, 노산현에 있음 ♠ 野情(야정): 山野를 좋아하는 마음
♠ 愜(괘할 협): 마음에 들다. 매우 만족하다.
♠ 隨處改(수처개): 보는 각도에 따라 달라지는 풍경의 변화
♠ 幽徑(유경): 오솔길 ♠ 何許(히허): 어디, 어느 곳.
♠ 熊升樹(웅승수) : 곰이 나무 위로 올라가다('큰곰자리 별이 나무 위로 올라가다'로 보기도 함)
♠ 低(밑 저) : 밑, 속, 안, 이르다
♠ 好(좋을 호) : 좋다, 옳다, 마땅하다, 아름답다, 자상하다
♠ 隨(따를 수) : 따르다, 따라가 수행하다, 맡기다, 허락하다, 잇다, 거느리다, 따라서, 때마다, 일마다
♠ 處(살 처) : 살다, 머물러 있다, 남아서 지키다, 묵다, 쉬다, 마을을 두다, 거처하다, 자리를 차지하고 있다, 집에 있다, 두다, 자리 잡고 있다
♠ 幽(그윽할 유) : 그윽하다, 숨다, 피하여 숨다, 멀다, 아득하다
♠ 徑(지름길 경) : 지름길, 길, 간사, 빠르다, 지르다, 곧다, 곧, 마침내
♠ 迷(미혹할 미) : 미혹하다, 전념하다, 열중하여 빠지다, 헤매게 하다, 남을 미혹하게 하다
♠ 熊(곰 웅) : 곰, 빛나는 모양 ♠ 升(되승) : 되, 새, 승괘
♠ 溪(시내 계) : 시내, 시냇물, 산골짜기, 텅 비다, 헛되다, 골, 살이 모이는 곳
♠ 許(허락할 허) : 허락하다, 받아들이다, 승인하다, 가담하다, 약속하다, 맡기다, 나아가다, 진실을 인정하다, 흥하다, 일으키다

酬張少府(수장소부) : 王維(왕유)

晚年惟好靜萬事不
關心自顧無長策空
知返舊林松風吹解
帶山月照彈琴君問
窮通理漁歌入浦深

錄王維詩酬張少府乙巳年仲春之際常碧鄭瓊鎮

酬張少府(수장소부) - 장소부에게 지어 응답하다 : 王維(왕유)

晩年唯好靜(만년유호정) : 늙으니 고요함을 좋아하여
萬事不關心(만사불관심) : 일마다 마음이 가지 않는다.
自顧無長策(자고무장책) : 스스로 생각해도 훌륭한 계책 없고
空知返舊林(공지반구림) : 옛 산림으로 돌아가는 것만 그저 알 뿐이지
松風吹解帶(송풍취해대) : 솔바람이 불어오니 허리띠를 풀고
山月照彈琴(산월조탄금) : 산에 달이 비추니 거문고를 탄다.
君問窮通理(군문궁통리) : 그대가 나에게 궁통(窮通)의 이치를 물어보는데
漁歌入浦深(어가입포심) : 어부의 노랫소리 포구 깊이 사라지도다.

☞ **한자와 어구**

♠ 酬(갚을 수) : 갚을/응대할/ 부칠 수.
♠ 酬酌(수작) : 말이나 술잔을 주고받음
♠ 少府(소부) : 지방 관아에서 검·경·재판권을 행사하는 관리에 대한 존칭임
♠ 解帶(해대) : 허리띠를 풀어놓다. 벼슬에서 물리니는 것올 일컫기도 함.
♠ 窮通理(궁통리) : 막힘(不通)과 터짐(通)의 이치
♠ 漁歌(어가) : 전국시대 초나라 재상 굴원의 어부사를 은근히 인용. 어부사 중에서...
♠ 張少府(장소부) : 생평(生平)은 잘 알려져 있지 않다. 소부(少府)는 현위(縣尉)의 별칭으로, 현령(縣令)을 보좌하는 벼슬아치이다. '장소보(張少甫)'로 되어있는 本도 있다.
♠ 長策(장책) : 훌륭한 계책을 말한다.
♠ 舊林(구림) : 전에 살았던 산림(山林), 곧 망천(輞川)의 옛집을 가리킨다.
♠ 窮通(궁통) : 궁(窮)은 곤궁함, 곧 벼슬길에서 뜻을 얻지 못함을 말하고, 통(通)은 득의(得意)함, 곧 벼슬길에서 현달(顯達)함을 뜻한다.
♠ 漁歌入浦深(어가입포심) : 여기에서 '어가(漁歌)'는 굴원(屈原)의 어부사(漁父辭)에 등장하는 어부의 노래, 즉 "창랑의 물이 맑으면 나의 갓끈을 씻을 만하고, 창랑의 물이 탁하면 나의 발을 씻을 만하다.[滄浪之水淸兮 可以濯吾纓 滄浪之水濁兮 可以濯吾足]"고 했던 것을 가리킨다. '포(浦)'는 작은 강의 지류가 강해(江海)로 들어가는 입구이다.

落花(낙화) : 李商隱(이상은)

高閣客竟去小園花
亂飛參差連曲陌迢
遞送斜暉腸斷未忍
掃眼穿仍欲歸芳心
向春盡所得是沾衣

錄李商隱詩落花乙巳年仲春之節常碧鄭瑨鎮

落花(낙화) - 떨어지는 꽃잎 : 李商隱(이상은)

高閣客竟去(고각객경거) : 높은 누각에 손님들도 끝내 떠나가고
小園花亂飛(소원화란비) : 작은 정원에 꽃잎들은 어지러이 날린다.
參差連曲陌(참치련곡맥) : 이리저리 흩어져 굽은 길에 이어지며
迢遞送斜暉(초체송사휘) : 머얼리 차례차례 지는 해를 전송하네
腸斷未忍掃(장단미인소) : 애끊는 마음에 그 꽃잎들 차마 쓸지 못하고
眼穿仍欲歸(안천잉욕귀) : 뚫어질 듯 보는데도 봄은 돌아가려 하네
芳心向春盡(방심향춘진) : 봄을 향한 애틋한 마음 봄 따라 다하니
所得是沾衣(소득시첨의) : 얻은 것은 오로지 눈물 젖은 옷뿐이구나

☞ **한자와 어구**

♠ 閣(문설주 각) : 문설주, 세우다, 멈추다, 싣다
♠ 竟(다할 경) : 마침내 결국.
♠ 亂(어지러울 란) : 어지럽다, 다스리다
♠ 參差(참지) : 꽃 그림자가 들쑥날쑥 떨어져 희미함을 형용
♠ 陌(두렁 맥) : 두렁, 길, 거리, 경계
♠ 迢遞(초체) : 아득히 먼 모양으로, 꽃잎이 멀리까지 날아간다는 뜻
♠ 曲陌(곡맥) : 만곡 진 작은 길.
♠ 斜暉(사휘) : 사양. 이 구절은 꽃잎이 석양에 바람 따라 나부껴 매우 멀리 날아감.
♠ 眼穿仍欲稀(안천잉욕귀) : 이 구절은 봄이 오기를 눈이 빠지게 바랬는데, 그러나 봄날은 여전히 돌아가려 한다.
♠ 芳心(방심) : 꽃을 가리킨다. 또는 애석한 꽃의 마음.
♠ 盡(다될 진) : 다되다, 비다, 줄다, 없어지다, 끝나다, 그치다, 죽다, 다하다, 한도에 이르다, 죄다, 보이다, 맡기다, 몸살 하다, 정성을 다하다
♠ 所(바 소) : 일정한 곳이나 지역, 지위, 자리, 위치
♠ 得(얻을 득) : 얻다, 이익, 이득, 덕
♠ 沾衣(첨 의) : 눈물

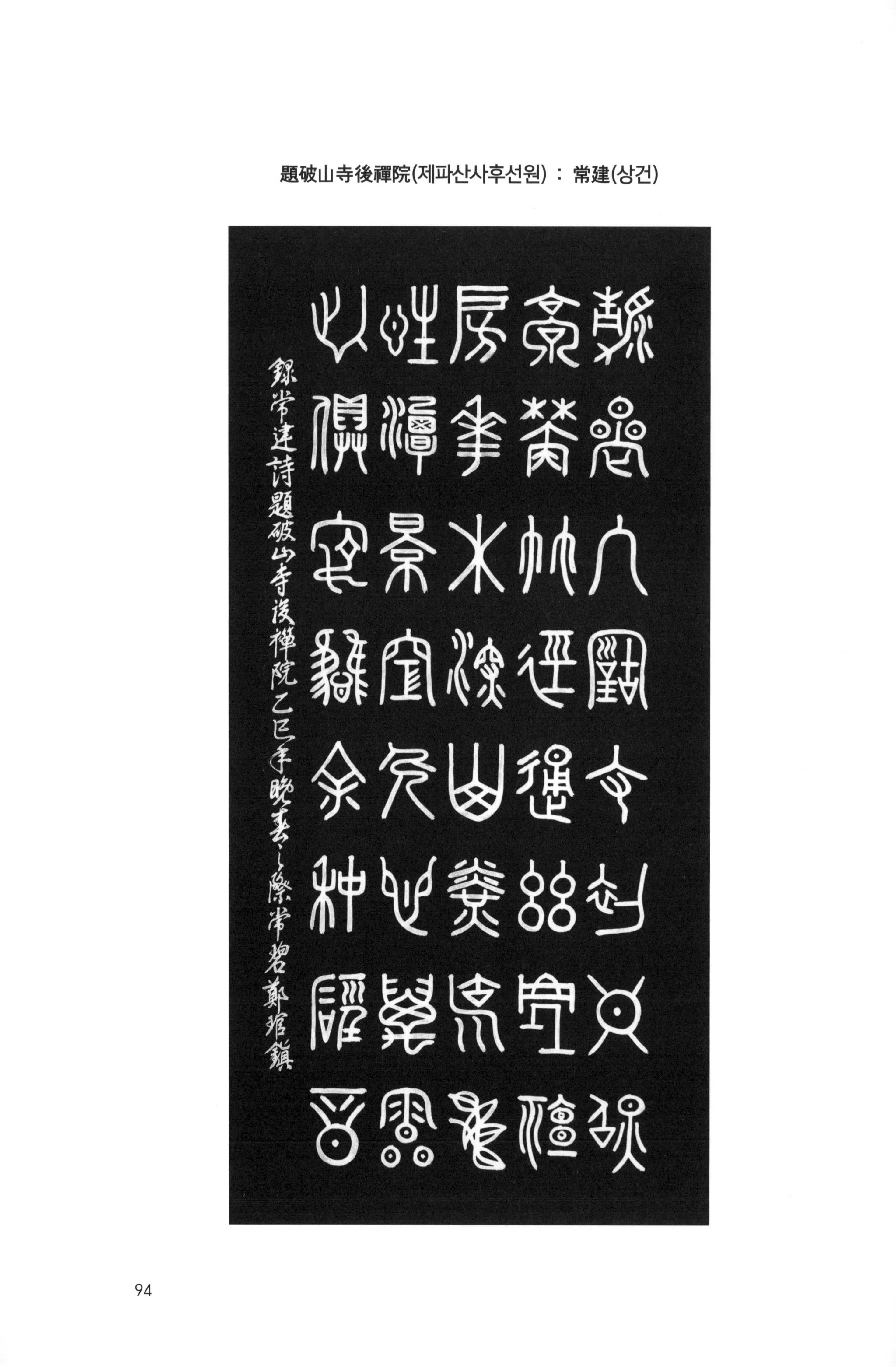

題破山寺後禪院(제파산사후선원) : 常建(상건)

錄常建詩題破山寺後禪院乙巳年晚春之際常碧鄭瑢鎮

題破山寺後禪院(제파산사후선원) - 파산사 뒤 선원을 읊다 : 常建(상건)

淸晨入古寺(청신입고사) : 맑은 새벽 옛 절에 찾아드니
初日照高林(초일조고림) : 막 떠오른 해는 높은 숲을 비추네
竹逕通幽處(죽경통유처) : 대숲 길 그윽한 곳으로 통하고
禪房花木深(선방화목심) : 참선하는 방은 꽃과 나무로 우거졌네
山光悅鳥性(산광열조성) : 산빛에 새들 즐거이 지저귀며 날고
潭影空人心(담영공인심) : 못 그림자는 사람의 마음을 비우게 하네
萬雷此俱寂(만뢰차구적) : 온갖 소리도 여기선 모두 고요하고
惟餘鍾磬音(유여종경음) : 오직 종소리 풍경소리만 들려올 뿐.

☞ **한자와 어구**

♠ 題(제) : 사물을 읊는 시에는 제(題)로 시작하고, 사람에게 주는 시는 증(贈)으로 시작

♠ 晨(새벽 신) : 풀이나 알곡을 자르는 농기구인 조개 칼로 일을 시작하는 시간, 곧 '새벽'. 신새벽→첫새벽, 꼭두새벽. * 새(동쪽)+벽(밝나). 샛별, 샛바람

♠ 古寺(고사) : 파산사(破山寺)를 말함. 지금의 강소성 상숙현(江蘇省 常熟縣)에 있는 흥복사(興福寺)의 옛 이름.

♠ 初日(초일) : 막 떠오르는 해.

♠ 照高林(조고림) : 높은 숲 나무를 비춤.

♠ 竹徑(죽경) : 대나무 사이의 오솔길.

♠ 通幽處(통유처) : 그윽한 곳으로 이어짐.

♠ 禪(봉선 선) : 사양하다, 선위하다, 전하다, 주다, 바뀌다, 고요하다,

♠ 房(방 방) : 방, 방성, 집

♠ 花木深(화목심) : 꽃이 만발함.

♠ 山光(산광) : 산의 경치.

♠ 潭影(담영) : 못에 비친 그림자.

♠ 悅(기쁠 열) : 기쁘다, 기뻐하며 따르다

♠ 空人心(공인심) : 마음을 비우다. ♠ 萬籟(만뢰) : 이 세상의 모든 소리

♠ 此俱寂(차구적) : 이곳은 모두 고요하다.

♠ 鍾磬音(종경음) : 종과 석경의 소리

♠ 賴(힘입을 뢰) : 籟(퉁소 뢰, 소리 뢰)

淮水喜會梁州故人(회수희회양주고인) : 韋應物(위응물)

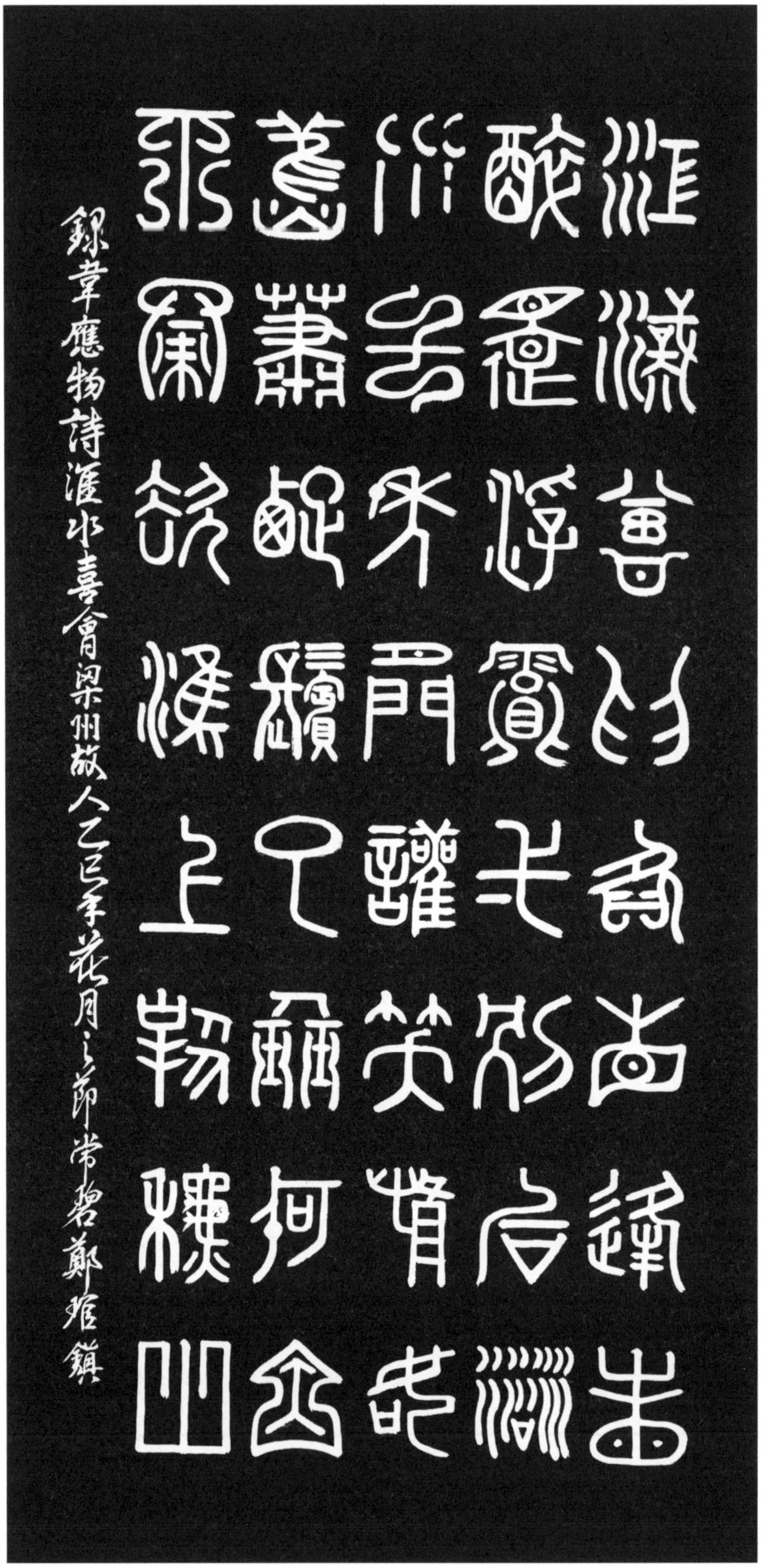

淮水喜會梁州故人(회수희회양주고인) - 회수가에서 양주 친구를 만나서
: 韋應物(위응물)

江漢曾爲客(강한증위객) : 장강과 한수에서 일찍이 나그네였을 때
相逢每醉還(상봉매취환) : 만났다 하면 언제나 취한 뒤에 돌아갔지
浮雲一別後(부운일별후) : 뜬구름처럼 한번 헤어진 뒤로
流水十年間(류수십년간) : 유수 같은 세월 십 년이나 흘렀네
歡笑情如舊(환소정여구) : 즐겁고 기쁜 마음 그 옛날과 똑같은데
蕭疎鬢已斑(소소빈이반) : 성긴 귀밑머리만 어느새 희끗희끗하구나
何因不歸去(하인불귀거) : 무엇 때문에 돌아가지 않느냐고?
淮上對秋山(회상대추산) : 회수에서 가을 산을 마주 하고 싶어서지!

☞ **한자와 어구**

♠ 淮上(회상) : 회수(淮水)가이다. 지금의 강소성(江蘇省) 회양(淮陽) 일대
♠ 故人(고인) : 오랜 친구.
♠ 江漢(강한) : 장강(長江)과 한수(漢水)이다. 여기서는 한수(漢水)만을 가리킨다.
♠ 浮雲(부운) : 모였다 흩어지는 무상함을 비유
♠ 流水(유수) : 세월의 흐름을 의미한다.
♠ 蕭疎(소소) : 드문드문하다. 머리카락이 빠져 드물다는 것을 형용함.
♠ 鬢(살쩍 빈) : 살 쩍. 귀밑 털.
♠ 斑(반 반) : 반백(斑白) 희끗희끗하다.
♠ 爲(할 위) : 한다, 만들다, 베풀다, 간주하다, 인정하다, 되다, 성취하다, 이루다, 바뀌다, 다스리다, 정치를 하다, 병을 고치다, 해설하다, 배우다
♠ 醉(취할 취) : 취하다, 취하게 하다
♠ 還(돌아올 환) : 돌아오다, 복귀하다, 뒤돌아보다, 물러서다, 돌려보내다, 보상하다, 사방을 둘러보다
♠ 歡(기뻐할 환) : 기뻐하다, 기쁘게 하다, 기쁨, 즐거움
♠ 舊(예 구) : 예, 오래, 오래다
♠ 因(인할 인) : 인하다, 유래, 연유, 까닭, 인, 원인을 이루는 근본
♠ 淮(강이름 회) : 강 이름, 물이 빙 돌아 흐르다
♠ 對(대답할 대) : 대답하다, 대하다, 짝, 상대

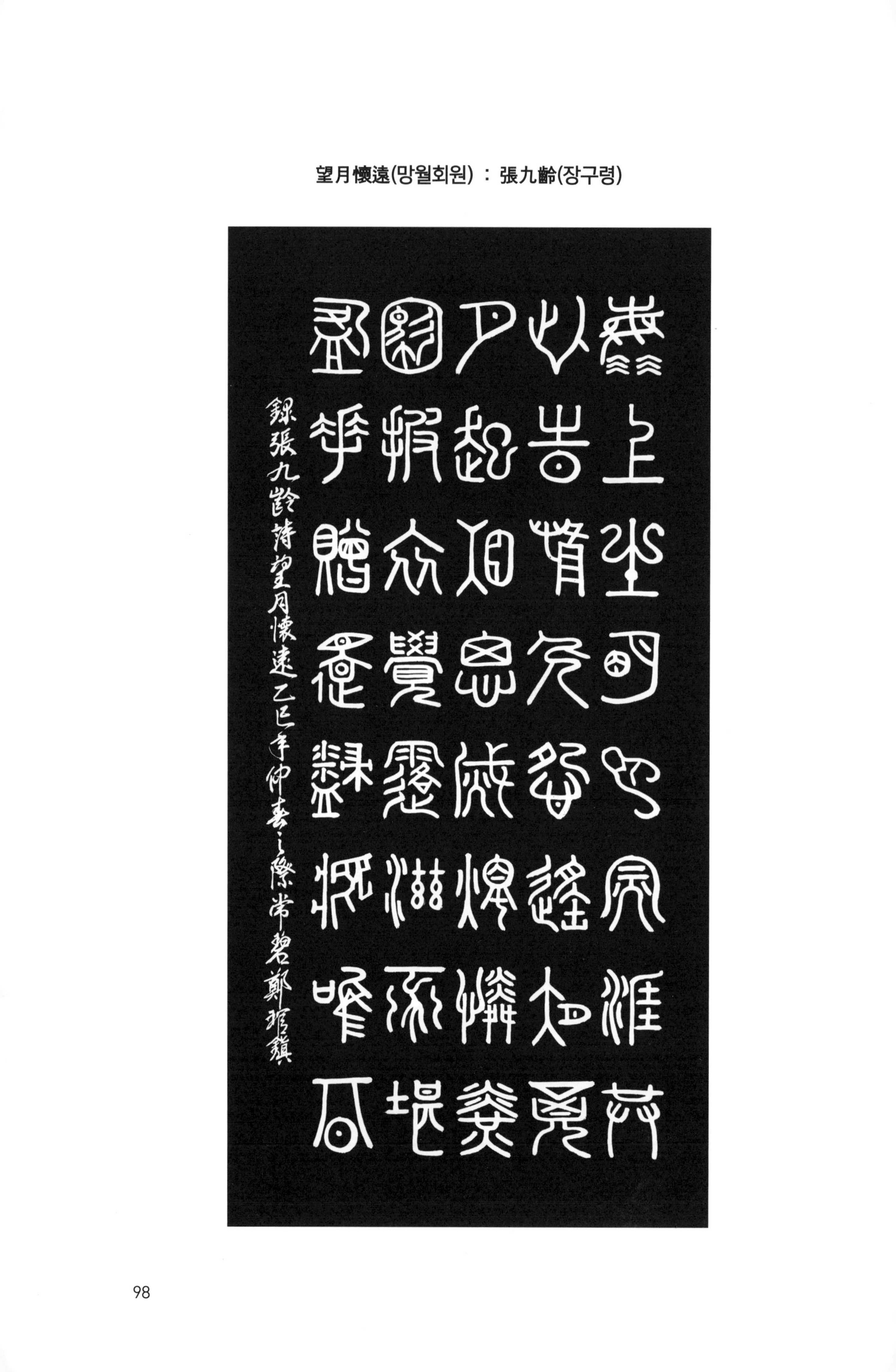

望月懷遠(망월회원) : 張九齡(장구령)

望月懷遠(망월회원) - 달을 보며 멀리 있는 사람을 그리워하다 : 張九齡(장구령)

海上生明月(해상생명월) : 바다 위로 밝은 달 떠오르니
天涯共此時(천애공차시) : 하늘 끝에서 이 시간 함께 보겠지
情人怨遙夜(정인원요야) : 그리운 님은 긴 밤을 원망하면서
竟夕起相思(경석기상사) : 밤새도록 그리움에 잠 못 드리라
滅燭憐光滿(멸촉련광만) : 등불을 끄니 사랑스럽네, 가득한 달빛
披衣覺露滋(피의각노자) : 옷을 걸치니 깨닫겠네, 이슬에 젖음을
不堪盈手贈(불감영수증) : 두 손 가득 담아 그대에게 드릴 수 없으니
還寢夢佳期(환침몽가기) : 잠자리로 돌아가 아름다운 기약 꿈꾸리라

☞ 한자와 어구

♠ 共此時(공차시) : 자신과 멀리 하늘 끝에 있는 정인(情人)이 함께 달을 바라 보며 서로 그리움의 정을 붙이는 것을 의미
♠ 情人(정인) : 마음속에 깊은 정을 간직한 사람을 말하며, 여기서는 시인 자신을 지칭
♠ 竟夕(경석) : 종야(終夜), 즉 '밤새도록'의 뜻
♠ 滅燭憐光滿(멸촉련광만) : 사령운(謝靈運)의 원효월부(怨曉月賦)에 신방(新房)에 누우니 얼마나 기쁘던지, 화촉을 불어 끄고 새벽달을 희롱하네
♠ 盈手(영수) : 두 손 가득 받든다는 뜻 ♠ 海(바다 해) : 바다, 바닷물
♠ 明(밝을 명) : 밝다, 밝히다, 밝게, 환하게
♠ 涯(물가 애) : 물가, 끝, 근처, 어느 곳
♠ 此(이 차) : 이, 이곳, 이것, 가까운 사물을 가르침, 이에, 그래서
♠ 遙(멀 요) : 멀다, 아득하다, 길다, 거닐다
♠ 滅(멸망할 멸) : 멸망하다, 멸하다, 없어지다, 제거하다, 끄다, 불이 꺼지다
♠ 憐(불쌍히여길 련) : 불쌍히 여기다, 가엽게 생각하다, 어여삐 여기다, 사랑하다
♠ 披(나눌 피) : 나누다, 쪼개다, 열다, 개척하다, 입다, 옷을 걸치다
♠ 堪(견딜 감) : 견디다, 뛰어나다, 낫다, 하늘, 천도
♠ 盈(찰 영) : 차다, 그릇에 가득 차다, 가득 차 넘치다, 자라다, 펴지다
♠ 寢(잠잘침) : 잠자다, 눕다, 누워서 쉬다, 앓아눕다

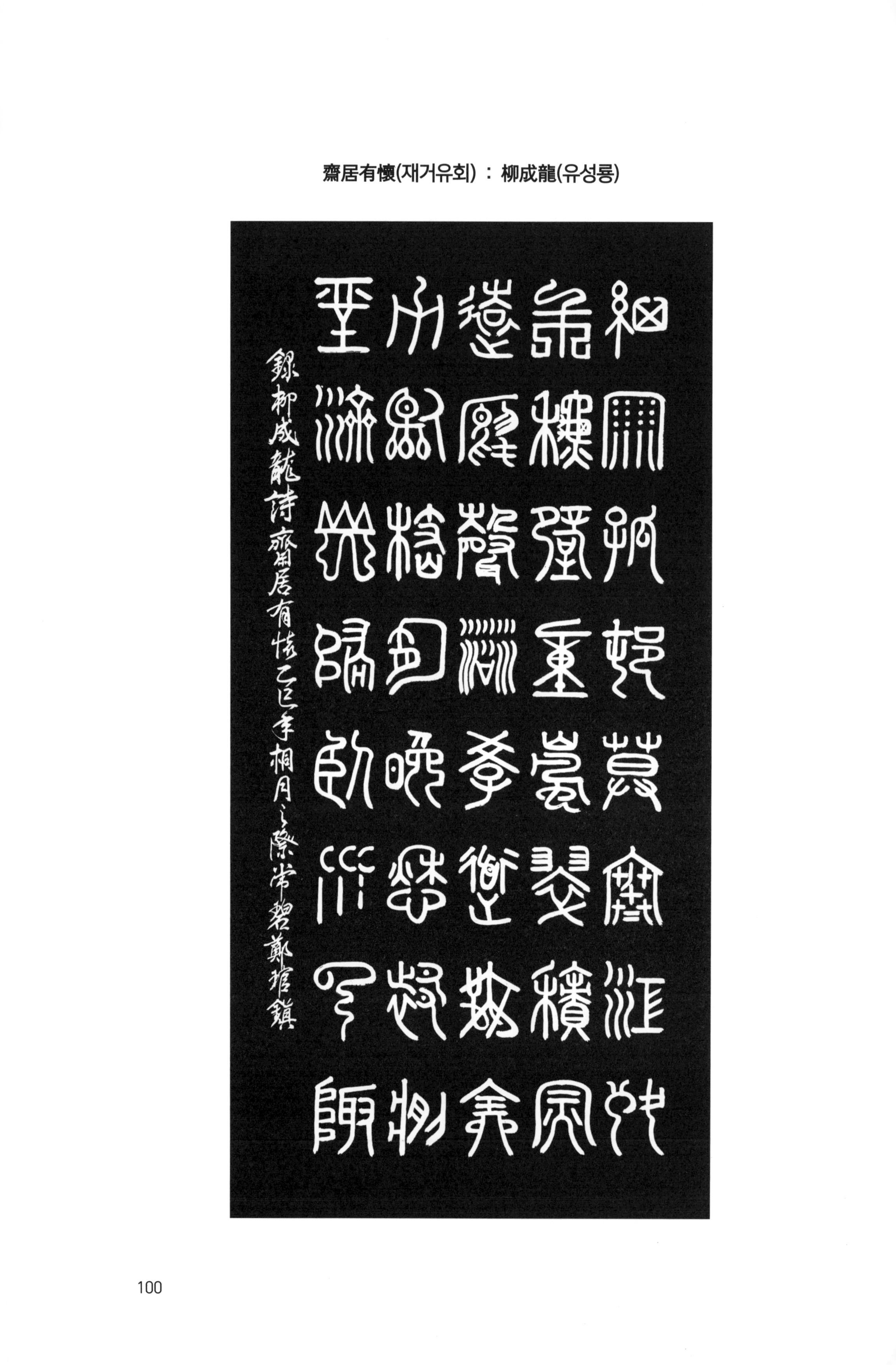

齋居有懷(재거유회) : 柳成龍(유성룡)

齋居有懷(재거유회) - 서재에 지내며 느끼는 감회가 있어서 : 柳成龍(유성룡)

細雨孤村暮(세우고촌모) : 가랑비 내리는 외딴 마을에 날이 저물고
寒江落木秋(한강낙목추) : 강물은 차고 나뭇잎은 떨어져 가을이네
壁重嵐翠積(벽중람취적) : 절벽은 첩첩 푸른 산 기운에 쌓였는데
天遠雁聲流(천원안성류) : 하늘은 아득히 높고 기러기 우는 소리 멀어지네
學道無全力(학도무전력) : 학문과 수양에 온전히 힘 기울이지 못했으니
臨岐有晩愁(임기유만수) : 갈림길에 서서 때늦은 근심이 있네
都將經濟業(도장경제업) : 모두 세상을 다스리는 업을 행하려 함이니
歸臥水雲陬(귀와수운추) : 돌아와 물과 구름의 고장 자연에 돌아가 살리라

☞ **한자와 어구**

♠ 齋居(재거) : 재소(齋所) 또는 서재(書齋)에 기거함.
♠ 細雨(세우) : 가랑비. 이슬비.
♠ 孤村(고촌) : 외따로 떨어진 마을.
♠ 嵐翠(람취) : 푸른색 산 기운.
♠ 學道(학도) : 학문과 도(道) 곧 학문과 수양.
♠ 全力(전력) : 모든 힘. 사력(死力).
♠ 臨岐(임기) : 기로(岐路)에 다다름.
♠ 都將(도장) : 온전히 하고자 함. 장차 모두 잘됨.
♠ 經濟(경제) : 나라를 다스려 백성을 잘살게 함.
♠ 歸臥(귀와) : 돌아가 조용히 살아감.
♠ 暮(저물 모) : 日-총15획; [mù] : 저물다, 해 질 무렵, 저물 무렵, 밤
♠ 壁(벽 벽) : 土-총16획; [bì] : 벽, 울타리, 벼랑
♠ 嵐(남기 람{남}) : 山-총12획; [lán] : 남기, 산속에 생기는 아지랑이 같을 기운, 산 이름, 산바람
♠ 臨(임할 림{임}) : 臣-총17획; [lín] : 임하다, 보다, 크다, 군림하다, 꽤 이름, 여럿이 울다, 굽히다
♠ 岐(갈림길 기) : 山-총7획; [qí] : 갈림길, 자라나는 모양, 지각이 드는 모양, 날아가는 모양
♠ 將(장차 장) : 寸-총11획; [jiāng,jiàng] : 장차, 막-하려 한다, 마땅히-하여야 한다, 어찌(何), 오히려
♠ 臥(엎드릴 와) : 臣-총8획; [wò] : 엎드리다, 엎드려 자다, 누워 자다, 거짓 자다, 넘어지다, 쉬다, 자리에 들다, 엎다, 그만두다, 잠자리
♠ 陬(모퉁이 추) : 阜-총11획; [zōu] : 모퉁이, 굽이진 곳, 모(角)

望岳(망악) : 杜甫(두보)

岱宗夫如何齊魯青
未了造化鍾神秀陰
陽割昏曉盪胸生曾
雲決眥入歸鳥會當
凌絕頂一覽衆山小

錄杜甫詩望岳乙巳年晚春之節常碧鄭碧鎭

望岳(망악) : 태산을 바라보며 : 杜甫(두보)

岱宗夫如何(대종부여하) : 저 태산은 도대체 어떤 산인가?
齊魯青未了(제노청미료) : 제 노에 걸쳐 푸른 산색 끝이 없네!
造化鍾神秀(조화종신수) : 대자연은 신령하고 수려한 경관을 모았고
陰陽割昏曉(음양할혼효) : 산의 앞뒤에 따라 어둠과 밝음이 나뉘네.
蕩胸生層雲(탕흉생층운) : 층층 운해 피어나 가슴 속 후련하고
決眥入歸鳥(결자입귀조) : 돌아가는 새 보느라 눈을 크게 뜨네.
會當淩絕頂(회당능절정) : 언젠가는 기필코 저 산 정상에 올라
一覽衆山小(일람중산소) : 다른 산들이 작은 것을 보고 말리라

☞ **한자와 어구**

♠ 泰山(태산) : 산동성 중부에 있는 산, 주봉은 옥황정(玉皇頂)(해발 1,524미터)이다. 태산은 오악 가운데 으뜸.

♠ 岱宗(대종) : 동악(東嶽) 태산(泰山)을 말한다. 지금의 산동성(山東省) 태안(泰安)현에 있다.

♠ 齊魯(제노) : 제나라, 노나라 춘추전국시대 산동성 태산 남이 노(魯)나라, 북이 제(齊)나라였다.

♠ 盪胸(탕흉) : 가슴이 탁 트이는 것.

♠ 決眥(결자) : 눈을 부릅뜨는 모양.

♠ 魯(노둔할 노) : 노둔하다, 미련하다, 나라 이름

♠ 了(마칠 료) : 마치다, 깨닫다, 밝다

♠ 鍾(종 종) : 종, 쇠북, 시계

♠ 神(귀신 신) : 귀신, 불가사의한 것, 정신, 혼

♠ 割(나눌 할) : 나누다, 쪼개다, 빼앗다

♠ 曉(새벽 효) : 새벽, 동틀 무렵, 밝다, 환 하다, 깨닫다, 환히 알다.

♠ 蕩(쓸어버릴 탕) : 쓸어버리다, 씻어버리다, 흐리게 하다, 물을 대다, 흩어지다

♠ 胸(가슴 흉) : 가슴, 가슴속, 마음, 앞, 앞쪽

♠ 淩(능가할 능) : 능가하다, 깔보다, 범하다, 침범하다

♠ 頂(정수리 정) : 정수리, 머리 꼭대기

♠ 覽(볼 람) : 보다, 살펴보다, 비교하여 보다, 바라보다, 전망하다, 전망, 경관, 받다, 받아들이다

♠ 衆(무리 중) : 무리, 많은 사람, 많은 물건

過香積寺(과향적사) : 王維(왕유)

不知香積寺
數里入雲峰
古木無人徑
深山何處鐘
泉聲咽危石
日色冷青松
薄暮空潭曲
安禪制毒龍

錄王維詩過香積寺乙巳年驚蟄之節 常碧 鄭瑢鎭

過香積寺(과향적사) - 향적사를 찾아서 : 王維(왕유)

不知香積寺(부지향적사) : 향적사가 어디쯤인지 알지 못해
數里入雲峰(수리입운봉) : 몇 리를 걸어서 구름 낀 봉우리 들어섰네
古木無人徑(고목무인경) : 고목만 즐비하고 사람 다니는 길조차 없는데
深化何處鍾(심화하처종) : 깊은 산속 어디에선가 은은히 종소리 들려오네.
泉聲咽危石(천성인위석) : 산골짝 물은 바위에 부딪혀 소리 내고
日色冷靑松(일색냉청송) : 햇빛은 푸른 소나무처럼 차기만 하네.
薄暮空潭曲(박모공담곡) : 땅거미 지는 저녁 텅 빈 물가에 고요히 앉아
安禪制毒龍(안선제독룡) : 좌선하며 마음의 번뇌를 다스려보네.

☞ **한자와 어구**

♠ 香積寺(향적사) : 당나라 때 건립된 사찰로, 현재 섬서성(陝西省) 서안시(西安市) 남쪽에 터가 남아 있다. ≪대청일통지(大淸一統志)≫ 권180에 다음과 같은 내용이 있다. "향적사는 장안현(長安縣) 남쪽 신화원(神禾原) 부근에 있다. ≪장안지(長安志)≫에는 '개리사(開利寺)가 현의 남쪽 30리 황보촌(皇甫村)에 있는데 당나라 때의 항적시이디. 영융(永隆) 2년(618)에 건축하였으며 송나라 태평흥국(太平興國) 3년(978)에 개명했다.'
♠ 雲峰(운봉) : 구름을 이고 있는 산봉우리
♠ 危石(위석) : 높고 큰 암석을 뜻한다.
♠ 空潭(공담) : 인기척이 없는 물가
♠ 薄暮(박모) : 해가 진 뒤로 껌껌하기 전까지의 어둑어둑하여지는 어둠, 땅거미, 황혼(黃昏)
♠ 安禪制毒龍(안선제독룡) : '안선(安禪)'은 심신이 평안하게 선정에 들어감을 말한다. '독룡(毒龍)'은 불가(佛家)에서 불법(佛法)에 대항한 괴물을 지칭하는 데, 후에 욕망이나 망념을 상징하는 개념으로 쓰였다.
♠ 妄念(망념) : 이치(理致)에 어긋나는 헛된 생각
♠ 人徑(인경): 사람이 다니는 길, ♠ 空潭(공담) : 깊은 못
♠ 毒龍(독룡): 사람 마음속에서 일어나는 욕심을 비유한 것
♠ 暮(저물 모) : 저물다, 해 질 무렵, 저물 무렵, 밤
♠ 毒(독 독) : 독, 해독, 해악, 작은 분량으로 병을 고치다, 죽이다
♠ 龍(용 룡) : 용, 임금, 제왕의 비유, 또 임금에 관한 사물에 관형사로 쓰인다, 뛰어난 인물

感遇(감우) : 張九齡(장구령)

蘭葉春葳蕤桂華秋
皎潔欣欣此生意自
爾爲佳節誰知林棲
者聞風坐相悅草木
有本心何求美人折

錄張九齡詩感遇四首之二乙巳年花甚之節 常碧鄭瑢鎭

感遇 四首之二(감우 사수지이) - 과거에 대한 감회 : 張九齡(장구령)

蘭葉春葳蕤(난엽춘위유) : 난초잎은 봄에 무성하고
桂華秋皎潔(계화추교결) : 계수나무 꽃은 가을에 조촐하고 깨끗하네!
欣欣此生意(흔흔차생의) : 흡족하도다. 저마다의 삶이니
自爾爲佳節(자이위가절) : 저절로 좋은 시절이 되는구나
誰知林棲者(수지림서자) : 누가 알아주랴 숲속 사는 자의 삶을
聞風坐相悅(문풍좌상열) : 바람 소리 들으며 모여 앉아 즐긴다오.
草木有本心(초목유본심) : 초목에도 본마음 있거늘
何求美人折(하구미인절) : 어찌 꼭 미인에게만 꺾이려 하리

☞ 한자와 어구

♠ 葳蕤(위유) : 초목이 무성하여 가지와 잎이 늘어 드려진 모습.
♠ 桂華 : (桂花) '華'는 '花'와 같음. 가을에 황백색(黃白色)으로 피며 고결(高潔)함을 상징함. 이 句의 전체가 가을의 계수나무 꽃이 결백(潔白)함을 가리킨다.
♠ 皎洁(교결) : 아주 깨끗함을 뜻하는 '쌍성연면어(雙聲連綿語)이다.
♠ 欣欣(흔흔) : 기뻐하는 모양, (초목이) 무성한 모양, 득의 해 하는 모양, 활기찬 모양, 생기발랄한 모양
♠ 自爾(자이) : 自然. '각 자', '제각기'라는 뜻이다. '이(爾)'는 부사로 쓰였다.
♠ 林棲者(림서자) : 은자(隱者)를 가리킨다.
♠ 葉(잎 엽) : 艸-총13획; [yè,yiè] : 잎, 초목의 잎, 뽕나무, 끝, 갈래, 가지
♠ 葳(초목이 무성한 모양 위) : 艸-총13획; [wēi] : 초목이 무성한 모양, 또 물건의 모양, 둥굴레, 능소화(淩霄花)
♠ 皎(달빛 교) : 白-총11획; [jiǎo] : 달빛, 햇빛, 희다, 밝다
♠ 潔(깨끗할 결) : 水-총15획; [jié] : 깨끗하다, 품행이 바르다, 깨끗이 하다, 몸을 닦다
♠ 爾(너 이) : 爻-총14획; [ěr] : 너(汝.女.而), 그(彼), 이(是.此)
♠ 佳(아름다울 가) : 人-총8획; [jiā] : 아름답다, 좋다, 좋아하다
♠ 棲(살 서) : 木-총12획; [qī,xī] : 살다, 깃들이다, 거처를 정하여 살다, 머무르다, 집, 보금자리, 쉬다, 휴식하다
♠ 悅(기쁠 열) : 心-총10획; [yuè] : 기쁘다, 심복(心服)하다, 기뻐하며 따르다
♠ 求(구할 구) : 水-총7획; [qiú] : 구하다, 필요한 것을 찾다, 청하다, 묻다,

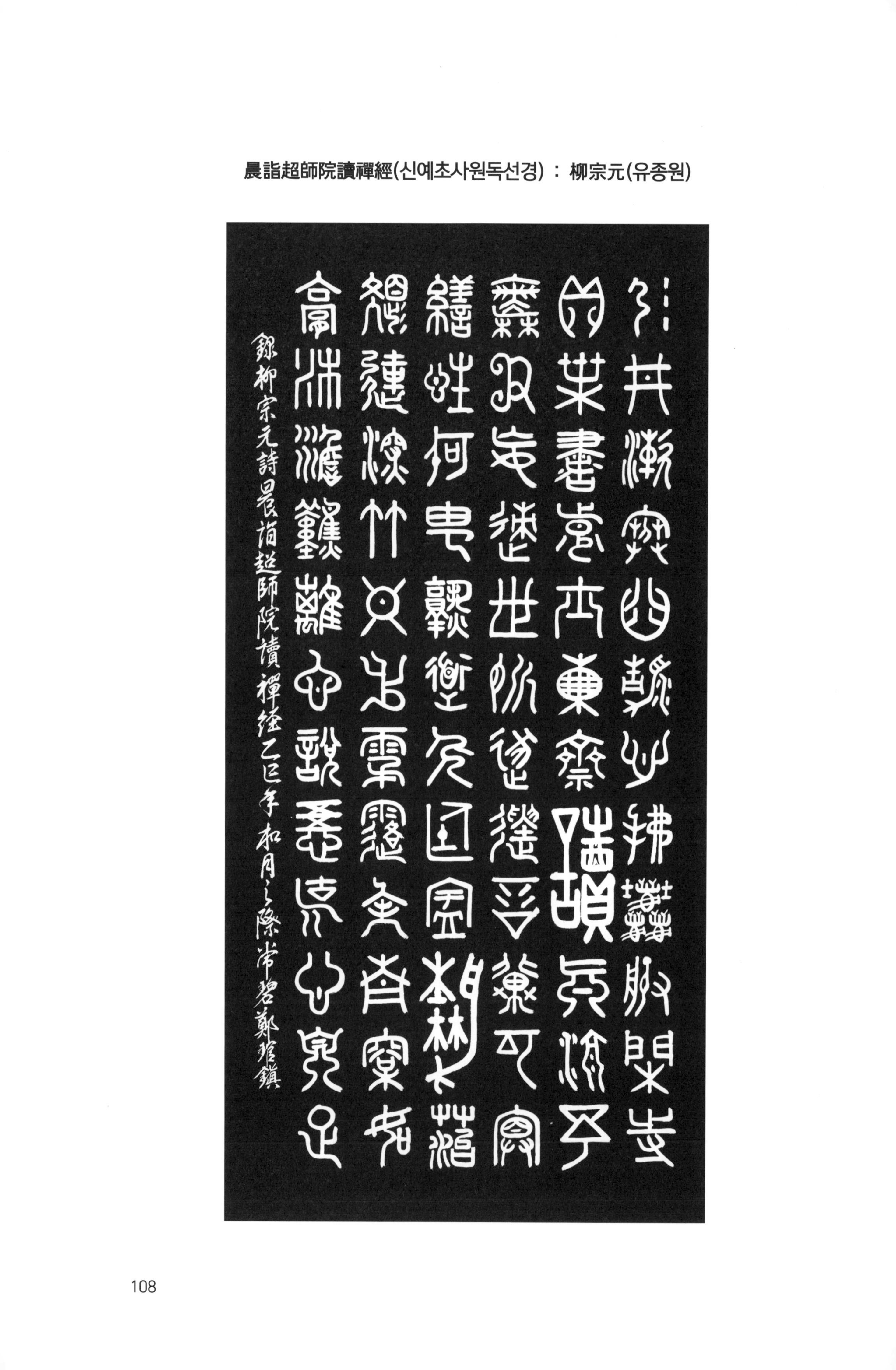

晨詣超師院讀禪經(신예초사원독선경) : 柳宗元(유종원)

晨詣超師院讀禪經(신예초사원독선경) - 새벽 초사 원에 나아가 경전을 읽다 : 柳宗元(유종원)

汲井漱寒齒(급정수한치) ; 우물물 길어 양치하고
清心拂塵服(청심불진복) ; 마음 씻고 옷의 먼지 털어 낸다.
閑持貝葉書(한지패섭서) ; 한가로이 불경을 들고
步出東齋讀(보출동재독) ; 동제로 걸어가 읽는다
眞源了無取(진원료무취) ; 참된 진리는 찾지 못하고
妄跡世所逐(망적세소축) ; 세상 사람이 찾는 건 망령된 자취뿐
遺言冀可冥(유언기가명) ; 부처님 남긴 말씀에 부합되기를 바라나니
繕性何由熟(선성하유숙) ; 성정을 닦음에 무엇을 좇아야 완비해질까?
道人庭宇靜(도인정우정) ; 도인의 뜰은 조용한데
苔色連深竹(태색련심죽) ; 푸른 이끼는 깊은 대나무 숲까지 이어져 있네!
日出霧露餘(일출무노여) ; 해 뜨니 안개와 이슬이 여기저기 조금 남아 있고
青松如膏沐(청송여고목) ; 푸른 소나무들, 기름 발라 머리 감은 듯
澹然離言說(담연리언설) ; 마음이 평안하고 고요해져 말이 필요 없어
悟悅心自足(오열심자족) ; 깨달음에 기뻐 저절로 만족하네!

☞ **한자와 어구**

♠ 晨詣超師院讀禪經(신예초사원독선경) : '초사(超師)'는 초(超)라는 이름을 지닌 숭려(僧侶)를 뜻한다. '사(師)'는 승려에 대한 존칭이다. '선경(禪經)'은 불경을 지칭한다. '연경(蓮經)'으로 되어있는 본도 있는데, 이 경우는 묘법연화경(妙法蓮華經)을 지칭한 것이라 할 수 있다.

♠ 貝葉書(패엽서) : 불경을 뜻하는데, '패엽경(貝葉經)'이라고도 한다.《柳河東集注》에, "서역(西域)에 패다수(貝多樹)가 있는데 그 나라 사람들이 그 잎사귀를 잘라서 글을 썼기 때문에 패엽령문(貝葉靈文)이라고 한다.

♠ 眞源(진원) : 우주 만물의 본체(本體) 또는 본성(本性)이라는 의미로, 불가(佛家)의 근원적 진리를 뜻한다.

♠ 妄跡(망적) : 허망(虛妄)한 행적을 뜻한다.

♠ 遺言冀可冥(유언기가명) : '유언(遺言)'은 부처가 후세에 남긴 말씀이다. '명(冥)'은 암합(暗合)이나 묵계(默契)의 뜻으로, 명심(冥心)으로 깨달음에 도달하길 바란다는 뜻이다.

♠ 言說(언설) : 언어로 표현된 가르침. 스스로 체득한 깨달음에 대한 가르침.

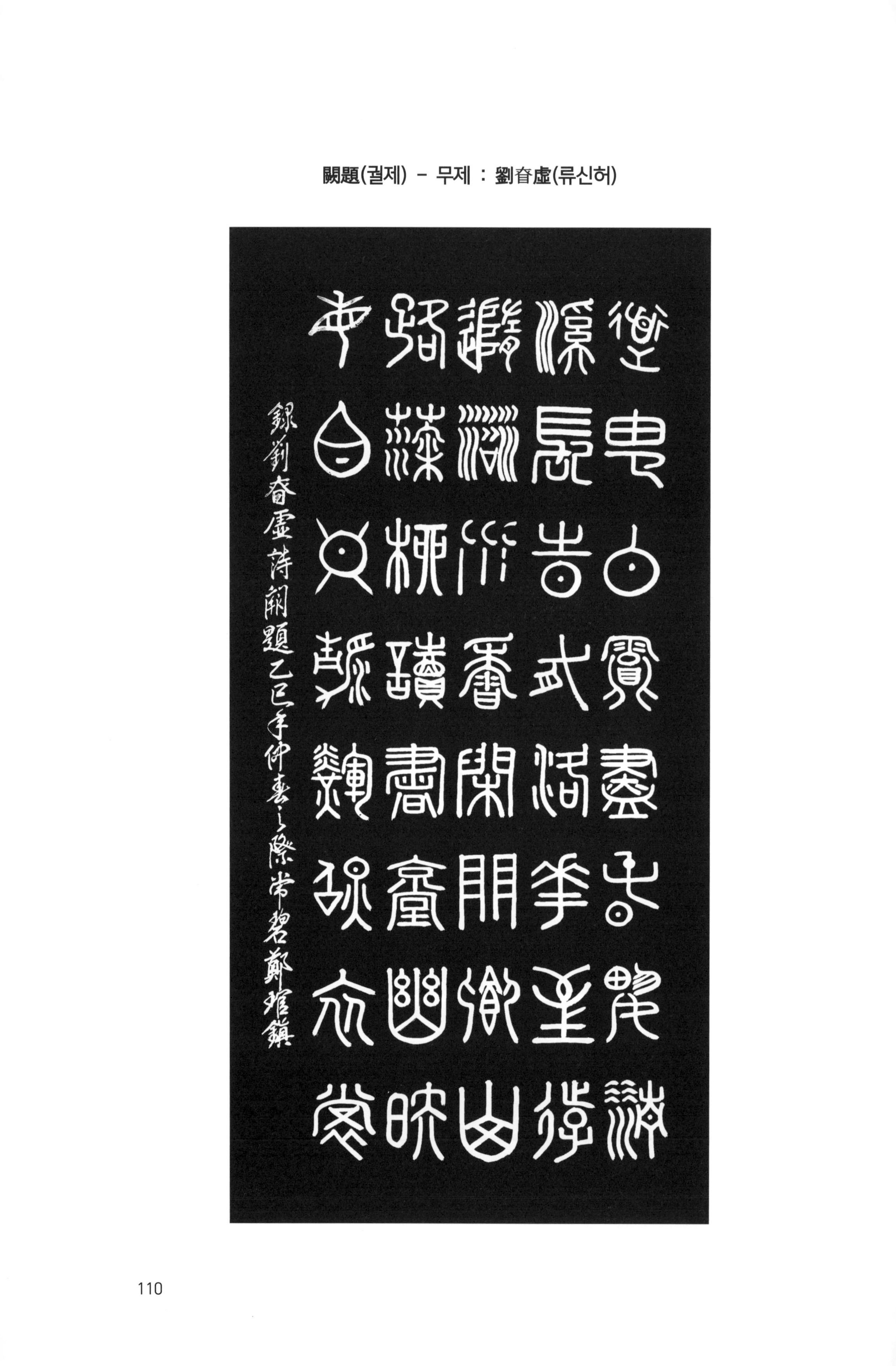

闕題(궐제) - 무제 : 劉眘虛(류신허)

闕題(궐제) - 무제(제목을 잃은 시) : 劉昚虛(류신허)

道由白雲盡(도유백운진) : 길은 흰 구름 속으로 멀어지고
春興淸溪長(춘흥청계장) : 봄날은 흥겹고 맑은 개울 길기도 하네
時有洛花至(시유낙화지) : 가끔씩 떨어진 꽃잎이 날아와
遠隨流水香(원수유수향) : 멀리 물 따라 흘러 향기로워라.
閒門向山路(한문향산로) : 조용한 대문은 산길을 향하여 나 있고
深柳讀書堂(심류독서당) : 깊숙한 버드나무 속에는 독서당 보이네
幽映每白日(유영매백일) : 그윽한 곳 비추는 언제나 밝은 햇볕
淸輝照衣裳(청휘조의상) : 그 맑은 빛이 나의 옷을 비추어 주네

☞ **한자와 어구**

♠ 闕題(궐제) : 원래 있던 제목이 도중에 빠졌다는 의미이다.

♠ 閒門(한문) : 문이 열려진 채.

♠ 幽映(유영) : 희미하게 어른거리는 햇빛. 이 구절은 우거진 버드나무 사이로 햇빛이 비치면서 그늘이 지는 것을 가리킨다.

♠ 淸輝(청휘) : 대낮의 빛. 이 연은 밝은 햇살이 버드나무 사이로 들어와 독서당에 있는 시인의 옷까지 비춘다는 뜻이다.

♠ 洛(강이름 낙) : 강 이름(황화)땅 이름, 잇닿는다

♠ 花(꽃 화) : 꽃, 초목의 꽃, 꽃 형상을 한 물건, 꽃이 피다, 꽃답다, 아름다운 것의 비유

♠ 遠(멀 원) : 멀다, 아득하다, 세월이 오래다, 이묵이 미치지 못하다, 소원하다, 번거롭다, 넓다, 깊다

♠ 隨(따를 수) : 따르다, 따라가 수행하다, 근거하다, 맡기다, 허락하다, 잇다, 거느리다, 때마다, 일마다

♠ 閒(틈 한) : 틈, 사이, 들이다, 받아들이다

♠ 映(비출 영) : 비추다, 비치다, 덮다, 덮어 가리다

♠ 輝(빛날 휘) : 빛나다, 광채를 발하다

♠ 劉昚虛 (유신허) : 자는 全乙이고, 奉化鄉(지금의 江西省 奉新縣) 사람이다. 開元 11년(723) 진사에 급제하였고, 후에 숭문관교서낭, 하현령(崇文館校書郞, 夏县令) 등을 지냈다. 맹호연·왕창령(孟浩然·王昌齡) 등과 친했으며, 하지장·포융·장욱과 '오중사우(賀知章·包融·張旭과 '吳中四友')로 불렸다. 《全唐詩》에 시 1권이 수록되어 있으며, 봉화현지(奉化縣志)에 그의 略傳이 실려 있다.

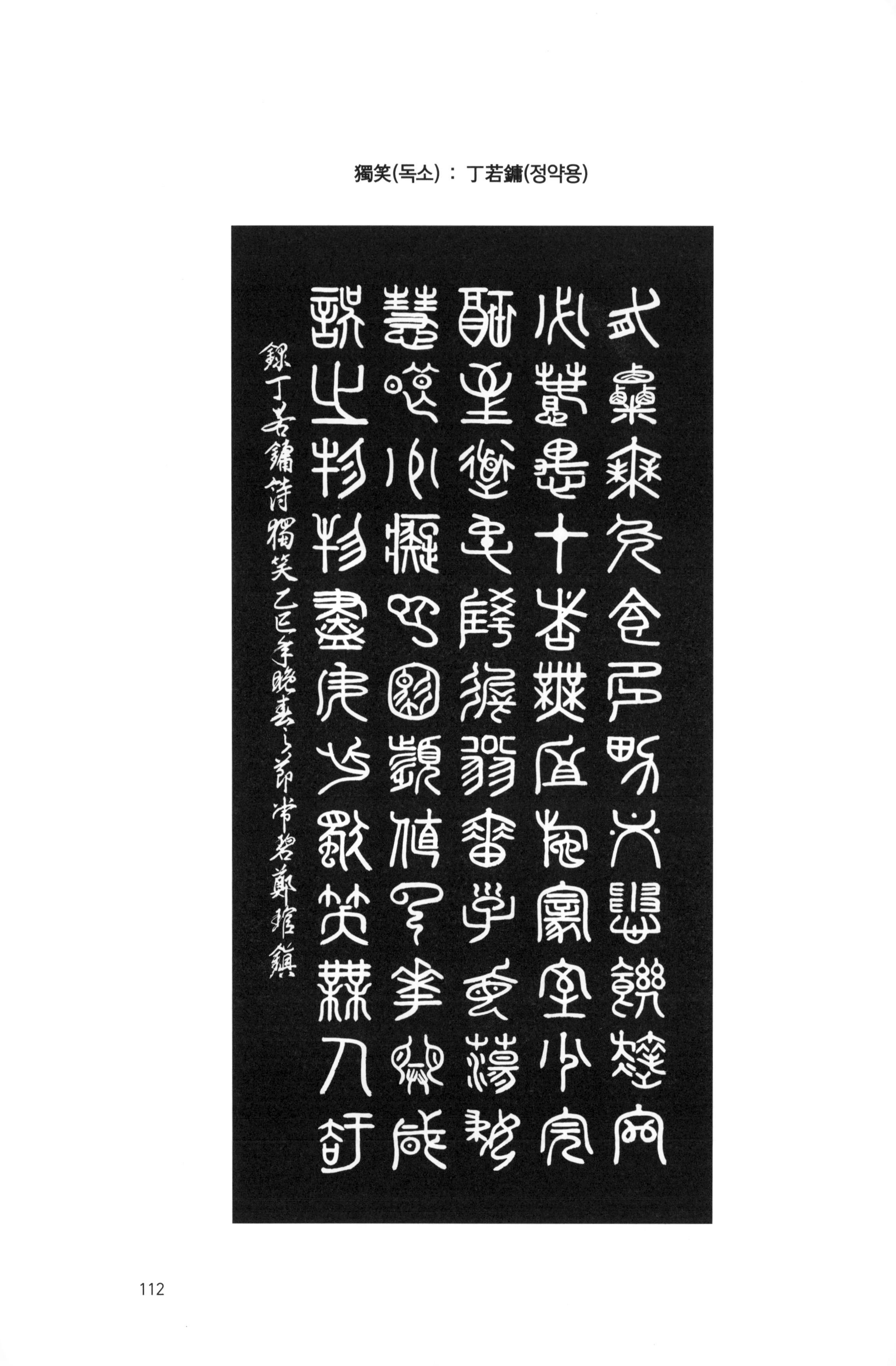

獨笑(독소) : 丁若鏞(정약용)

獨笑(독소) - 홀로 웃다 : 다산 丁若鏞(정약용)

有粟無人食(유속무인식) : 살림이 넉넉하여 양식 많은 집엔 자식이 귀하고,
多男必患飢(다남필환기) : 자식이 많은 집엔 가난하여 굶주림이 있다.
達官必惷愚(달관필창우) : 높은 벼슬아치는 꼭 멍청하고,
才者無所施(재자무소시) : 재주 있는 인재는 재주 피울 길 없구나.
家室少完福(가실소완복) : 집안에 완전한 복(福)을 갖춘 집 드물고,
至道常陵遲(지도상능지) : 지극한 도(道)는 항상 쇠퇴하기 마련이다.
翁嗇子每蕩(옹색자매탕) : 부모가 절약하여 재산을 모으면 자식들은 방탕하고,
婦慧郎必癡(부혜낭필치) : 아내가 지혜로우면 남편은 바보짓을 한다.
月滿頻値雲(월만빈치운) : 보름달 뜨는 날은 구름이 자주 끼고,
花開風誤之(화개풍오지) : 꽃이 활짝 피면 바람이 불어 댄다.
物物盡如此(물물진여차) : 세상일이란 모두 이런 거야
獨笑無人知(독소무인지) : 나 홀로 웃는 까닭을 누가 알아줄까?

☞ **한자와 어구**

♠ 有粟(유속) : 곡식이 있다. 곡식이 많다.
♠ 人食(인식) : 자식을 뜻함. ♠ 多男(다남) : 아들이 많다.
♠ 患飢(환기) : 근심과 굶주림 ♠ 達官(달관) : 높은 벼슬아치.
♠ 惷愚(창우) : 굼뜨고 어리석다. ♠ 才者(재자) : 재주가 있는 인재.
♠ 無所施(무소시) : 재주 펼 바가 없다. 재주를 펴지 못한다.
♠ 無(없을무) : 火-총12획; [wú,mó] : 없다, 허무(虛無)의 도, 말라, 금지하는 말
♠ 必(반드시 필) : 心-총5획; [bì] : 반드시, 틀림없이, 꼭, 기필하다, 이루어내다, 오로지, 전일(專一)하다
♠ 惷(천치창{용},{어리석을 총(송,당)} : 心-총15획; [shōng] : 천치, 어리석어 사리에 어두운 사람, 어리석다
♠ 陵遲(릉지) : 시들시들해짐, 평평해짐, 완만하다.
♠ 嗇(아낄 색) : ㅁ-총13획; [sè] : 아끼다, 춥춥하다, 인색하다, 탐하다
♠ 頻(자주 빈) : 頁-총16획; [pín] : 자주, 빈번히, 물가(濱), 매우 급하다,
♠ 値(값 치) : 人-총10획; [zhí] : 값, 값하다, 가지다
♠ 誤(그릇할 오) : 言-총14획; [wù] : 그릇 하다, 도리에 어긋나다, 실수하다, 잘못하다, 잘못 집다, 그르치게 하다, 그릇된 길로 이끌다, 헷갈리게 하다, 현혹되게 하다

칠 언 시

巴陵夜別(파릉야별) : 賈至(가지)

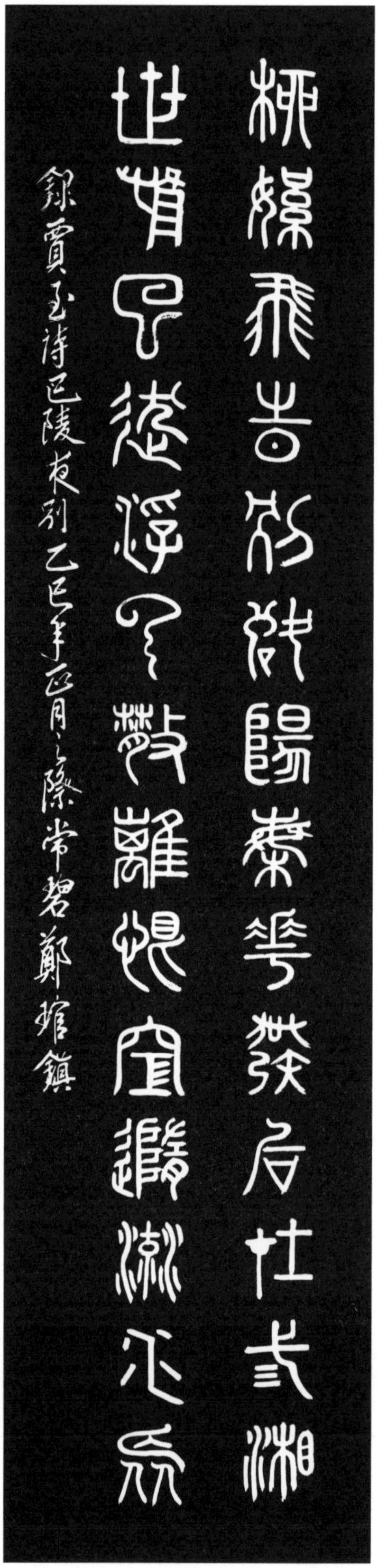

巴陵夜別(파릉야별) -악양에서 이별하고 : 賈至(가지)

柳絮飛時別洛陽(유서비시별낙양) : 버들개지 날릴 때 낙양을 이별하고
梅花發後在三湘(매화발후재삼상) : 매화가 핀 후에는 삼상에 와 있네
世情已逐浮雲散(세정이축부운산) : 세상 뜻은 이미 뜬구름 따라 흩어지고
離恨空隨流水長(이한공수유수장) : 이별의 아품은 강물처럼 길게 흘러간다.

☞ **한자와 어구**

♠ 巴陵(파릉) : 지금의 중국 후난성 악양(岳陽) 일대
♠ 三湘(삼상) : 후난성의 상향, 상담, 상양을 합쳐서 부르는 이름
♠ 湘(상) : 후난성(湖南省)의 지명 약칭
♠ 柳(버들 류{유}) : 木-총9획; [liŭ] : 버들, 버드나무의 총칭, 별자리 이름, 모이다
♠ 絮(솜 서) : 糸-총12획; [xù] : 솜, 헌 풀솜, 거친 풀솜, 버들개지.눈송이 따위, 솜옷, 핫옷, 막히다
♠ 飛(날 비) : 飛-총9획; [fēi] : 날다, 떨어지다, 오르다, 빨리 가다, 튀다, 님다, 닐리다, 높다, 누각 같은 것이 높이 솟이 있는 것의 형용
♠ 洛(강이름 락{낙}) ; 水-총9획; [luò] : 강 이름(황하), 땅 이름, 잇닿다
♠ 陽(볕 양) : 阜-총12획; [yáng] : 볕, 양지, 양(陽), 밝다
♠ 發(쏠 발) : 癶-총12획; [fā] : 쏘다, 가다, 떠나다, 보내다, 파견하다
♠ 後(뒤 후) : 彳-총9획; [hòu] : 뒤, 늦다, 능력 따위가 뒤떨어지다.
♠ 逐(쫓을 축) : 辵-총11획; [zhú] : 쫓다, 뒤쫓아 가다, 내쫓다, 물리치다, 따르다, 추종하다, 옮아가다, 구(求)하다, 다투다, 경쟁하다, 달리다
♠ 散(흩을 산) : 攴-총12획; [săn,sàn] : 흩다, 흩뜨리다, 흩어지다, 헤어지다, 내치다, 풀어놓다
♠ 離(떼놓을 리{이}) : 隹-총19획; [lí] : 떼놓다, 가르다, 끊다, 나누다, 열다, 헤어지다, 물러나다, 떠나가다, 배반하다, 붙다, 부착하다, 나란히 줄서다
♠ 恨(한할 한) : 心-총9획; [hèn] : 한하다, 원통하다, 원망스럽게 생각하다, 뉘우치다, 억울하다
♠ 空(빌 공) : 穴-총8획; [kōng,kòng] : 비다, 다하다, 없다, 모자라다, 내실이 없다, 근거가 없다, 쓸쓸하다, 부질없이, 헛되이, 비게 하다
♠ 隨(따를 수) : 阜-총16획; [suí] : 따르다, 따라가 수행하다, 연(沿)하다, 좇다, 근거하다, 맡기다, 허락하다, 잇다, 거느리다, 따라서, 때마다, 일마다

望廬山瀑布(망여산폭포) : 李白(이백)

日照香爐生紫煙遙看瀑布掛前川
飛流直下三千尺疑是銀河落九天

錄李白詩望廬山瀑布乙巳年正月之際常碧鄭琯鎭

望廬山瀑布(망여산폭포) - 여산 폭포를 바라보며 : 李白

日照香爐生紫烟(일조향로생자연) : 향로봉에 햇빛 드니 자색 연기 피어나고
遙看瀑布掛長川(요간폭포괘장천) : 긴江처럼 걸려있는 폭포수를 멀리 보네
飛流直下三千尺(비류직하삼천척) : 날아흘러 수직으로 삼천 척을 떨어지니
疑是銀河落九天(의시은하락구천) : 하늘멀리 은하수가 낙하하는 듯도 하네

☞ **한자와 어구**

♠ 廬山(여산) : 지금의 강서성(江西省) 구강현(九江縣)에 있는 名山으로 경관이 빼어나고 폭포가 유명하다.

♠ 香爐峰(향로봉) : 여산의 북쪽에 있는 산봉우리

♠ 直下(직하) : 곧바로 떨어지다.

♠ 紫煙(자연) : 향로봉 봉우리에 덮여 있는 안개구름이 햇빛에 비쳐, 마치 보라색 연기처럼 보이는 것을 가리킴.

♠ 長川(장천) : 폭포가 흘러 이룬 내(川)를 말함.

♠ 飛流直下三千尺(비류직히삼천척) : 폭포의 기세를 나타내는 표현으로 오늘날까지 널리 알려진 명구이다.

♠ 九天(구천) : 구하늘의 가장 높은 곳. 하늘 위, 대지(大地)를 중심(中心)으로 한 아홉 하늘

♠ 爐(화로 로{노}) : 火-총20획; [lú] : 화로, 향로(香爐), 방바닥이나 땅바닥을 파내어 취사용.난방용 등의 불을 피우게 하는 시설

♠ 紫(자줏빛 자) : 糸-총11획; [zǐ] : 자줏빛, 자줏빛의 의관(衣冠)과 인수(印授), 신선, 또는 제왕의 집의 빛깔

♠ 烟(연기 연) : 火-총10획; [yān,yīn] : 연기, 연기가 끼다, 그을음, 煙과 同字

♠ 遙(멀 요) : 辵-총14획; [yáo] : 멀다, 아득하다, 길다, 거닐다

♠ 瀑(폭포 폭) : 水-총18획; [pù,bào] : 폭포, 소나기, 거품

♠ 掛(걸 괘) : 手-총11획; [guà] : 걸다, 걸어 놓다, 마음에 걸리다.

♠ 直(곧을 직) : 目-총8획; [zhí] : 곧다, 바른 도(道), 또는 바른 행위, 바루다, 고치다, 펴다, 억울함을 씻다

♠ 尺(자 척) : 尸-총4획; [chǐ,chě,chè] : 자, 법, 법도, 길이

♠ 疑(의심할 의) : 疋-총14획; [yí] : 의심하다, 의혹하다, 정해지지 아니하다, 괴이하게 여기다, 두려워하다, 의심스럽다, 의심컨대

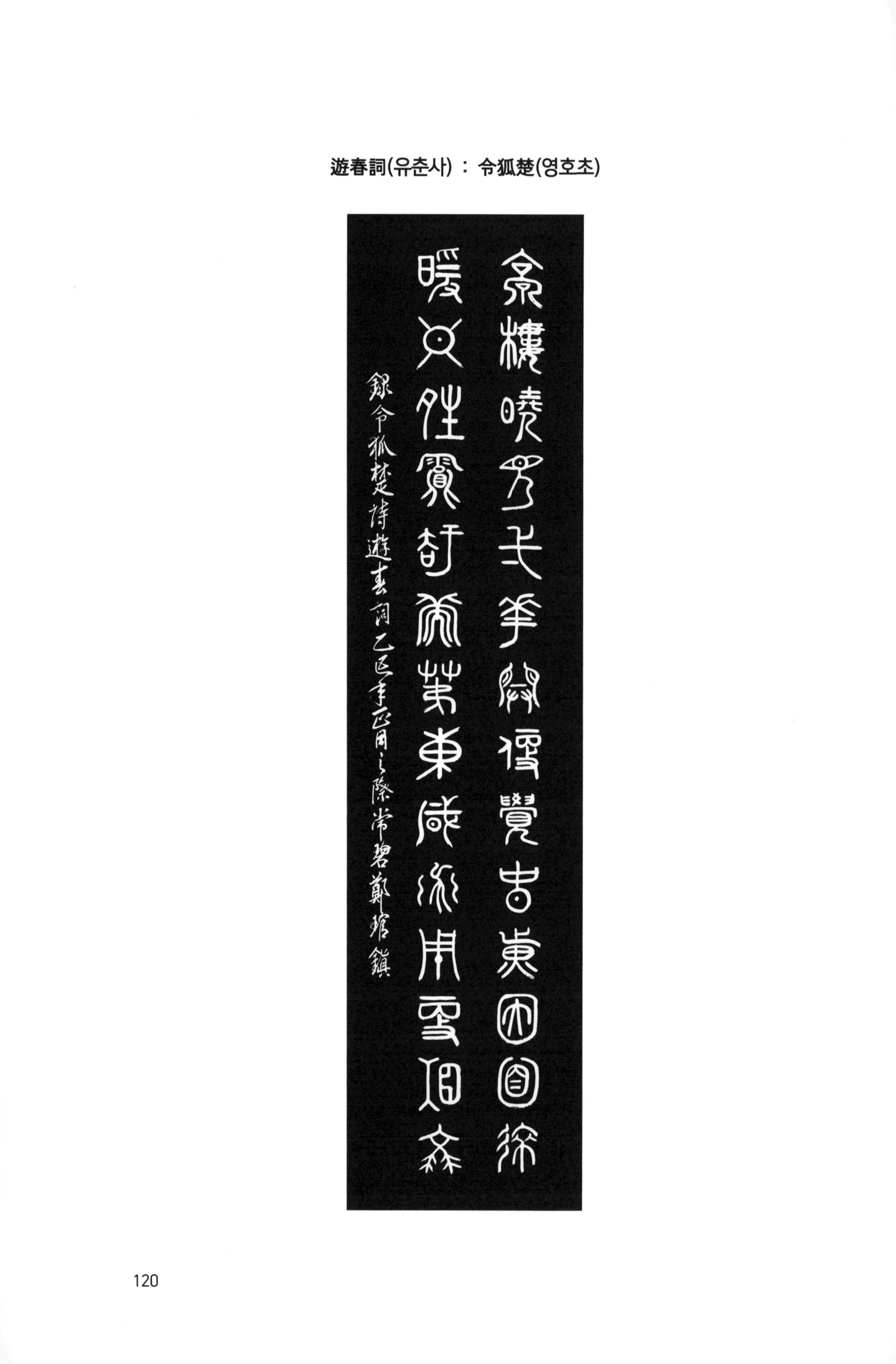

遊春詞(유춘사) : 令狐楚(영호초)

遊春詞(유춘사) : 令狐楚(영호초)

高樓曉見一花開(고루효견일화개) : 높은 누각에서 아침에 꽃 핀 것을 보고
便覺春光四面來(편각춘광사면래) : 문득 봄빛이 사방에 온 것을 느꼈다.
暖日晴雲知次第(난일청운지차제) : 따뜻한 날과 맑은 구름은 순리를 알고 있으니
東風不用更相催(동풍불용갱상최) : 동풍(봄바람)은 서로를 상기시킬 필요가 없구나

☞ **한자와 어구**

♠ 樓(다락 루{누}) : 木-총15획; [lóu] : 다락, 다락집, 망루, 겹치다, 포개다
♠ 曉(새벽 효) : 日-총16획; [xiǎo] : 새벽, 동틀 무렵, 밝다, 환하다, 깨닫다, 환히 알다
♠ 開(열 개) : 門-총12획; [kāi] : 열다, 열리다, 통하다, 통달하다, 비롯하다, 꽃이 피다, 개간하다, 말하다, 사라지다, 소멸하다, 끓다, 비등(沸騰)하다
♠ 便(편할 편) : 人-총9획; [biàn,bián,pián] : 편하다, 소식, 편안하다
♠ 覺(깨달을 각) : 見-총20획; [jué,jiào] : 깨닫다, 터득하다, 깨우치다, 깨닫게 하다, 깨달음, 도리를 깨달아 아는 일
♠ 面(낯 면) : 面-총9획; [miàn] : 낯, 얼굴, 앞, 겉, 표면
♠ 來(올 래{내}) : 人-총8획; [lái,lài] : 오다, 장래, 부르다
♠ 暖(따뜻할 난) : 日-총13획; [nuǎn] : 따뜻하다, 따뜻하게 하다, 따뜻해지다
♠ 晴(갤 청) : 日-총12획; [qíng] : 개다, 비가 그치다, 하늘에 구름이 없다, 마음이 개운하다.
♠ 知(알 지) : 矢-총8획; [zhī] : 알다, 깨닫다, 느끼다, 분별하다, 기억하다, 들어서 알다, 보아서 알다, 사귀다, 나타나다, 다스리다
♠ 第(차례 제) : 竹-총11획; [dì] : 차례, 숫자 위에 붙여 써서 차례를 나타내는 말, 차례를 정하다, 등급을 매기다.
♠ 風(바람 풍) : 風-총9획; [fēng] : 바람, 불다, 바람이 불다, 바람을 쐬다
♠ 更(고칠 경{다시 갱}) : 曰-총7획; [gēng,gèng] : 고치다, 다시, 재차, 개선하다, 새로워지다, 고쳐지다
♠ 相(서로 상) : 目-총9획; [xiāng,xiàng] : 서로, 보다, 자세히 보다, 바탕
♠ 催(재촉할 최) : 人-총13획; [cuī] : 재촉하다, 막다, 열다, 베풀다

秋怨(추원) ：魚玄機(어현기)

秋怨(추원) -가을날의 한스러움 : 魚玄機(어현기)

自歎多情是足愁(자탄다정시족수) : 다정이 근심이 됨을 스스로 탄식하나니
況當風月滿庭秋(황당풍월만정추) : 하물며 바람과 달빛 가득한 가을 뜨락에서야
洞房便與更聲近(동방편여갱성근) : 침실에 있으면 더욱 가까이 다가오는 소리
夜夜燃前欲白頭(야야연전욕백두) : 밤마다 등불 앞에서 나의 머리는 희어만 간다.

☞ **한자와 어구**

♠ 秋怨(추원) : 가을밤의 시름.
♠ 足愁(족수) : 많은 시름. 한없는 외로움.
♠ 洞房(동방) : 부인의 방. 여자의 침실.
♠ 更聲(갱성) : 更(경)은 初更(초경) 二更(이경) 三更(삼경) 四更(사경) 등 시간을 나타내는데 그때 시각을 알리기 위해 성루에서 북을 친다. 그래서 更聲(경성)은 북소리.
♠ 白頭(백두) 시름으로 머리가 희게 쉬는 것.
♠ 歎(읊을탄) : 欠-총15획; [tàn] : 읊다, 노래히디, 탄식히디, 한숨 쉬다, 칭찬하다
♠ 足(발 족) : 足-총7획; [zú] : 발, 뿌리, 근본, 산기슭, 그치다, 머무르다, 가다, 달리다
♠ 愁(시름 수) : 心-총13획; [chóu] : 시름, 시름겹다, 얼굴빛을 바꾸다
♠ 況(하물며 황) : 水-총8획; [kuàng] : 하물며, 더구나, 이에, 자(玆)에, 비유하다, 비유로써 설명하다.
♠ 庭(뜰 정) : 广-총10획; [tíng] : 뜰, 집 안에 있는 마당, 집 안, 조정(朝廷)
♠ 房(방 방) : 戶-총8획; [fáng] : 방, 방성(房星), 이십팔수의 하나, 집
♠ 便(편할 편) : 人-총9획; [biàn,bián,pián] : 편하다, 소식, 편안하다
♠ 燃(사를 연) : 火-총16획; [rán] : 사르다, 타다
♠ 近(가까울 근) : 辵-총8획; [jìn] : 가깝다, 닮다, 알기 쉽다, 천박하다, 딱 들어맞다, 요사이, 가까이
♠ 欲(하고자할 욕) : 欠-총11획; [yù] : 하고자 하다, 하려고 하다, -할 것 같다, 바라다, 기대하거나 원한다.
♠ 頭(머리 두) : 頁-총16획; [tóu,tòu] : 머리, 머리털, 꼭대기, 맨 앞, 시초, 우두머리, 첫째, 상위, 지혜, 재능, 근처, 근방

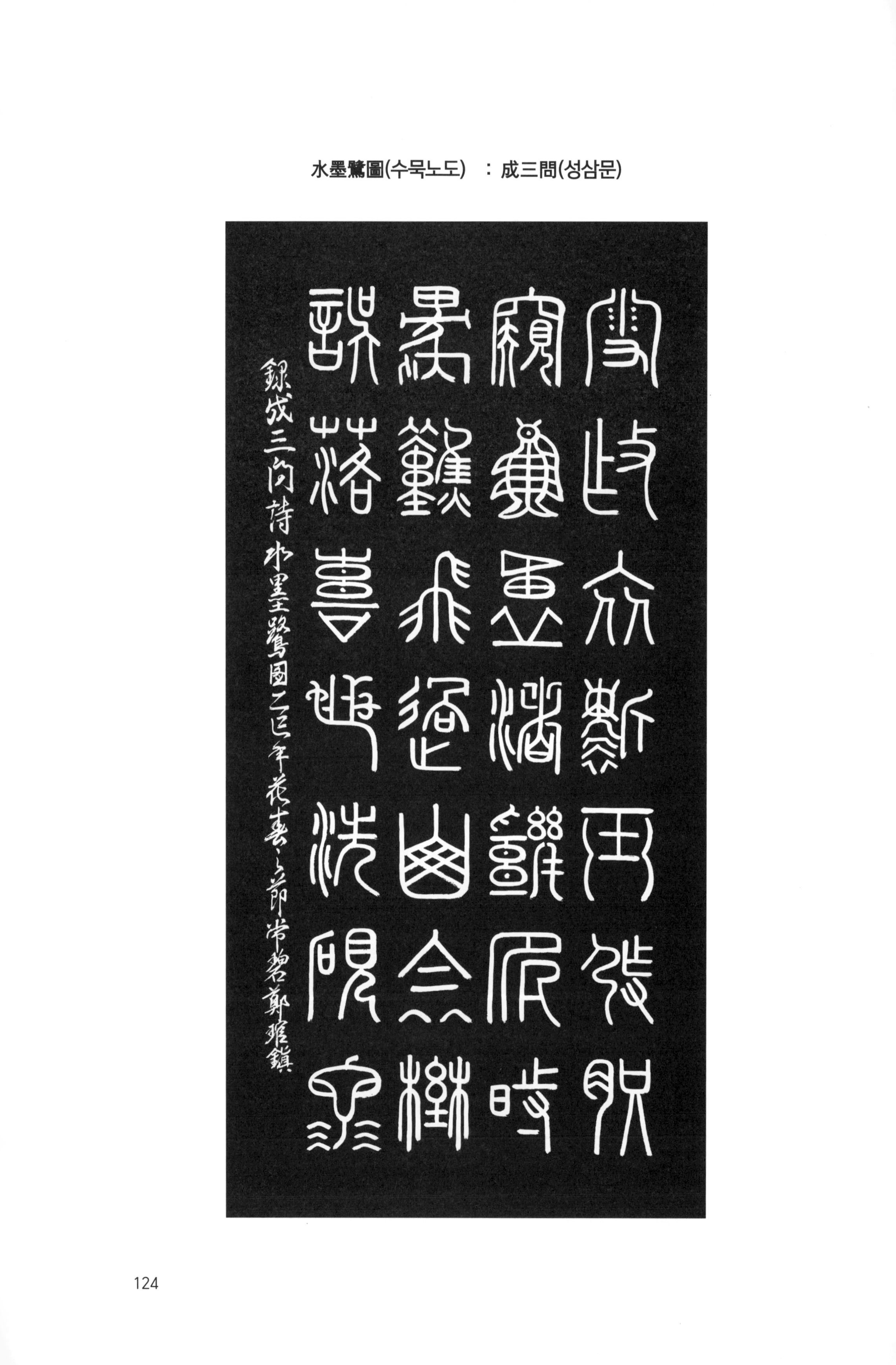

水墨鷺圖(수묵노도)　: 成三問(성삼문)

水墨鷺圖(수묵노도) - 먹으로 그린 백로의 그림 : 成三問(성삼문)

雪作衣裳玉作肢(설작의상옥작지) : 깃털은 백설 같고 다리는 옥과 같은데
窺魚蘆渚幾多時(규어노저기다시) : 갈대 늪 물고기를 얼마나 엿보았던고.
偶然飛過山陰野(우연비과산음야) : 우연히 산음현의 들녘을 날아 지나가다가
誤落喜之洗硯池(오락희지세연지) : 잘못 왕희지가 벼루 씻은 못에 떨어졌구나.

☞ **한자와 어구**

♠ 山陰縣(산음현) : 명필 왕희지(王羲之)가 살던 고장.
♠ 洗硯池(세연지) : 왕희지는 집 앞 연못.
♠ 裳(치마 상) : 衣-총14획; [cháng,shàng] : 치마, 낮에 입는 옷, 화려하고 아름다운 모양
♠ 作(지을 작) : 人-총7획; [zuó,zuō,zuò] : 짓다, 일어나다, 일으키다
♠ 肢(사지 지) : 肉-총8획; [zhī] : 사지, 팔다리, 찌뿌드드하다,
♠ 窺(엿볼 규) : 穴-총16획; [kuī] : 엿보다, 보다, 반걸음
♠ 蘆(갈대 로{노}) : 艸-총20획; [lú,lǔ] : 갈대, 이삭이 아직 패지 않은 것, 무, 냉이의 뿌리
♠ 渚(물가 저) : 水-총12획; [zhǔ] : 물가, 모래섬, 삼각주, 강 이름, 하북성(河北省)에서 발원하는 강
♠ 偶(짝 우) : 人-총11획; [ǒu] : 짝, 인형(人形), 뜻하지 아니하게
♠ 過(지날 과) : 辵-총13획; [guò,guō,guò] : 지나다, 초월하다, 낫다, 빠져나가다, 여유가 있다, 심하다, 동떨어지다, 실수하다, 틀리다, 분수를 잃다, 잘못하여 법을 어기다, 실수
♠ 陰(응달 음) : 阜-총11획; [yīn] : 응달, 음(陰), 습기, 축축함
♠ 野(들 야) : 里-총11획; [yě] : 들, 들판, 백성, 촌스럽다, 거칠다
♠ 誤(그릇할 오) : 言-총14획; [wù] : 그릇되다, 도리에 어긋나다, 실수하다, 잘못하다, 잘못 집다, 그르치게 하다, 그릇된 길로 이끌다, 헷갈리게 하다, 현혹되게 하다
♠ 喜(기쁠 희) : 口-총12획; [xǐ] : 기쁘다, 즐겁다, 즐거워하다, 좋아하다, 즐기다
♠ 之(갈지) : ノ-총4획; [zhī] : 가다, 이(指示代名詞), -의(冠形格助詞)
♠ 硯(벼루 연) : 石-총12획; [yàn] : 벼루, 매끄러운 돌

晩春(만춘) – 늦은 봄 : 韓愈(한유)

草木知春不久歸
百般紅紫鬪芳菲
楊花楡莢無才思
惟解漫天作雪飛

錄韓愈詩晩春乙巳年仲春之際常碧鄭珪鎭

晩春(만춘) - 늦은 봄 : 韓愈(한유)

草木知春不久歸(초목지춘불구귀) : 초목은 곧 봄이 돌아갈 것을 알고
百般紅紫鬪芳菲(백반홍자투방비) : 알록달록 갖가지 색으로 향기를 다투네
楊花榆莢無才思(양화유협무재사) : 버들개지 느릅나무는 재간이 별로 없어서
惟解漫天作雪飛(유해만천작설비) : 그저 온 하늘에 눈송이만 만들어 날리네!

☞ **한자와 어구**

♠ 不久(불구) : 머지않아, 곧. ♠ 百般(백반) : 여러 가지의, 각양각색의.
♠ 紅紫(홍자) : 붉은빛과 자줏빛. ♠ 百般紅紫(백반홍자) : 각양각색의 색깔로.
♠ 芳菲(방비) : 화초. 화초의 향기. ♠ 鬪芳菲(투방비) : 향기를 다투다.
♠ 楊花榆莢(양화무협) : 버들개지와 느릅나무 열매.
♠ 榆莢(유협) : 느릅나무의 과실, 유전(榆錢)이라고도 함
♠ 無才思(무재사) : 재능과 생각이 없음.
♠ 惟解(유해) : 오직 풀어내다.
♠ 漫天(만천) : 온 하늘에 마구 흩날림.
♠ 知(알지) : 矢-총8획; [zhī] : 알다, 깨닫다, 느끼다, 분별하다, 기억하다, 들어서 알다, 보아서 알다, 사귀다, 나타나다, 다스리다
♠ 春(봄 춘) : 日-총9획; [chūn] : 봄, 젊은 때, 남녀(男女)의 정(情), 주로 여자가 남자를 생각하는 정
♠ 久(오랠 구) : ノ-총3획; [jiǔ] : 오래다, 변하지 아니하다, 오래 기다리다
♠ 歸(돌아갈 귀) : 止-총18획; [guī] : 돌아가다, 돌아오다, 돌려보내다, 반환하다, 시집가다, 시집을 보내다
♠ 般(돌 반) : 舟-총10획; [bān,bō,pán] : 돌다, 돌리다, 옮다, 옮기다, 나르다, 오래다
♠ 紫(자줏빛 자) : 糸-총11획; [zǐ] : 자줏빛, 자줏빛의 의관(衣冠)과 인수(印授), 신선, 또는 제왕의 집의 빛깔
♠ 鬪(싸움 투) : 鬥-총20획; [dòu,dǒu] : 싸움, 싸우다, 싸우게 하다, 다투다
♠ 菲(엷을 비) : 艸-총12획; [fēi,fěi] : 엷다, 보잘것없다, 채소 이름, 쇠퇴하다
♠ 榆(느릅나무 유) : 木-총13획; [yú] : 느릅나무, 옮기다, 흔들다
♠ 莢(풀 열매 협) : 艸-총11획; [jiá] : 물열매, 콩꼬투리, 콩깍지, 풀이 처음 돋아나다
♠ 漫(질펀할 만) : 水-총14획; [màn] : 질펀하다, 넘쳐흐르다, 흩어지다,

梅一生寒不賣香(매일생한불매향) : 申欽(신흠)

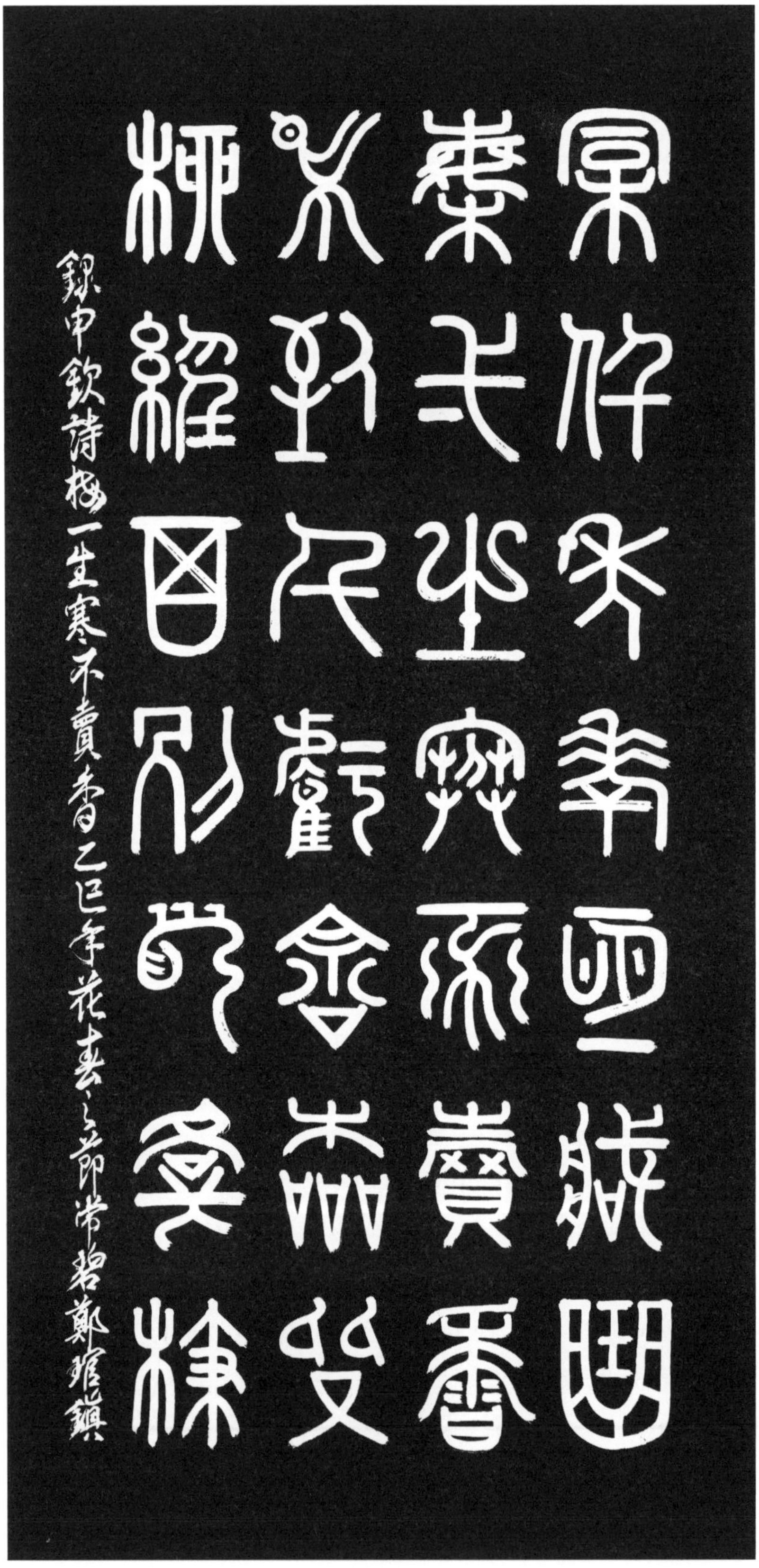

梅一生寒不賣香(매일생한불매향) - 象村(상촌) 申欽(신흠)

선비의 지조와 절개를 읊은 한시(漢詩) '야언(野言)'에 소개

桐千年老恒藏曲(동천년노항장곡) : 오동나무는 천년이 지나도 같은 소리를 내고
梅一生寒不賣香(매일생한불매향) : 매화는 아무리 추워도 향기를 팔지 않느니
月到千虧餘本質(월도천휴여본질) : 달은 천 번을 이지러져도 본질은 남고
柳經百別又新枝(류경백별우신지) : 버들은 백번 꺾여도 새 가지가 돋아나더라.

☞ **한자와 어구**

♠ 桐(오동나무 동) ; 木-총10획; [tóng] : 오동나무, 거문고, 성(姓)
♠ 老(늙은이 로{노}) ; 老-총6획; [lǎo] : 늙은이, 늙다, 쇠하다, 쉬다, 썩다, 치사(致仕)하다, 늙어서 벼슬을 그만두다
♠ 恒(항상 항) ; 心-총9획; [héng] : 항상, 언제나, 늘, 언제나 변하지 아니하다,
♠ 藏(감출 장) ; 艸-총18획; [cáng,zàng] : 감추다, 간직하다, 품다, 저장하다
♠ 曲(굽을 곡) ; 曰-총6획; [qū,qǔ] : 굽다, 휘다, 굽히다, 휘게 하다, 마음이 바르지 아니하다, 사악하다
♠ 寒(찰 한) ; 宀-총12획; [hán] : 차다, 사깁다, 일다, 추위로 손발 등이 곱다, 차게 하다, 식히다
♠ 賣(팔 매) ; 貝-총15획; [mài] : 팔다, 속이다, 배신하다, 내통하다, 넓히다
♠ 香(향기 향) ; 香-총9획; [xīang] : 향기, 향기롭다, 소리. 빛. 모양. 맛 같은 것의 아름다움
♠ 到(이를 도) ; 刀-총8획; [dào] : 이르다, 빈틈없이 찬찬하다, 속이다,
♠ 虧(이지러질 휴) ; 虍-총17획; [kuī] : 이지러지다, 줄다, 덕택으로
♠ 餘(남을 여) ; 食-총16획; [yú] : 남다, 넉넉하다, 여유가 있다, 여가, 말미, 그 이외의 것, 뒤, 결말, 결국, 죄다, 남김없이, 나라 이름, 부여(扶餘)
♠ 質(바탕 질) ; 貝-총15획; [zhì] : 바탕, 꾸미지 아니한 본연 그대로의 성질, 진실, 순진하다
♠ 柳(버들 류{유}) ; 木-총9획; [liǔ] : 버들, 버드나무의 총칭, 별자리 이름, 모이다
♠ 經(날 경) ; 糸-총13획; [jīng,jìng] : 날, 날실, 세로, 길, 조리(條理),
♠ 別(나눌 별) ; 刀-총7획; [bié] : 나누다, 헤어지다, 갈라짐
♠ 又(또 우) ; 又-총2획; [yòu] :또, 다시, 용서하다, 오른손, 오른쪽(右)
♠ 枝(가지 지) ; 木-총8획; [zhī,qí] : 가지, 초목의 가지, 가지 치다,

南松亭途中(남송정도중) : 朴齊家(박제가)

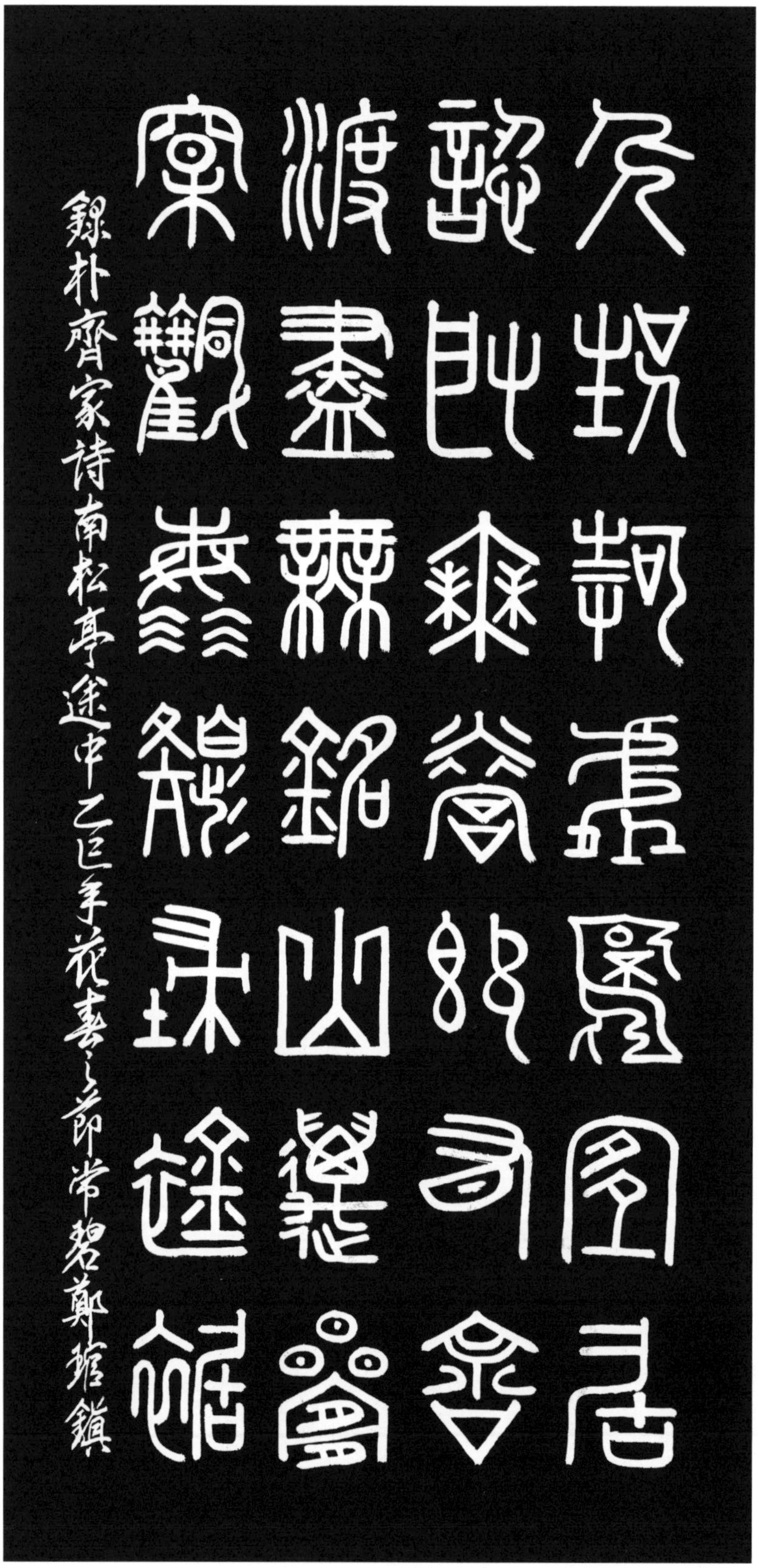

南松亭途中(남송정도중)- 남송정 가는 길에 : 朴齊家(박제가)

人生何處不宜居 (인생하처불의거) : 인간의 삶이 어느 곳인들 살지 못하랴만
認取無營卽有餘 (인취무영즉유여) : 영리만 버릴 줄 안다면 마음 여유 있으리
度盡無名山萬疊 (도진무명산만첩) : 이름 모를 첩첩 산을 다 지나고 나니
松風海色掃襟裾 (송풍해색소금거) : 솔바람 바다 물빛이 내 마음 다 씻어주네.

☞ **한자와 어구**

♠ 不宜居(불의거) : 마땅한 곳이면 살지 않으리
♠ 認取(인취) : 정의롭게 취함을 안다.
♠ 無營(무영) : 이익을 없앤다면
♠ 渡盡(도진) : 다 지나치다.
♠ 山萬疊(산만첩) : 만 첩 산중
♠ 襟裾(금거) : 옷가슴
♠ 何(어찌 하) : 人-총7획; [hé] : 어찌, 무엇, 얼마
♠ 處(살 처) : 虍-총11획; [chù,chǔ] : 살다, 머물러 있다, 남아서 지키다, 묵다, 쉬다, 마음을 두나, 서처하나, 자리를 차지하고 있다, 집에 있다, 야(野)에 있다, 벼슬을 하지 않다, 두다, 자리 잡고 있다, 안정시키다, 저축하다
♠ 宜(마땅할 의) ; 宀-총8획; [yí] : 마땅하다, 마땅히, 마땅히-하여야 한다, 화목하다
♠ 居(있을 거) : 尸-총8획; [jū] : 있다, 살다, 거주하다, 앉다, 차지하다
♠ 認(알 인) : 言-총14획; [rèn] : 알다, 인식하다, 알아서 정하다, 인정하다, 발견하여 알다, 승인하다, 허가하다, 행하다, 진실을 행하다, 적다, 쓰다
♠ 取(취할 취) : 又-총8획; [qǔ] : 취하다, 골라 뽑다, 돕다, 의지하다
♠ 營(경영할 영) : 火-총17획; [yíng] : 경영하다, 짓다, 만들다, 다스리다, 경작하다, 경영, 두르다
♠ 卽(곧 즉) : 卩-총9획; [jí] : 곧, 가깝다, 나아가다
♠ 餘(남을 여) : 食-총16획; [yú] : 남다, 넉넉하다, 여유가 있다, 여가, 말미, 그 이외의 것, 뒤, 결말, 결국, 죄다, 남김없이, 나라 이름, 부여(扶餘)
♠ 疊(겹쳐질 첩) : 田-총22획; [dié] : 겹쳐지다, 접쳐지다, 접다, 쌓다, 포개다,
♠ 襟(옷깃 금) : 衣-총18획; [jīn] : 옷깃, 가슴, 마음, 생각, 재빠르다,

月夜獨步庭中(월야독보정중) : 金時習(김시습)

月夜獨步庭中(월야독보정중)- 달밤에 홀로 뜰을 거닐며 : 金時習(김시습)

滿身風露正凄凄(만신풍로정처처) : 몸에 가득한 바람과 이슬 쓸쓸하기만 한데
夜半鐘殘斗已西(야반종잔두이서) : 깊은 밤, 종소리 잦아들고 북두성은 서쪽으로 기운다.
松鶴有機和月唳(송학유기화월려) : 소나무에 앉은 학 마음 있어 달에 화답하여 울고
草蟲牽恨向人啼(초충견한향인제) : 풀벌레 한에 끌리어 사람 향해 우는구나!
半窓孤枕燈花落(반창고침등화락) : 홀로 누운 창에 등불 불꽃이 떨어지고
幽樹一庭簾影低(유수일정렴영저) : 나무 그윽한 뜰에 발그림자 나직하구나
侍者正眠呼不起(시자정면호불기) : 시중드는 이, 바로 잠들어 불러도 일어나지 않고
好詩吟了便旋題(호시음료편선제) : 좋은 시 읊고 나서 바로 시 제목 생각해본다.

☞ 한자와 어구

♠ 滿(찰만) : 水-총14획; [mǎn] : 차다, 가득하다, 넉넉하다, 둥그레지다, 곡식이 익다, 활을 힘껏 당기다, 교만하다, 속이다
♠ 露(이슬 로{노}) : 雨-총20획; [lù,lòu] : 이슬, 적시다, 젖다, 은혜를 베풀다
♠ 凄(쓸쓸할 처) : 冫-총10획; [qī] : 쓸쓸하다, 춥다, 차갑다
♠ 鐘(종 종) : 金-총20획; [zhōng] : 종, 쇠북
♠ 殘(해칠 잔) : 歹-총12획; [cán] : 해치다, 해롭게 하다, 손상하다, 죽이다, 멸하다, 멸망시키다, 무너지다, 허물어뜨리다
♠ 鶴(학 학) : 鳥-총21획; [hè,háo,mò] : 학, 두루미, 희다, 흰 빛깔의 비유, 호미의 머리 부분
♠ 機(틀 기) : 木-총16획; [jī] : 틀, 기계, 베틀, 용수철
♠ 唳(울 려{여}) : 口-총11획; [lì] : 울다, 학이 울다, 새소리, 새가 울다.
♠ 蟲(벌레 충) : 虫-총18획; [chóng] : 벌레, 동물의 총칭, 구더기
♠ 牽(끌 견) : 牛-총11획; [qiān] : 끌다, 끌어당기다, 거느리다, 만류하다, 강요하다, 거리끼다, 구애되다, 매이다
♠ 啼(울 제) : 口-총12획; [tí] : 울다, 새나 짐승들이 울다, 울부짖다
♠ 枕(베개 침) : 木-총8획; [zhěn] : 베개, 잠잘 때 베는 베개, 긴 물건 밑에 베개처럼 가로 괴는 물건, 베다, 베개 삼아 베다, 잠자다, 잠

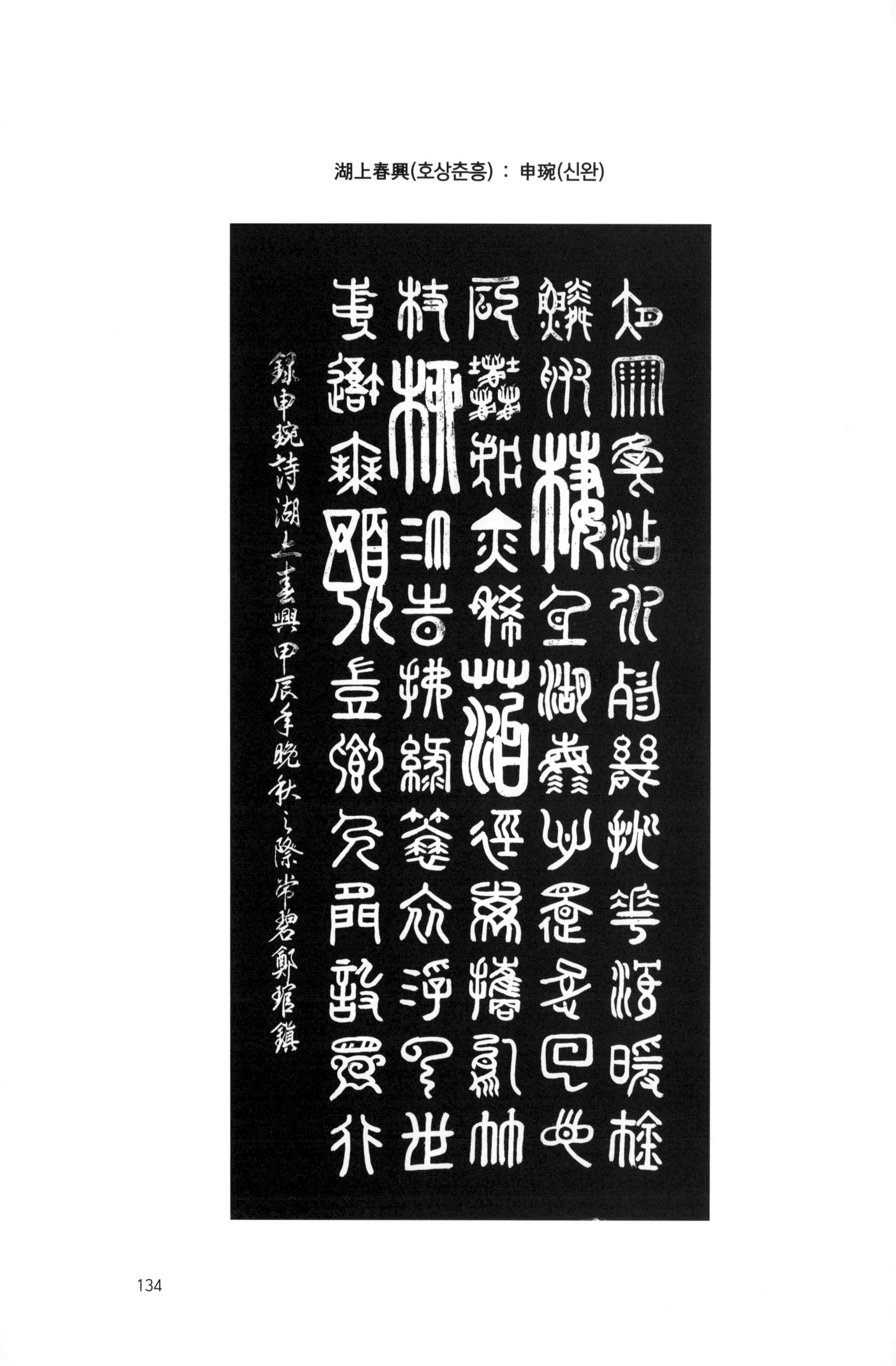

湖上春興(호상춘흥) : 申琬(신완)

湖上春興(호상춘흥) : 봄날 호수 위에서 : 申琬(신완)

夜雨新添水沒磯(야우신첨수몰기) : 밤비에 물 불어 호수가 낚시터 잠기고
桃花浪暖錦鱗肥(도화랑난금린비) : 복사꽃 피고 물은 따뜻하여 물고기는 살찌네
棲身湖海心還逸(서신호해심환일) : 큰 호숫가에 사는 이 몸은 마음 편안하고
回首風塵夢亦稀(회수풍진몽역희) : 어지러운 세상일 돌아보기 꿈에서도 드물다
苔逕每携烏竹杖(태경매휴오죽장) : 이끼 낀 좁은 길을 늘 검은 대나무 지팡이 가지고 다니고
柳汀時拂綠簑衣(류정시불녹사의) : 물가 버드나무에서 때때로 도롱이 털어낸다.
浮雲世事吾無預(부운세사오무예) : 뜬구름 같은 세상일 나는 관여하지 않는데
豈向人間說是非(기향인간설시비) : 어찌 남에게 옳고 그름을 말하리

☞ **한자와 어구**

♠ 烏竹杖(오죽장) : 검은 대 지팡이
♠ 雨(비 우) ; 雨-총8획; [yǔ,yù] : 비, 많은 모양의 비유, 흩어지는 모양의 비유
♠ 添(더할 첨) ; 水-총11획; [tiān] : 더하다, 보태다, 성(姓), 맛을 더하다, 맛을 내다
♠ 肯(즐길 긍) : 감히
♠ 沒(가라앉을 몰) ; 水-총7획; [méi,mò] : 가라앉다, 잠기다, 물에 빠지다, 숨다, 숨기다, 다하다, 없어지다, 다 없애다
♠ 磯(물가 기) ; 石-총17획; [jī] : 물가, 강가의 자갈밭, 물결이 바위에 부딪히다
♠ 暖(따뜻할 난) ; 日-총13획; [nuǎn] : 따뜻하다, 따뜻하게 하다, 따뜻해지다
♠ 錦(비단 금) ; 金-총16획; [jǐn] : 비단, 아름다운 것의 비유
♠ 鱗(비늘 린{인}) ; 魚-총23획; [lín] : 비늘, 물고기, 비늘이 있는 동물
♠ 還(돌아올 환) ; 辵-총17획; [hái,huán] : 돌아오다, 복귀하다, 뒤돌아보다, 물러서다, 돌려보내다, 보상하다, 사방을 둘러보다
♠ 逸(달아날 일) ; 辵-총12획; [yì] : 달아나다, 없어지다, 잃다, 숨다
♠ 塵(티끌 진) ; 土-총14획; [chén] : 티끌, 흙먼지, 속사(俗事), 속세(俗世)
♠ 夢(꿈 몽) ; 夕-총14획; [mèng] : 꿈, 꿈꾸다, 공상, 환상
♠ 稀(드물 희) ; 禾-총12획; [xī] : 드물다, 성기다, 적다, 묽다
♠ 拂(떨 불) ; 手-총8획; [fú] : 떨다, 먼지 따위를 떨다, 추어올리다, 치켜 올리다, 닦다, 씻다
♠ 携(끌 휴) ; 手-총13획; [xié] : 끌다, 이끌다, 들다, 손에 가지다, 잇다,

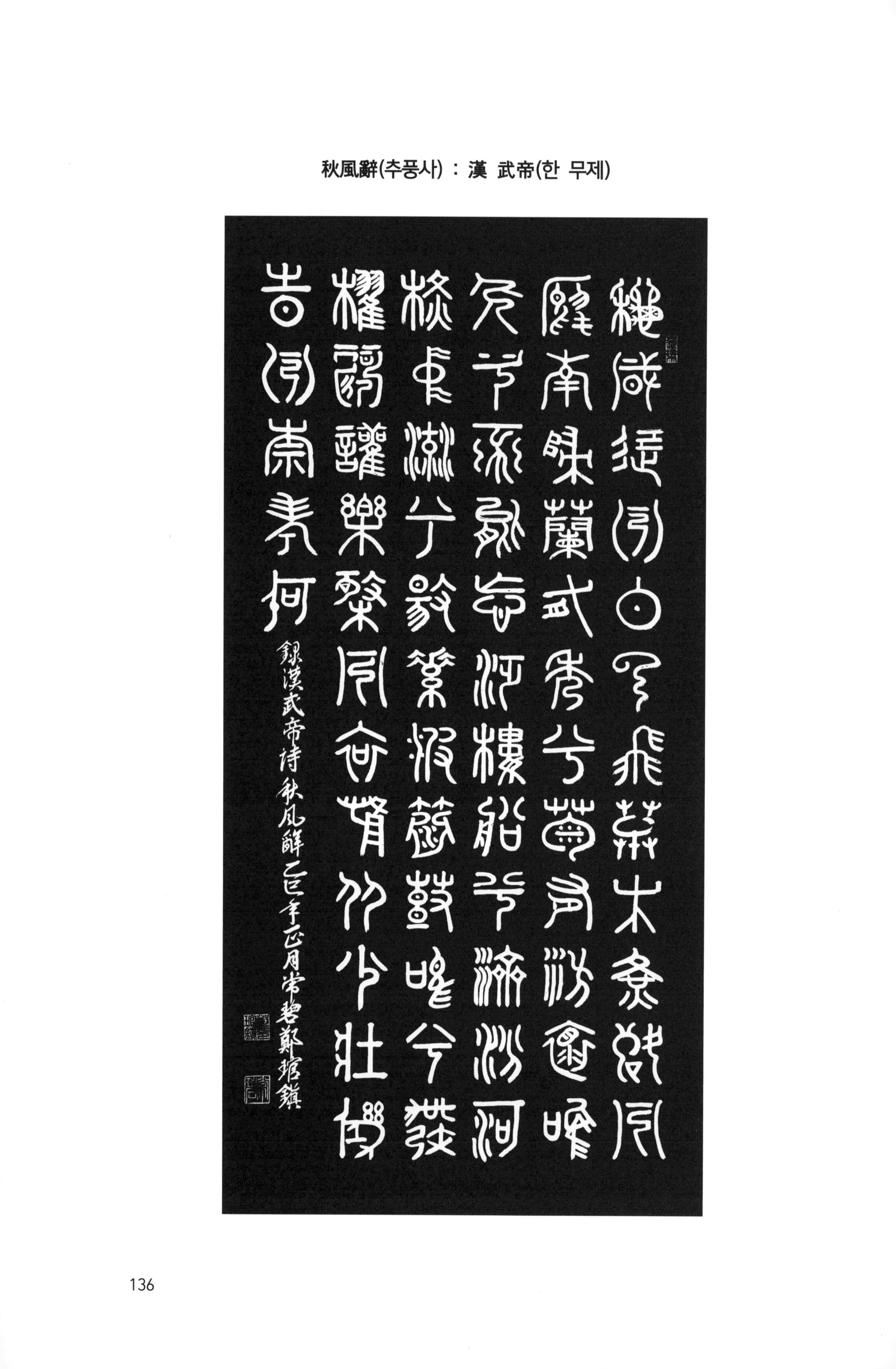

秋風辭(추풍사) : 漢 武帝(한 무제)

秋風起兮白雲飛 草木黃落兮雁南歸 蘭有秀兮菊有芳 懷佳人兮不能忘 汎樓船兮濟汾河 橫中流兮揚素波 簫鼓鳴兮發棹歌 歡樂極兮哀情多 少壯幾時兮奈老何

秋風辭(추풍사) - 가을바람을 노래한 시 : 漢 武帝(한 무제)

秋風起兮白雲飛(추풍기혜백운비) : 가을바람 일어나니 흰 구름 날리고,

草木黃落兮鴈南歸(초목황락혜안남귀) : 초목이 누렇게 시드니 기러기가 남쪽으로 돌아가도다.

蘭有秀兮菊有芳(난유수혜국유방) : 난초는 빼어나게 아름답고, 국화는 향기로운데

懷佳人兮不能忘(회가인혜불능망) : 아름다운 사람 그리워함이여, 잊을 수가 없도다.

泛樓船兮濟汾河(범루선혜제분하) : 누선(樓船)을 타고 분하(汾河)를 건너며,

橫中流兮揚素波(횡중류혜양소파) : 강물 가운데를 가로질러 가니 흰 물결이 이는구나.

簫鼓鳴兮發棹歌(소고명혜발도가) : 피리 불고 북소리 울리며 뱃노래를 부르니

歡樂極兮哀情多(환락극혜애정다) : 기쁨과 즐거움이 다하면 슬픈 마음 많아지도다.

少壯幾時兮奈老何(소장기시혜내로하) : 젊은 날이 그 얼마 동안인가? 이내 늙음을 어찌하리오!

☞ **한자와 어구**

♠ 辭(말 사) : 문체(文體)의 하나. 초사(楚辭) 등의 가사(歌詞)로 한 대(漢代)에는 '사부(辭賦)'라 했다.

♠ 黃落(황락) : 풀이나 나뭇잎이 누렇게 변하여 떨어짐〈禮記 月令〉

♠ 雁南歸(안남귀) : 겨울이 가까워 기러기가 남쪽으로 날아감.

♠ 佳人(가인) : 고운 여자. 미인 ♠ 樓船(누선) : 다락이 있는 배.

♠ 汾河(분하) : 산서성 대원시(太原市)에서 서남쪽으로 흘러 하진시(河津市)에서 황하와 합류되는 강.

♠ 中流(중류) : 강의 중간. 강 가운데.

♠ 素波(소파) : 흰 파도 ♠ 簫鼓(소고) : 퉁소와 북.

♠ 棹歌(도가) : 뱃노래. 노를 저으며 부르는 사공의 노래. 도가(櫂歌).

♠ 歡樂(환락) : 기뻐하고 즐거워함

♠ 哀情(애정) : 가엾이 여기는 마음. 슬픈 정.

♠ 幾時(기시) : 그 얼마나 긴 시간이리오. 라고 읽힌다.

♠ 老何(노하) : 어찌하랴. 노(老)는 목적어임.

♠ 懷(품을회) : 心-총19획; [huái] : 품다, 품, 품안, 가슴, 마음, 생각, 정(情)

夜坐(야좌) : 申欽(신흠)

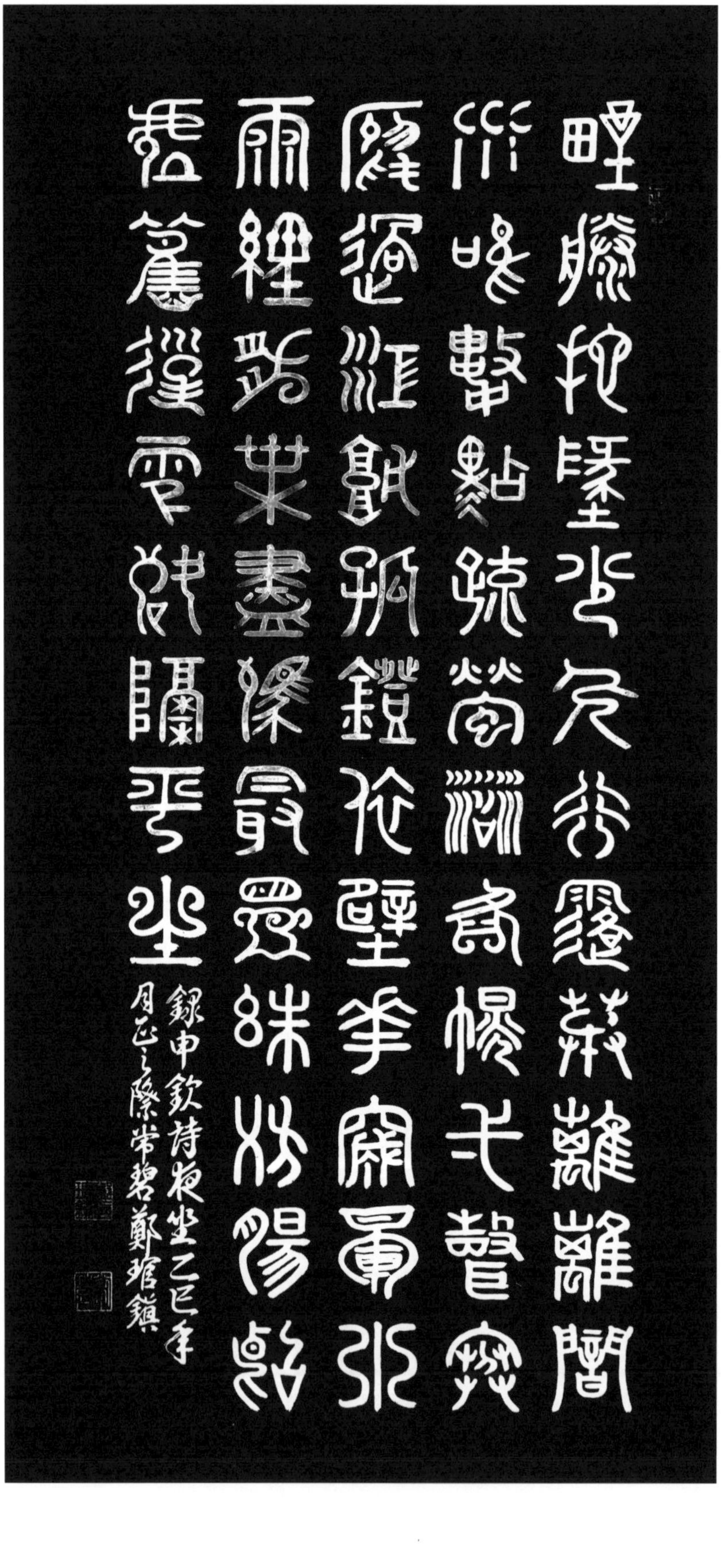

夜坐(야좌) - 밤에 홀로 앉아 : 申欽(신흠)

野藤拖地少人行(야등타지소인행) : 들판 덩굴 땅에 뻗어있고 지나는 사람 적은데
露草離離暗水鳴(로초리리암수명) : 이슬 맺힌 풀들 무성하고 은은한 도랑물 소리
數點疎螢流客幌(수점소형류객황) : 두세 점의 반딧불은 객창 휘장에 날고
一聲寒雁過江城(일성한안과강성) : 외마디 찬 소리, 기러기 江城을 지난다.
孤燈依壁花成暈(고등의벽화성훈) : 벽에 달린 외로운 등불이 흐리게 빛무리 이룬다.
小雨經林葉盡驚(소우경림엽진경) : 숲 지나는 가랑비에 나뭇잎도 놀라는구나!
最是殊方腸斷處(최시수방장단처) : 가장 애끊는 일은 타향의 이러한 곳
舊遊零落隔平生(구유령락격평생) : 한평생 옛벗들이 초라하게 떨어져 산다오

☞ **한자와 어구**

♠ 藤(등나무 등) : 艸-총19획; [téng] : 등나무, 등(藤), 등나무, 참깨

♠ 拖(끌 타) : 手-총8획; [tuō] : 끌다, 끌어당기다, 잡아끌다, 풀어 놓다, 마음대로 내버려 두다, 빼앗다, 빼앗기다

♠ 離(떼놓을 리{이}) : 隹-총19획; [lí] : 떼놓다, 기르다, 끊다, 나누다, 열다, 헤어지다, 물러나다, 떠나가다, 배반하다, 붙다, 부착하다, 나란히 줄서다

♠ 暗(어두울 암) : 日-총13획; [àn] : 어둡다, 주위가 어둡다, 사리에 어둡다, 밤, 어둠, 몰래, 남이 알지 못하게

♠ 鳴(울 명) : 鳥-총14획; [míng] : 울다, 날짐승이 소리를 내다, 울리다, 음향이 나다, 명성이 들날리다, 부르다, 새가 서로 짝을 구하여 부르다

♠ 疎(트일 소) : 疋-총12획; [shū] : 트다, 통하다, 트이다, 막힌 것이 트이다, 멀다, 친하지 않다, 우활하다, 서투르다, 늦다, 길다, 疏와 同字

♠ 幌(휘장 황) : 巾-총13획; [huǎng] : 휘장, 포장, 덮개, 술집에 세운 기

♠ 聲(소리 성) : 耳-총17획; [shēng] : 소리, 음향, 음성, 소리를 내다, 탄식하는 따위의 소리, 음악

♠ 壁(벽 벽) : 土-총16획; [bì] : 벽, 울타리, 벼랑

♠ 盡(다될 진) : 皿-총14획; [jìn,jǐn] : 다되다, 비다, 줄다, 없어지다, 끝나다, 그치다, 죽다, 다하다, 한도에 이르다, 죄다 보인다, 맡기다, 몰살하다,

♠ 驚(놀랄 경) : 馬-총23획; [jīng] : 놀라다, 겁내다, 두려워하다, 동요하다, 어지러워지다, 떠들다, 일어서다, 놀래다, 놀라게 하다, 빠르다, 신속하다

♠ 斷(끊을 단) : 斤-총18획; [duàn] : 끊다, 절단하다, 쪼개다, 근절시키다

水鍾寺(수종사) : 李明漢(이명한)

水鍾寺(수종사) - 운길산에 있는 절 : 李明漢(이명한)

暮倚高樓第一層(모의고루제일층) : 저물녘 높은 누각 아래층에 기대어 서니
石壇秋葉露華凝(석단추엽노화응) : 돌 제단에 떨어진 낙엽에 이슬 꽃이 맺혔네
群山袞袞蟠三縣(군산곤곤반삼현) : 뭇 산들 연 이어져 세 고을을 에워싸고
大水滔滔謁二陵(대수도도알이릉) : 큰 강물 도도히 흐르며 두 능에 알현하네
煙際喚船沽酒客(연제환선고주객) : 안개 저편엔 배를 불러 술 사려는 나그네요
月邊飛錫渡江僧(월변비석도강승) : 달빛 아래엔 순유하는 스님이 배 타고 강 건너네
酣來暫借蒲團睡(감래잠차포단수) : 술 얼큰하게 취해 부들자리에서 눈 잠깐 붙이려니
古壁蓮花照佛燈(고벽연화조불등) : 낡은 벽 연꽃 위로 부처의 등불이 비치네

☞ **한자와 어구**

♠ 水鍾寺(수종사) : 경기도 남양주시 운길산에 위치한 절, 남한강과 북한강이 합류하는 두물머리를 조망할 수 있은 곳이며, 서거정은 동국 세일의 승경(勝景)이라 상찬(賞讚)했다
♠ 袞袞(곤곤) : 뭇 산들이 연속하여 끊이지 않고 이어진 모양
♠ 三縣(삼현) : 광주, 양평, 양주의 세 고을
♠ 滔滔(도도) : 물이 출렁출렁 흘러가는 모양
♠ 飛錫(비석) : 승려나 도사가 순례하러 돌아다님을 이르는 말
♠ 二陵(이릉) : 조선 성종의 능인 선릉(宣陵)과 중종의 능인 정릉(靖陵)
♠ 蒲團(포단) : 부들로 둥글게 틀어 만든 자리
♠ 暮(저물 모) : 日-총15획; [mù] : 저물다, 해 질 무렵, 저물 무렵, 밤
♠ 凝(엉길 응) : 冫-총16획; [níng] : 엉기다, 춥다, 엄하다, 심하다
♠ 袞(곤룡포곤) : 衣-총11획; [gǔn] : 곤룡포
♠ 縣(매달 현) : 糸-총16획; [xiàn] : 매달다, 줄로 목을 공중에 달다, 높이 걸다, 공포하다, 걸리다, 사이가 멀리 뜨다.
♠ 滔(물넘칠 도) : 水-총13획; [tāo] : 물이 넘치다, 넓다, 크다, 차다, 그득하다
♠ 邊(가 변) : 辵-총19획; [biān] : 가, 가장자리, 근처, 부근, 일대, 끝, 한계
♠ 睡(잘 수) : 目-총13획; [shuì] : 자다, 잠, 꽃이 오므라지는 모양

使宋過泗州龜山寺(사송과사주구산사) : 朴寅亮(박인량)

使宋過泗州龜山寺(사송과사주구산사)
- 사신 길에 송나라 사주 구산사를 지나며 : 朴寅亮(박인량)

巉巖怪石疊成山(참암괴석첩성산) : 큰 바위 기암괴석 쌓여 산을 이루고
山有蓮坊水四環(산유연방수사환) : 강물에 둘러싸인 산 위에 절이 있구나.
塔影倒江飜浪底(탑영도강번랑저) : 탑 그림자 강물에 어려 흔들리고
磬聲搖月落雲間(경성요월락운간) : 풍경소리 달을 깨워 구름 위로 퍼져간다.
門前客棹洪波急(문전객도홍파급) : 넘실대는 파도 따라 바쁘게 노 젓는 나그네
竹下僧碁白日閑(죽하승기백일한) : 스님이 대나무 아래 바둑 두는 한가한 대낮
一奉皇華堪惜別(일봉황화감석별) : 사신의 길이기에 떠나지만 아쉬움 남아
更留詩句約重攀(갱유시구약중반) : 다시 오겠다고 기약하며 시를 남긴다.

☞ **한자와 어구**

♠ 泗州 龜山寺(사주 구산사) : 강소성 사흥 사양 숙천에 있었던 절
♠ 巉(가파를 참) : 山-총20획; [chán] : 가파르다
♠ 巖(바위 암) : 山-총23획; [yán] : 바위, 가파르다, 험하다, 낭떠러지
♠ 疊(겹쳐질 첩) : 田-총22획; [dié] : 겹쳐지다, 접쳐지다, 접다, 쌓다, 포개다, 여러 겹이 되다
♠ 環(고리 환) : 玉-총17획; [huán] : 환옥(環玉), 고리, 돌다
♠ 飜(뒤칠 번) : 飛-총21획; [fān] : 뒤치다, 엎어지다, 날다, 물이 넘쳐흐르다
♠ 磬(경쇠 경) : 石-총16획; [qìng] : 경쇠, 비다, 다하다, 말을 달리다.
♠ 搖(흔들릴 요) : 手-총13획; [yáo] : 흔들리다, 움직이다, 흔들다, 오르다, 올라가다
♠ 棹(노 도) : 木-총12획; [zhào] : 노, 키, 노를 젓다, 책상, 卓의 俗字
♠ 波(물결 파) : 水-총8획; [bō] : 물결, 물결이 일다, 파도가 일어나다, 주름
♠ 急(급할 급) : 心-총9획; [jí] : 급하다, 갑자기(亟), 빠르다
♠ 碁(바둑 기) : 石-총13획; [qí] : 바둑, 바둑돌, 장기, 장기짝, 바둑을 두다, 장기를 두다, 또는 그 놀이, 기(棋)와 同字
♠ 堪(견딜 감) : 土-총12획; [kān] :견디다, 뛰어나다, 낫다, 하늘, 천도(天道)
♠ 攀(더위잡을 반) : 手-총19획; [pān] : 더위잡다, 무엇을 붙잡고 오르다, 매달리다, 달라붙다, 의지하다, 힘으로 이용하다.

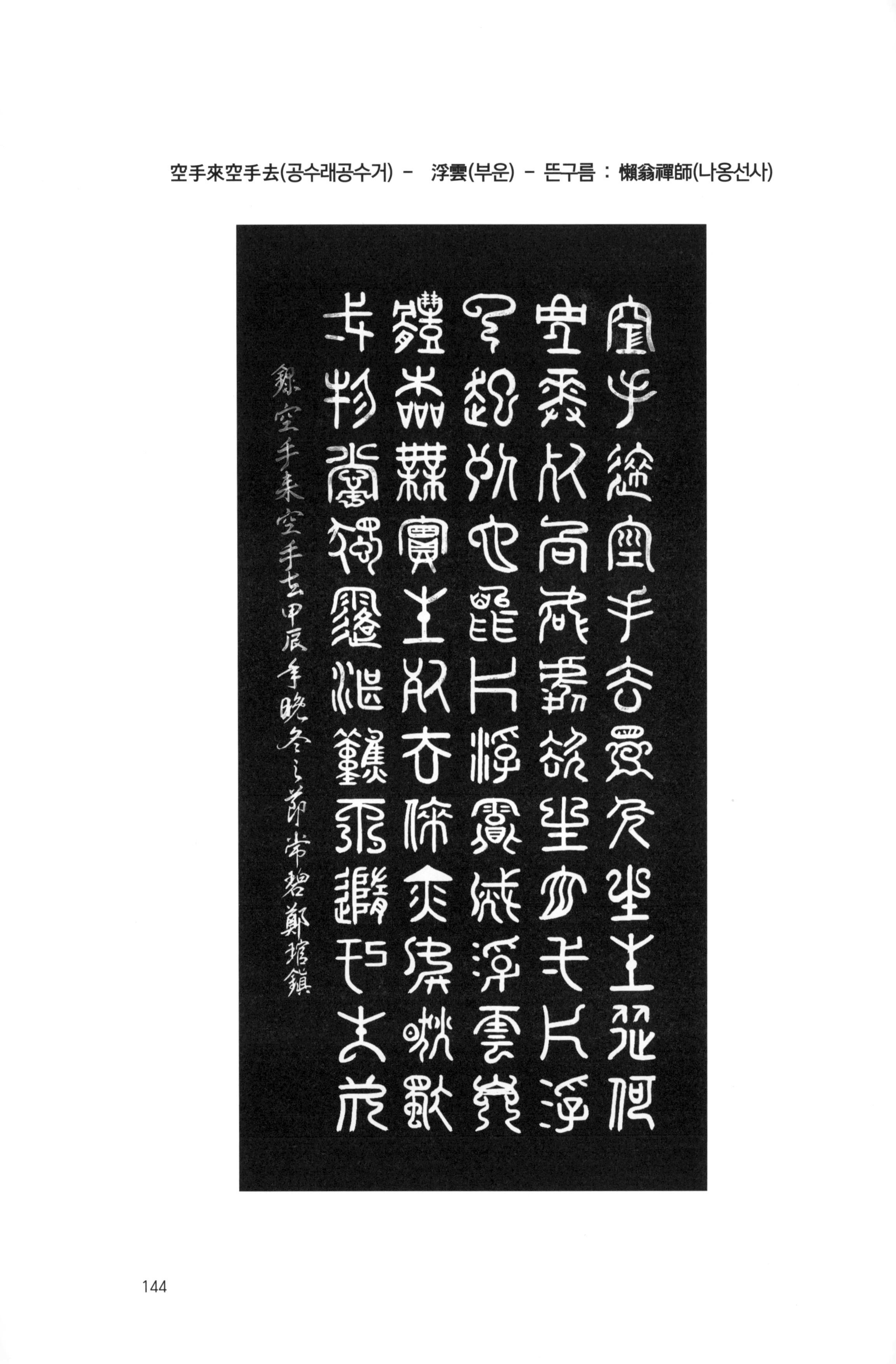

空手來空手去(공수래공수거) - 浮雲(부운) - 뜬구름 : 懶翁禪師(나옹선사)

空手來空手去(공수래공수거) - 浮雲(부운) - 뜬구름
: 懶翁禪師(나옹선사)의 누나가 나옹선사로부터 염불을 배우고 나서 읊은 시

空手來空手去是人生(공수래공수거시인생) : 빈손으로 왔다가 빈손으로 가는 인생이여
生從何處來死向何處去(생종하처래사향하처거) : 날 때는 어느 곳에서 왔으며, 갈 때는 어느 곳으로 가는가?
生也一片浮雲起(생야일편부운기) : 나는 것은 한 조각 구름이 인 듯하고
死也一片浮雲滅(사야일편부운멸) : 죽는 것은 한 조각 구름이 스러지는 것
浮雲自體本無實(부운자체본무실) : 뜬구름 자체는 본래 자체가 실이 없나니
生死去來亦如然(생사거래역여연) : 죽고 사는 것도 역시 이와 같도다
獨一物常獨露(독일물상독로) : 그러나 여기 한 물건이 항상 홀로 드러나
湛然不隨於生死(담연불수어생사) : 담연히 생사를 따르지 않네

☞ **한자와 어구**

♠ 고려 공민왕 때 왕사(王師)를 지냈던 나옹화상(懶翁和尙)의 누님이 동생인 나옹에게 염불을 배우고 나서 득도 후 스스로 읊었다는 <부운(浮雲)>이라는 선시(禪詩) 라고 한다.

♠ 空(빌 공) : 穴-총8획; [kōng,kòng] : 비다, 다하다, 없다, 모자라다, 내실이 없다, 근거가 없다, 쓸쓸하다, 부질없이, 헛되이, 비게 하다

♠ 手(손 수) : 手-총4획; [shǒu] : 손, 사람, 힘, 도움이 될 힘이나 행위

♠ 來(올래 {내}) : 人-총8획; [lái,lài] : 오다, 장래, 부르다

♠ 去(갈 거) : 厶-총5획; [qù] : 가다, 떠나다, 잃다, 잃어버리다, 배반하다

♠ 是(옳을 시) : 日-총9획; [shì] : 옳다, 바르다, 옳다고 하다, 바르다고 인정하다, 바로잡다, 바르게 하다

♠ 從(좇을 종) : 彳-총11획; [cóng] : 좇다, 순직하다, 숙부드럽다, 나아가다

♠ 何(어찌 하) : 人-총7획; [hé] : 어찌, 무엇, 얼마

♠ 處(살 처) : 虍-총11획; [chù,chǔ] : 살다, 머물러 있다, 남아서 지키다, 묵다, 쉬다, 마음을 두다, 거처하다, 자리를 차지하고 있다, 집에 있다, 야(野)에 있다, 벼슬을 하지 않다, 두다, 자리 잡고 있다, 안정시키다, 저축하다

♠ 浮(뜰 부) : 水-총10획; [fú] : 뜨다, 둥실둥실 떠 움직이다, 떠오르다

♠ 湛(즐길 담) : 水-총12획; [zhàn] : 즐기다, 빠지다, 탐닉하다, 술에 빠지다, 맑다

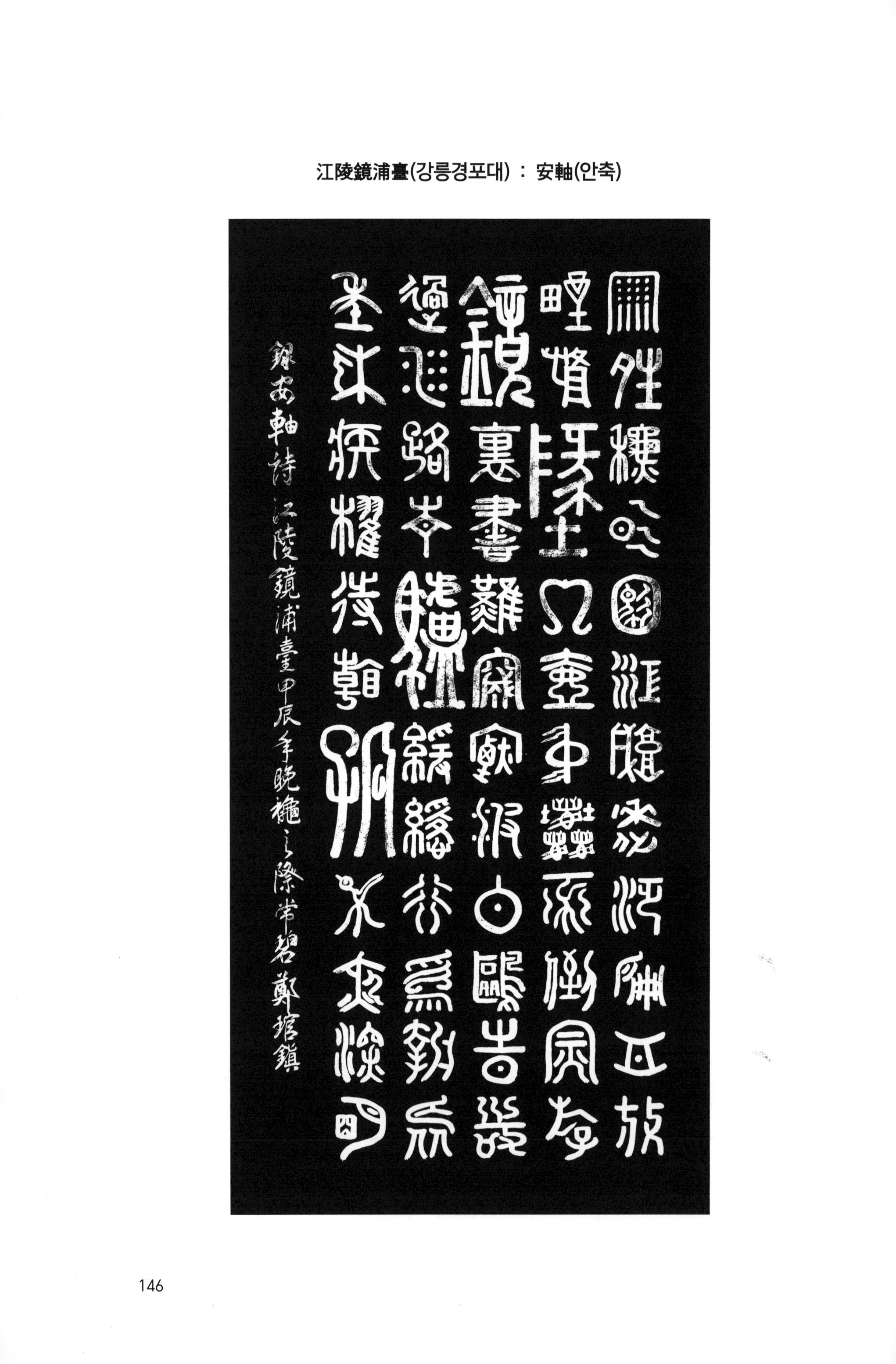

錄安軸詩 江陵鏡浦臺 甲辰年晩穐之際 常碧 鄭瑢鎭

江陵鏡浦臺(강릉경포대) - 강릉 경포대 호수 : 安軸(안축)

雨晴秋氣滿江城(우청추기만강성) : 비 개니 가을 기운 강언덕에 가득하고
來泛扁舟放野情(내범편주방야정) : 다가오는 조각배는 한껏 소박한 정취로다.
地入壺中塵不倒(지입호중진불도) : 땅은 병 속에 들어 티끌도 이르지 못하고
天遊鏡裏畵難成(천유경리화난성) : 하늘은 경포 속에 노니 그리기 어렵도다.
烟波白鷗時時過(연파백구시시과) : 아지랑이 물결에 흰 갈매기만 때때로 오가고
沙路靑驢緩緩行(사로청려완완행) : 모랫길엔 나귀가 느릿느릿 가는구나!
爲報長年休疾棹(위보장연휴질도) : 늙은 사공 보고 힘든 삿대길 쉬게 하고
待看孤月夜深明(대간고월야심명) : 홀로 뜬 달 바라보니 밤 더욱 밝구려.

☞ **한자와 어구**

♠ 塵不倒(진불도) : 티끌 하나 없다. ♠ 江城(강성) : 강릉을 말함.
♠ 烟波(연파) : 바다 위에 안개가 낮게 깔림
♠ 靑驢(청려) : 털빛이 검푸른 당나귀
♠ 爲報(위보) : 앞에 두 구절을 말함(즉, 그러한 광경을 바라보다)
♠ 晴(갤 청) : 日-총12획; [qíng] : 개다, 비가 그치다, 하늘에 구름이 없다, 마음이 개운하다.
♠ 城(성 성) : 土-총10획; [chéng] : 성, 나라, 도읍, 구축하다, 성을 쌓다
♠ 泛(뜰 범) : 水-총8획; [fàn] : 뜨다, 띄우다, 물이 가득 찬 모양, 물을 붓다, 물을 뿌리다
♠ 扁(넓적할 편) : 戶-총9획; [biǎn,piān] : 넓적하다, 납작하다, 액자, 낮고 얕은 모양
♠ 放(놓을 방) : 攴-총8획; [fàng] : 놓다, 내치다, 쫓아내다, 추방하다, 놓이다, 석방되다, 추방되다
♠ 野(들 야) : 里-총11획; [yě] : 들, 들판, 백성, 촌스럽다, 거칠다
♠ 壺(병 호) : 士-총12획; [hú] : 병, 단지, 박, 투호(投壺), 병에 화살을 던져 승부를 가리는 놀이
♠ 鏡(거울 경) : 金-총19획; [jìng] : 거울, 거울삼다, 경계삼다, 비추다, 밝히다
♠ 畵(그림 화) : 田-총13획; [huà] : 그림, 그리다, 채색, 색을 칠하다
♠ 鷗(갈매기 구) : 鳥-총22획; [ōu] : 갈매기

勸學文(권학문) : 眞宗皇帝(진종황제, 송진종)

勸學文(권학문) - 배움을 권장하는 글 : 眞宗皇帝(진종황제, 송진종)

富家不用買良田(부가불용매양전) : 집을 부하게 하려고 좋은 밭 사려 말라.
書中自有千種粟(서중자유천종속) : 책 속에 본디 수없이 많은 재물이 있다.
安居不用架高堂(안거불용가고당) : 삶을 편안히 살려고 큰 집을 짓지 말라.
書中自有黃金屋(서중자유황금옥) : 책 속에 본디 황금으로 꾸민 집이 있다.
出門莫恨無人隨(출문막한무인수) : 문 나설 때 따르는 자 없다 한탄 말라.
書中車馬多如簇(서중거마다여족) : 책 속에 말과 수레가 떨기처럼 많도다.
取妻莫恨無良媒(취처막한무량매) : 장가들 때 좋은 중매 없다 한탄 말라.
書中有女顔如玉(서중유녀안여옥) : 책 속에 옥 같은 얼굴의 미인이 있다.
男兒欲逐平生志(남아욕축평생지) : 사나이가 평생의 뜻 이루고자 한다면
六經勤向窓前讀(육경근향창전독) : 육경을 창 앞에 펴놓고 열심히 읽으라.

☞ **한자와 어구**

♠ 千鍾粟(천종속) : 천종(千鍾)은 6천 4백 곡으로 많은 곡식을 가리킨다. 1종은 여섯 섬 너말이다. 粟(속)이 祿(녹:녹봉)으로 되어있는 본도 있다.
♠ 黃金屋(황금옥) : 황금으로 지붕을 장식한 훌륭한 집.
♠ 娶妻(취처) : 아내를 맞음. 장가듦.
♠ 六經(육경) : 유교의 여섯 경전. 〈시경(詩經)、서경(書經)、예기(禮記)、악경(樂經)、역경(易經)、춘추(春秋)>를 가리켜 육경이라 하였다. 악경은 진 나라 때 불에 타 없어져 오경이라 부르게 되었는데, 〈악경〉 대신 〈주례(周禮)>를 넣어 육경이라 부르기도 하였다.
♠ 買(살 매) : 貝-총12획; [mǎi] : 사다, 성(姓)
♠ 良(좋을 량{양}) : 艮-총7획; [liáng] : 좋다, 어질다, 뛰어나다, 아름답다, 경사스럽다, 공교하다, 편안하다, 순진하다, 잘, 능히, 진실로, 정말
♠ 簇(족) : 무리, 떨기
♠ 粟(조 속) : 米-총12획; [sù] : 조, 오곡의 총칭, 벼, 찧지 아니한 곡식
♠ 莫(없을 막{저물 모,고요할 맥}) : 艸-총11획; [mò] : 없다, 저물다, 고요하다, 말다, 정하다, 해 질 무렵, 저녁, 크다, 꾀하다, 무성하다, 엷다, 늦다
♠ 媒(중매 매) : 女-총12획; [méi] : 중매, 중매하다, 매개, 매개하다, 술밑, 누룩
♠ 顔(얼굴 안) : 頁-총18획; [yán] : 얼굴, 낯, 안면, 표정, 면목, 체면, 염치,

閨中怨(규중원) : 李梅窓(이매창)

閨中怨(규중원) - 깊은 안방의 원망 : 李梅窓(이매창)

瓊苑梨花杜宇啼(경원리화두우제) : 옥 정원의 배나무 꽃피자 두견새가 우는데
滿庭蟾影更凄凄(만정섬영갱처처) : 뜰에 가득한 달그림자는 더욱 처량하구나
相思欲夢還無寐(상상욕몽환무매) : 서로 그리워 꿈꾸려 하나 도리어 잠도 없고
起倚梅窓聽五鷄(기의매창청오계) : 일어나 매화 핀 창에 기대니 새벽닭이 우네
竹阮春深曙色遲(죽원춘심서색지) : 대나무 관문엔 봄이 깊어 새벽빛이 더딘데
小庭人寂落花飛(소정인적락화비) : 작은 뜰엔 인적 없이 떨어진 꽃잎 흩날리네
瑤箏彈罷江南曲(요쟁탄파강남곡) : 아름다운 옥 아쟁으로 강남곡 연주를 마치고
萬斛愁懷一片詩(만곡수회일편심) : 아주 많은 근심과 회포 한 편의 시로 지었네

☞ **한자와 어구**

♠ 瓊苑(경원) : 예쁘게 가꾸워진 정원 ♠ 萬斛(만곡) : 아주 많은 분량
♠ 杜宇(두우) : 杜鵑(두견)이, 소쩍새, 두견새
♠ 蟾影(섬영) : 달그림자
♠ 凄凄(처처) : 외롭고 서글픈 모양, 소슬한 바람이 부는 모양
♠ 五鷄(오계) : 오경(새벽 3시 - 새벽 5시)을 알리는 닭 즉 새벽닭
♠ 愁懷(수회) : 근심하는 회포.
♠ 瓊(옥 경) : 玉-총19획; [qióng] : 옥, 옥의 아름다운 빛깔, 주사위
♠ 啼(울 제) : 口-총12획; [tí] : 울다, 새나 짐승들이 울다, 울부짖다
♠ 蟾(두꺼비 섬) : 虫-총19획; [chán] : 두꺼비, 달, 또는 달빛, 연적(硯滴)
♠ 還(돌아올 환) : 辵-총17획; [hái,huán] : 돌아오다, 복귀하다, 뒤돌아보다, 물러서다, 돌려보내다, 보상하다, 사방을 둘러보다
♠ 寐(잠잘 매) : 宀-총12획; [mèi] : 잠자다, 죽다, 곤들매기(鮇)
♠ 聽(들을 청) : 耳-총22획; [tīng] : 듣다, 자세히 듣다, 기다리다, 받다, 받아들이다
♠ 鷄(닭 계; 鳥-총21획; [jī]) : 닭, 가금(家禽)
♠ 曙(새벽 서) : 日-총18획; [shǔ] : 새벽, 날이 밝다, 밤이 새다, 때, 아침
♠ 遲(늦을지) : 辵-총16획; [chí] : 늦다, 더디다, 게을리하다
♠ 瑤(아름다운 옥 요) : 玉-총14획; [yáo] : 아름다운 옥, 아름다운 돌, 사물의 미칭, 북두 자루
♠ 箏(쟁 쟁) : 竹-총14획; [zhēng] : 쟁, 거문고 비슷한 13현의 악기, 풍경
♠ 懷(품을 회) : 心-총19획; [huái] : 품다, 품, 품 안, 가슴, 마음, 생각, 정(情)

浮石寺(부석사) : 金炳淵(김병연)

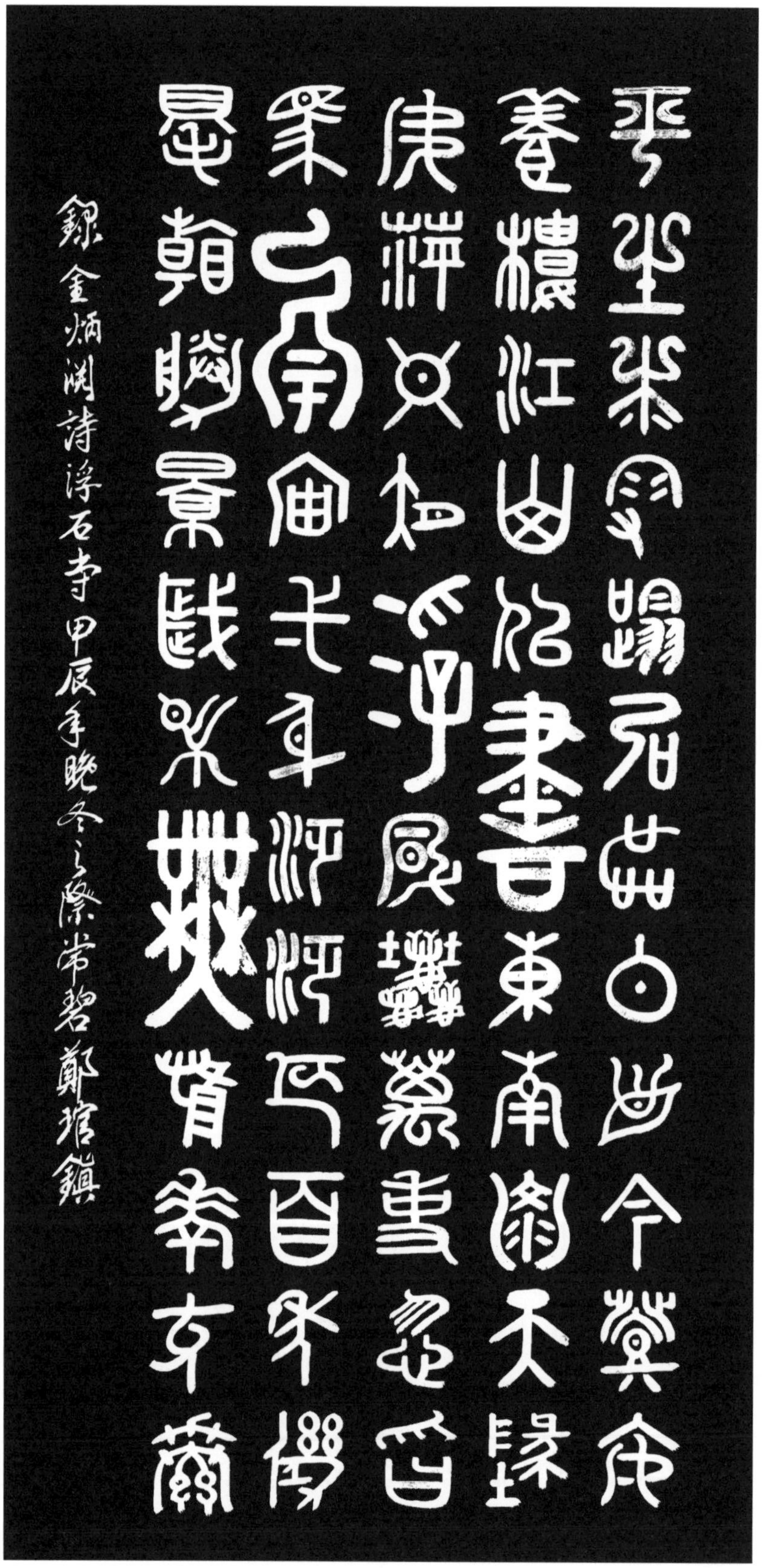

浮石寺(부석사) - 영주시에 있는 화엄종 사찰 : 金炳淵(김병연)

平生未暇踏名區(평생미가답명구) : 평생에 여가 없어 이름난 곳 못 왔더니
白首今登安養樓(백수금등안양루) : 백수가 된 오늘에야 안양루에 올랐구나
江山似畵東南列(강산사화동남열) : 그림 같은 강산은 동남으로 벌려있고
天地如萍日夜浮(천지여평일야부) : 천지는 부평 같아 밤낮으로 또 있구나
風塵萬事忽忽馬(풍진만사홀홀마) : 지나간 모든 일이 말을 타고 달려온 듯
宇宙一身泛泛鳧(우주일신범범부) : 우주간에 내 한 몸이 오리처럼 헤엄치네
百年幾得看勝景(백년기득간승경) : 백년 동안 몇 번이나 이런 경치 구경할까?
歲月無情老丈夫(세월무정노장부) : 세월은 무정하다 나는 벌써 늙어 있네

☞ **한자와 어구**

♠ 白首(백수) : 머리가 흰 상태, 즉 노년을 말함
♠ 萍(평) : 개구리밥. 부평초
♠ 忽(소홀히 할 홀) : 心-총8획; [hū] : 소홀히 하다, 갑자기, 돌연, 다하다, 멸(滅)하다, 말하다
♠ 鳧(오리 부) : 鳥-총13획; [fú] : 오리, 산 이름

♠ 김 삿갓에 관한 이야기 *

김병연(金炳淵, 1807년(순조 7년) ~ 1863년(철종 14년))은 조선 후기의 풍자·방랑 시인이다.
속칭 김삿갓으로 널리 알려져 있으며 '삿갓 립'(笠)자를 써서 김립(金笠)이라고도 한다.
본관은 안동(安東)이며, 자는 성심(性深), 호는 난고(蘭皐)이다. 선대의 조상을 살펴보면 9대조부는 병자호란 때 척화 대신으로 유명한 청음 김상헌의 사촌형인 형조참판을 지낸 김상준이며 5대조 부는 황해도 병마절도사 김시태, 고조부는 전 의현감 김관행, 증조부는 경원 부사 김이환이다.
그의 조부 김익순이 홍경래의 난 때 선천 부사로 있다가 반란군 세력에 투항한 것을 비난하는 시로 장원 급제한 것을 수치로 여겨, 일생을 삿갓으로 얼굴을 가리고 단장을 벗으로 삼아 각지로 방랑을 했다.
도처에서 독특한 풍자와 해학 등으로 퇴폐하여 가는 세상을 개탄했다. 그의 수많은 한문 시가 구전되고 있다.

靑山兮要我(청산혜요아) : 無常念(무상념) : 懶翁禪師(나옹선사)

靑山兮要我(청산혜요아) : 無常念(무상념) - 청산은 나를 보고
: 懶翁禪師(나옹선사)

靑山兮要我以無語(청산혜요아이무어) : 청산은 나를 보고 말없이 살라하고
蒼空兮要我以無垢(창공혜요아이무구) : 창공은 나를 보고 티 없이 살라하네
聊無愛而無憎兮(료무애이무증혜) : 사랑도 벗어놓고 미움도 벗어놓고
如水如風而終我(여수여풍이종아) : 물같이 바람같이 살다가 가라 하네
靑山兮要我以無語(청산혜요아이무어) : 청산은 나를 보고 말없이 살라하고
蒼空兮要我以無垢(창공혜요아이무구) : 창공은 나를 보고 티 없이 살라하네
聊無怒而無惜兮(료무노이무석혜) : 성냄도 벗어놓고 탐욕도 벗어놓고
如水如風而終我(여수여풍이종아) : 물같이 바람같이 살다가 가라 하네

☞ **한자와 어구**

♠ 靑山(청산) : 나무가 무성(茂盛)하여 푸른 산(山)
♠ 兮(어조사 혜) : 어조사(語助辭). 감탄사(感歎詞)
♠ 要(요긴할 요/허리 요) : 요긴하다(要緊--), 바라다. 조사하다
♠ 蒼空(창공) ; 푸른 하늘. 창천(蒼天)
♠ 無垢(무구) : 때가 묻지 않고 맑고 깨끗함. 꾸밈없이 자연 그대로 순박함.
♠ 聊(귀 울 료(요)) : 귀가 울다(이명 나다). 힘입다, 의지하다
♠ 終(끝 종) : 끝, 마지막
♠ 瞋怒/嗔怒(진노) : 성을 내며 노여워함. 또는 그런 감정.
♠ 貪慾(탐욕) : 지나치게 탐하는 욕심. 십악의 하나. 자신이 좋아하는 대상을 갖고 싶어 하고 또 구하는 마음을 이른다.
♠ 惜(아낄 석) : 아끼다. 소중히 여기다. 아깝다,

大丈夫의 道 (대장부의 도) : 孟子(맹자)

居天下之廣居立天下之正位
行天下之大道得志與民由之
不得志獨行其道富貴不能淫
貧賤不能移威武不能屈此之
謂大丈夫

錄孟子大丈夫道 甲辰年仲秋 常碧 鄭瑢鎭

大丈夫의 道 (대장부의 도) : 孟子(맹자)

居天下之廣居(거천하지광거) : 천하(天下)라는 넓은 집을 거처(居處)로 삼고
立天下之正位(입천하지정위) : 천하(天下)의 바른 자리에 서서
行天下之大道(행천하지대도) : 천하(天下)의 큰길을 걷는다.
得志與民由之(득지여민유지) : 뜻을 얻었을 때는 백성(百姓)과 함께 누리며
不得志獨行其道(부득지독행기도) : 그렇지 못하면 홀로 그 길을 간다.
富貴不能淫(부귀불능음) : 부귀(富貴)를 가지고도 마음을 흔들 수 없고
貧賤不能移(빈천불능이) : 가난과 천대(賤待)로도 마음을 바꿔놓지 못하며
威武不能屈(위무불능굴) : 위세(威勢)나 무력(武力)으로도 굴복(屈服)시킬 수 없으니
此之謂大丈夫(차지위대장부) : 이러한 사람을 가리켜 대장부(大丈夫)라 칭(稱)한다.

☞ **한자와 어구**

♠ 居(있을 거) : 尸-총8획; [jū] : 있다, 살다, 거주하다, 앉다, 차지하다
♠ 廣(넓을 광) : 广-총15획; [guǎng] : 넓다, 넓히다, 넓어지다
♠ 由(말미암을 유) : 田-총5획; [yóu] : 말미암다, 인연하다, 따르다, 본으로 히다, -에서, -에서부터, -을 통하여, 곡절, 사정, 연유
♠ 淫(음란할 음) : 水-총11획; [yín] : 음란하다, 간사하다, 도리에 어긋나다, 어지럽다, 어지럽히다
♠ 賤(천할 천) : 貝-총15획; [jiàn] : 천하다, 값이 싸다, 신분이 낮다, 자기를 겸칭하는 접두어, 천히 여기다, 신분이 낮은 사람
♠ 移(옮길 이) : 禾-총11획; [yí] : 옮기다, 딴 데로 가다, 변하다, 나아가다, 미치다, 떠나다, 피하다, 옮기다, 모내기하다, 바꾸다, 다른 데로 보내다, 움직이다, 양보하다
♠ 威(위엄 위) : 女-총9획; [wēi] : 위엄, 두려워하다, 으르다, 협박하다
♠ 武(굳셀 무) : 止-총8획; [wǔ] : 굳세다, 용맹하다, 자만하다, 남을 업신여기다, 군인, 병법, 무기, 무인
♠ 屈(굽을 굴) : 尸-총8획; [qū] : 굽다, 굽히다, 물러나다, 베다, 자르다
♠ 謂(이를 위) : 言-총16획; [wèi] : 이르다, 일컫다, 알리다, 설명하다, 비평.논술하다, 가리키다, 생각하다, 생각건대, 이름, 이르는 바, 취지, 일컬음, 명칭

白馬江(백마강) : 龜峯 宋翼弼(구봉 송익필)

白馬江(백마강) – 백마강 : 龜峯 宋翼弼(구봉 송익필)

百年文物摠成丘(백년문물총성구) : 백제의 문물이 이제 모두 언덕이 되고
歌舞煙沈杜宇愁(가무연침두우수) : 그 시절 노래와 춤 연기로 사라져 소쩍새 슬픔이 되었네.
投馬有臺雲寂寂(투마유대운적적) : 말 던져 용을 낚은 조룡대에는 구름만 적적하고
落花無迹水悠悠(락화무적수유유) : 몸 던진 꽃 같은 궁녀들 자취 없고 강물만 유유히 흘러간다.
孤舟白髮傷時淚(고주백발상시루) : 외 딴 배에 몸 실은 늙은이 시절을 한탄하며 눈물짓고
一笛靑山故國秋(일적청산고국추) : 푸른 산에 들려오는 피리 소리 옛 나라 백제의 가을이던가
欲弔忠魂何處是(욕조충혼하처시) : 충신을 넋을 위로하려 하나 어디가 그곳인고
令人長憶五湖舟(영인장억오호주) : 사람으로 하여금 오호의 배를 길이 타고 떠나고 싶게 한다.

☞ **한자와 어구**

♠ 杜宇(두우) ; 두견(杜鵑). 두견이. 소쩍새
♠ 令人(영인) ; 좋은 사람. 충직한 신하
♠ 五湖(오호) ; 중국 오(吳)나라와 월(越)나라 지방의 호수. 사기(史記)의 화식열전(貨殖列傳)에 따르면"춘추시대 말기 越나라 대부(大夫) 범려(范蠡: BC.536~ BC.448)가 월왕(越王)구천(句踐)을 도와 吳나라를 멸망시킨 뒤 자리에서 물러나 조각배를 타고 五湖로 떠나 숨었가"는 고사(故事)가 전함
♠ 臺(대) ; 조룡대(釣龍臺). 부여 고란사에서 백마강의 상류 쪽 강가에 있는 바위로 일명 용바위 · 용암. 전설에는 중국의 당(唐)나라 소정방(蘇定方)이 백제의 도성을 함락시키고, 백마(白馬)를 미끼로 강룡(江龍)을 낚았다 함. 신동국여지승람(新東國輿地勝覽)에는 "호암(虎岩)으로부터 물길을 따라 남쪽으로 내려가다가 부소산 아래에 이르면, 괴석(怪石)이 강가에 걸터앉은 듯하며 돌 위에는 용 발톱이 할퀸 흔적이 있다" 함
♠ 篴(적) ; 피리. 날카로운 소리
♠ 淚(눈물 루{누}) : 水-총11획; [lèi] : 눈물, 눈물 흘리다, 촛농이 떨어지다.

乍晴乍雨(사청사우) : 金時習(김시습)

乍晴還雨雨還晴天道猶然
況世情譽我便應還毁我逃
名却自爲求名花開花謝春
何管雲去雲來山不爭寄語
世人須記憶取歡無處得平生

錄金時習乍晴乍雨甲辰年仲秋之際 常碧 鄭瑄鎭

乍晴乍雨(사청사우) - 개었다가 다시 또 비 내리네 : 金時習(김시습)

乍晴乍雨雨還晴(사청사우우환청) : 잠깐 갰다 잠깐 비 오고 비 오다 다시 개니
天道猶然況世情(천도유연황세정) : 천도도 오히려 그러하거늘 하물며 세상의 정이야
譽我便應還毁我(예아편응환훼아) : 나를 칭찬하는가 했더니 곧 다시 나를 비방하고
逃名却自爲求名(도명각자위구명) : 이름을 피하는가 하면 도리어 이름을 구하네
花開花謝春何管(화개화사춘하관) : 꽃이 피고 꽃이 진들 봄이 무슨 상관이며
雲去雲來山不爭(운거운래산부쟁) : 구름 가고 구름 옴을 산은 다투지 않도다
寄語世上須記憶(기어세상수기억) : 세상에 말하노니 모름지기 기억하라
取歡無處得平生(취환무처득평생) : 어디서나 즐겨함은 평생 득이 되느니라

☞ **한자와 어구**

♠ 乍(잠깐 사) : 丿-총5획; [zhà] : 잠깐, 갑자기, 짓다
♠ 猶(오히려 유) : 犬-총12획; [yóu] : 오히려, 마치 -와 같다, 조차, 지금도 역시, 그 위에 더, 마땅히 -야 한다(應), 써(以)
♠ 天道(천도) : 자연의 이치
♠ 譽(기릴 예) : 言-총21획; [yù] : 기리다, 칭찬하다, 바로잡다, 가상히 여기다.
♠ 毁(헐 훼) : 殳-총13획; [huǐ] : 헐다, 상처를 입히다, 무찌르다, 패하게 하다
♠ 却(물리칠 각) : 卩-총7획; [què] : 물리치다, 물러나다, 그치다, 쉬다, 멎다
♠ 求名(구명) : 명예를 구하다.
♠ 花謝(화사) : 꽃이 지다.
♠ 管(피리 관) : 竹-총14획; [guǎn] : 피리, 대나무로 만든 악기의 총칭, 대롱
♠ 無處得平生(무처득평생) : 평생토록(기쁨) 얻을 곳은 없다.
♠ 箏(쟁 쟁) : 竹-총14획; [zhēng] : 쟁, 거문고 비슷한 13현의 악기,
♠ 須(모름지기 수) : 頁-총12획; [xū] : 모름지기, 마땅히, 수염, 기다리다, 대기하다
♠ 取(취할 취) : 又-총8획; [qǔ] : 취하다, 골라 뽑다, 돕다, 의지하다
♠ 歡(기뻐할 환) : 欠-총22획; [huān] : 기뻐하다, 기쁘게 하다, 기쁨, 즐거움

思親(사친) : 申師任堂(신사임당)

錄申師任堂思親詩甲辰年晩冬之際 常碧 鄭瑢鎭

思親(사친) - 어머니를 생각함 : 申師任堂(신사임당)

千里家山萬疊峰(천리가산만첩봉) : 천 리 먼 고향은 첩첩 산 너머라
歸心長在夢魂間(귀심장재몽혼간) : 가고픈 마음에 밤마다 꿈속에 찾아가네.
寒松亭畔雙輪月(한송정반쌍륜월) : 한송정 가에는 하늘과 물속에 달이 걸려있고
鏡浦臺前一陣風(경포대전일진풍) : 경포대 앞에는 한 줄기 바람 불어오네.
沙上白鷗恒聚散(사상백구항취산) : 바닷가 모래밭에 갈매기 모였다 흩어지고
波頭漁艇每西東(파두어정매서동) : 고깃배들은 파도 위로 왔다 갔다.
何時重踏臨瀛路(하시중답림영로) : 언제나 강릉 길을 다시 밟고 가
綵舞斑衣膝下縫(채무반의슬하봉) : 비단 색동옷 입고 어머니 곁에서 바느질할까?

☞ **한자와 어구**

♠ 家山(가산) : 고향.
♠ 疊(겹쳐질 첩) : 田-총22획; [dié] : 겹쳐지다, 접쳐지다, 접다, 쌓다, 포개다, 여러 겹이 되다
♠ 魂(넋 혼) : 鬼-총14획; [hún] : 넋, 마음, 생각, 사물의 모양
♠ 雙(쌍 쌍) : 隹-총18획; [shuang] : 쌍, 유(類), 짝이 되나.
♠ 輪(바퀴 륜{윤}) : 車-총15획; [lún] : 바퀴, 수레, 수레를 세는 단위
♠ 陳(늘어놓을 진) : 阜-총11획; [chén] : 늘어놓다, 늘어서다, 펴다, 넓게 깔다
♠ 一陣風(일진풍) : 한바탕 부는 바람.
♠ 聚(모일 취) : 耳-총14획; [jù] : 모이다, 모여들다, 모으다, 무리
♠ 艇(거룻배 정) : 舟-총13획; [tǐng] : 거룻배, 작은 배
♠ 瀛(바다 영) : 水-총19획; [yíng] : 바다, 못 속, 늪 속, 전설상의 산 이름
♠ 臨瀛(임영) : 강릉
♠ 綵(비단 채) : 糸-총14획; [cǎi] : 비단, 무늬
♠ 舞(춤출 무) : 舛-총14획; [wǔ] : 춤추다, 춤, 춤추게 하다
♠ 斑(얼룩 반) : 文-총12획; [bān] : 얼룩, 얼룩진 무늬, 어지러워지는 모양, 나누다(班)
♠ 膝(무릎 슬) : 肉-총15획; [xī] : 무릎
♠ 縫(꿰맬 봉) : 糸-총17획; [féng,fèng] : 꿰매다, 깁다, 붙이다, 솔기, 꿰맨 줄

述懷(술회) : 徐敬德(서경덕)

述懷(술회) - 마음속에 품은 것 : 徐敬德(서경덕)

讀書當日志經綸(독서당일지경륜) : 글 읽던 젊은 날엔 경륜에 뜻을 두었지
歲暮還甘顔氏貧(세모환감안씨빈) : 만년에 안빈낙도 오히려 달갑구나.
富貴有爭難下手(부귀유쟁난하수) : 부귀엔 시샘 많아 손대기 어려웠고
林泉無禁可安身(임천무금가안신) : 자연은 막음이 없어 몸 편안하였네.
採山釣水堪充腹(채산조수감충복) : 나물 캐고 고기 낚아 배를 채우고
詠月吟風足暢神(영월음풍족창신) : 맑은 바람과 밝은 달 대해 시를 지어 마음을 풀었네.
學到不疑知快闊(학도불의지쾌활) : 배움에 의혹 없어 쾌활함을 얻었으니
免敎虛作百年人(면교허작백년인) : 헛된 백년 인생은 면하게 되었나 보다

☞ 한자와 어구

♠ 讀書(독서) : 책을 읽다.
♠ 當日(당일) : 마땅히
♠ 志經綸(지경륜) : 큰 뜻을 품다. ♠ 歲暮 : 세모.
♠ 還甘(환감) : 달게 받는다.
♠ 顔氏貧(안씨빈) : 안씨의 가난함.
♠ 富貴 : 부귀. ♠ 有爭(유쟁) : 다투다. 다툼을 두다.
♠ 難下手(난하수) : 어렵다고 손을 대다. ♠ 林泉(임천) : 산과 물.
♠ 無禁(무금) : 금하지 않다.
♠ 可安身(가안신) : 가히 몸을 편안하게 하고 싶다, 편안하게 할 수 있다.
♠ 貧(가난할 빈) : 貝-총11획; [pín] : 가난하다, 가난, 곤궁, 가난한 사람
♠ 禁(금할 금) : 示-총13획; [jìn,jīn] : 금하다, 기(忌)하다, 꺼리다, 규칙
♠ 釣(낚시 조) : 金-총11획; [diào] : 낚시, 또 낚시질하다, 낚다, 꾀다, 유호가다, 구하다, 탐내다
♠ 暢(펼 창) : 日-총14획; [chàng] : 펴다, 진술하다, 공포하여 실시하다, 화락하다, 마음이 누그러지다, 통하다, 통달하다
♠ 闊(트일 활) : 門-총17획; [kuò] : 트이다, 통하다, 멀다, 넓다, 거칠다, 성기다, 간략하다, 근고하다
♠ 免(면할 면) ; 儿-총7획; [miǎn] : 면하다, 벗다, 모자 따위를 벗다, 해직하다
♠ 虛(빌 허) : 虍-총12획; [xū] : 비다, 없다, 적다, 드물다, 모자라다, 준비가 없다, 욕심이 없다, 약하다, 비워두다, 틈

蕭蓼月夜(소요월야) : 黃眞伊(황진이)

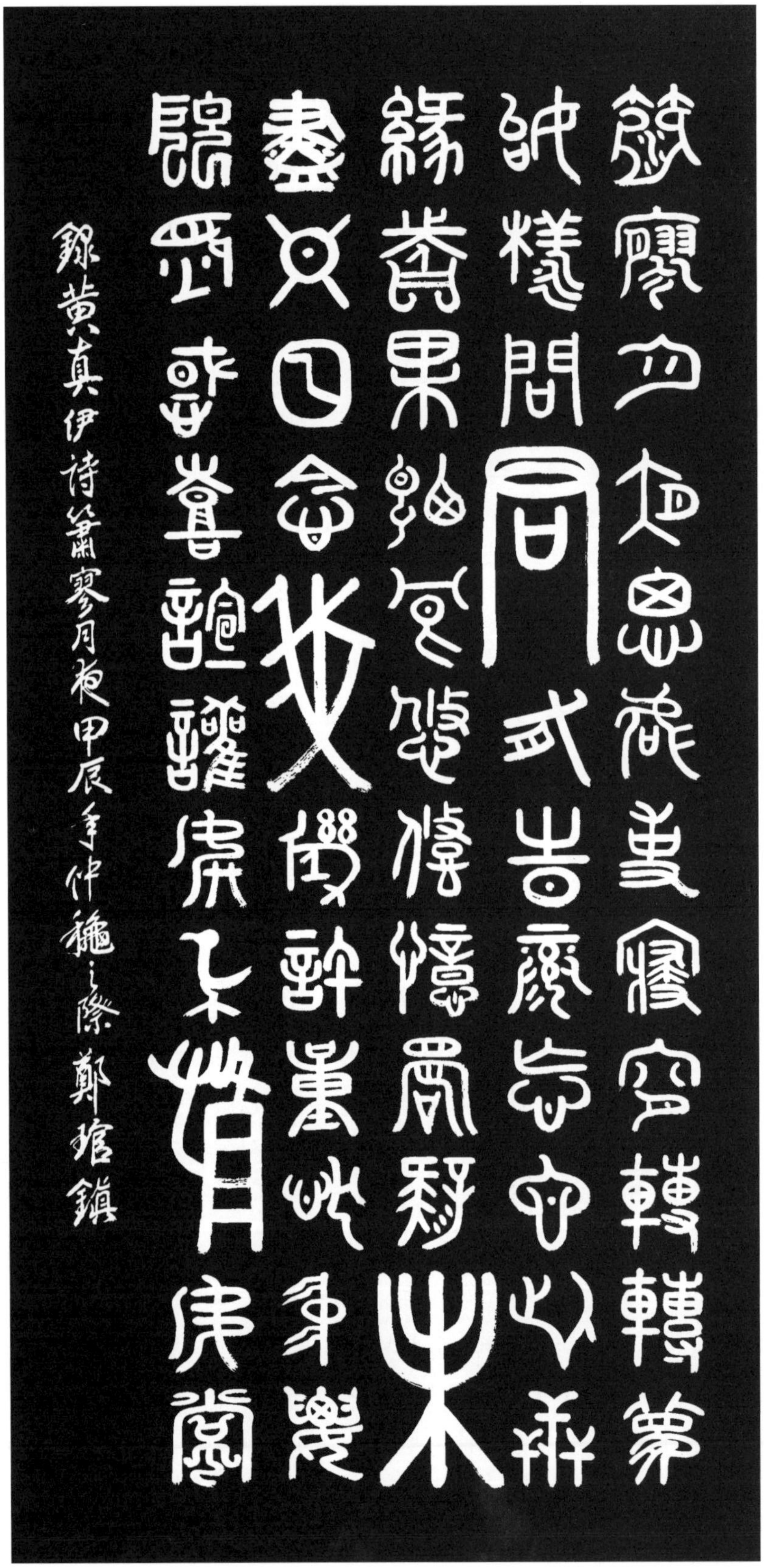

蕭蓼月夜(소요월야) - 알고 싶어요 : 黃眞伊(황진이)

蕭蓼月夜思何事(소요월야사하사) : 소슬한 달밤이면 님은 무슨 생각 하시는지
寢宵轉輾夢似樣(침소전전몽사양) : 잠 못 이루고 뒤척이는 밤, 꿈인지 생시인지
問君有時錄妄言(문군유시녹망언) : 임이시여 때로는 제가 드린 말씀도 기억하시는지
此世緣分果信良(차세연분과신량) : 이승에서 맺은 연분 믿어도 될는지요
悠悠億君疑未盡(유유억군의미진) : 멀리 계신 당신 생각 그칠 수가 없네요
日日念我幾許量(일일염아기허량) : 하루하루 제 생각 얼마만큼 하시나요?
忙中要顧煩惑喜(망중요고번혹희) : 바쁠 때 간혹 내 생각하면 즐거움을 줄까요
喧喧如雀情如常(훤훤여작정여상) : 참새처럼 지저귀어도 제게 향하신 정은 여전하온지요

☞ **한자와 어구**

♠ 蕭寥(소요) : 소슬한, 쓸쓸하고 고요한 ♠ 蕭(맑은대쑥 소) : 쓸쓸하다, 삼가다, 비뚤어지다 ♠ 寥(고요할 요) : 고요하다, 쓸쓸하다, 잠잠하다
♠ 寢所(침소) : 잠자리 ♠ 轉輾(전전) : 뒤척이는 ♠ 寢 : (잠잘 침)
♠ 宵(밤 소) : 밤, 작다, 닮다. ♠ 有時(유시) : 이따금, 때때로.
♠ 妄言(망언) : 허망한 말 - 이 시에서는 '이치나 사리에 맞지 아니한 말 일지라도' 라는 뜻.
♠ 此世(차생) : 이승, 현생 - 지금 살고 있는 세상 ♠ 悠悠(유유) : 멀유, 멀다, 생각하다, 걱정하다, 아파하다. ♠ 憶(생각할 억) : 생각하다, 기억하다 ♠ 日日(일일) : 날마다, 매일. ♠ 念我(염아) : 내 생각 ♠ 機(배틀 기) : 거짓, 올가미
♠ 忙中(망중) : 바쁜 가운데 ♠ 煩(괴로워할 번) : 괴로워하다, 번거롭다
♠ 喧(떠들썩할 훤) : 시끄럽다, 떠들썩하다, 울어대다.

이선희 - 알고싶어요

달밝은 밤에 그대는 누구를 생각하세요 잠이 들면 그대는 무슨 꿈 꾸시나요 깊은 밤에 홀로 깨어 눈물 흘린적 없나요 때로는 일기장에 내 얘기도 쓰시나요 내가 많이 어여쁜가요 진정 날 사랑하나요 그대 생각 하다 보면 모든 게 궁금해요 하루 중에서 내 생각 얼마큼 많이 하나요 내가 정말 그대의 마음에 드시나요 참새처럼 떠들어도 여전히 귀여운가요 바쁠때 전화해도 내 목소리 반갑나요 나를 만나 행복했나요 나의 사랑을 믿나요

愛蓮說(애련설) : 周敦頤(주돈이)

水陸草木之花可愛者甚蕃晉陶淵明
獨愛菊自李唐來世人盛愛牡丹予獨
愛蓮之出淤泥而不染濯清漣而不妖
中通外直不蔓不枝香遠益清亭亭淨
植可遠觀而不可褻翫焉予謂菊花之
隱逸者也牡丹花之富貴者也蓮花之
君子者也噫菊之愛陶後鮮有聞蓮之
愛同予者何人牡丹之愛宜乎眾矣

錄周敦頤詩愛蓮說甲辰年晚冬之際 常碧鄭瑢鎮

愛蓮說(애련설) - 연꽃을 좋아하는 이유 : 周敦頤(주돈이)

水陸草木之花(수육초목지화) : 물과 뭍의 풀과 나무의 꽃은
可愛者甚蕃(가애자심번) : 사랑할만한 것이 대단히 많다.
晉陶淵明獨愛菊(진도연명독애국) : 진나라의 도연명은 홀로 국화를 사랑하였고,
自李唐來(자이당래) : 이 씨의 당나라 이래로
世人甚愛牡丹(세인심애모란) : 세상 사람들이 모란을 매우 사랑했으나,
予獨愛蓮之出於泥而不染(여독애련지출어니이불염) : 나는 홀로 사랑하였으니, 연꽃이 진흙에서 나왔으면서도 물들지 아니하고,
濯淸漣而不夭(탁청연이부요) : 맑은 물결에 씻기어도 요염하지 아니한 것을 사랑한다
中通外直不蔓不枝(중통외직부만부지) : 가운데는 통하며 밖은 곧아서, 덩굴 뻗지 않고 가지 치지 않으며,
香遠益淸(향원익청) : 향기는 멀수록 더욱 맑으며,
亭亭淨植(정정정식) : 우뚝이 깨끗하게 서 있으며,
可遠觀而不可褻翫焉(가원관이부가설완언) : 멀리서 바라볼 수는 있으나 함부로 가지고 놀 수도 없다
予謂菊(여위국) : 니는 생각히기를, 국화
花之隱逸者也(화지은일자야) : 꽃 중의 은일 한 것이요
牡丹(모란) : 모란은
花之富貴者也(화지부귀자야) : 꽃 중의 부귀한 것이요
蓮(연) : 연은
花之君子者也(화지군자자야) : 꽃 중의 군자 같은 것이니라
噫(희) : 아,
菊之愛(국지애) : 국화를 사랑함이
陶後鮮有聞(도후선유문) : 도연명 후에 거의 듣지 못했다
蓮之愛(연지애) : 연을 사랑함이
同予者何人(동여자하인) : 나와 같은 몇 사람이나 될까?
牡丹之愛(모란지애) : 모란을 사랑함은
宜乎衆矣(의호중의) : 의당히도 많을 것이다

☞ **한자와 어구**

♠ 獨(독) : 유독, 오직, 홀로 ♠ 淤泥(어니) : 물밑의 더러운 진흙.
♠ 濯(탁) : 씻다. 세척하다. ♠ 蔓(만): 덩굴을 뻗다. ♠ 褻翫(설완): 가까이에서 함부로 다루다. ♠ 噫(희) : [감탄사] 아!, 오! ♠ 陶(도) : 위의 도연명을 말함.

夜来香(야래향) : 주현미 노래

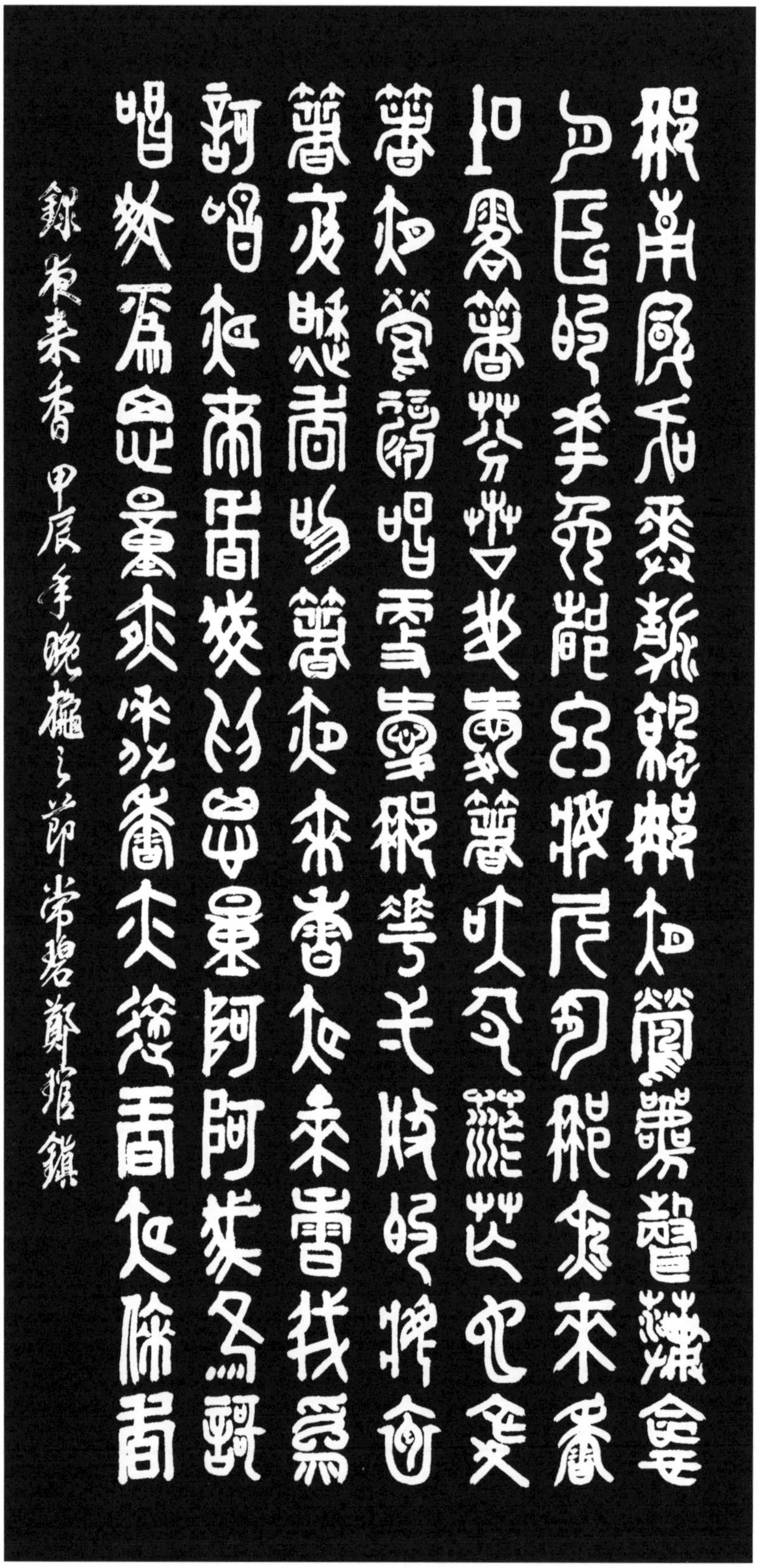

錄夜來香 甲辰年晚秋之節 常碧鄭瑢鎮

夜来香(야래향) - 달맞이꽃, 산지마, 월하량, 향대소초 : 주현미 노래

那南风吹来清凉(나남풍취래청량) : 남풍이 시원하게 불어오고
那夜莺啼声细唱(나야앵제성세창) : 그 밤 꾀꼬리는 구슬피 웁니다
月下的花儿都入梦(월하적화인도입몽) : 달 아래 꽃들은 모두 잠이 들었는데
只有那夜来香(지유나야래향) 吐露着芬芳(토로착분방) : 오직 야래향만이 향기를 내뿜습니다
我爱这夜色茫茫(아애저야색망망) : 아득한 밤의 어둠을 사랑하고
也爱这夜莺歌唱(야애저야앵가창) : 밤 꾀꼬리의 노래도 사랑하지만
更爱那花一般的梦(경애나화일반적몽) : 야래향을 품에 안고 꽃잎에 입맞춤하는
拥抱着夜来香闻这夜来香(옹포착야래향문저야래향) : 그 꽃 같은 꿈은 더더욱 사랑합니다
夜来香我为你歌唱(야래향아위니가창) : 야래향 나 그대를 위해 노래합니다
夜来香我为你思量(야래향아위니사량) : 야래향 나 그대를 그리워합니다
啊啊我为你歌唱(아아아위니가창) 我为你思量(아위니사량) : 아아.. 나 그대를 위해 노래하고 그대를 그리워합니다
夜来香 夜来香 夜来香(야래향 야래향 아래향) : 야래향 야래향 야래향

☞ **한자와 어구**

♠ 那(어찌 나) : 邑-총7획; [nà,nā,nǎ,nǎi] : 어찌, 어떻게, 어찌하랴, 어떻게 하느냐, 나라 이름
♠ 鶯(꾀꼬리 앵) : 鳥-총21획; [yīng] : 꾀꼬리, 새 깃의 아름다운 모양
♠ 細(가늘 세) : 糸-총11획; [xì] : 가늘다, 미미하다, 작다
♠ 夢(꿈 몽) : 夕-총14획; [mèng] : 꿈, 꿈꾸다, 공상, 환상
♠ 愛(사랑 애) : 心-총13획; [ài] : 사랑, 사랑하다, 친밀하게 대하다
♠ 茫(아득할 망) : 艸-총10획; [máng] : 아득하다, 물이 아득히 이어진 모양, 사물의 모양, 빠르다
♠ 你(너 니{이}) : 人-총7획; [nǐ] : 너
♠ 量(헤아릴 량{양}) : 里-총12획; [liáng,liàng] : 헤아리다, 길이, 좋다
♠ 啊(사랑할 아) : 口-총11획; [ā,á,ǎ,à,a] : 사랑하다, 어조사

詠笠(영립) : 金炳淵(김병연)

浮浮我笠等虛舟一着平生四十秋牧豎輕裝隨野犢漁翁本色伴沙鷗醉來脫掛看花樹興到携登翫月樓俗子衣冠皆外飾滿天風雨獨無愁

錄 金炳淵 詠笠

甲辰年仲冬 常碧

詠笠(영립) - 삿갓을 읊다 : 金炳淵(김병연)

浮浮我笠等虛舟(부부아립등허주) : 가뿐한 내 삿갓이 빈 배와 같아
一着平生四十秋(일착평생사십추) : 한번 썼다가 사십 년 평생 쓰게 되었네!
牧竪輕裝隨野犢(목견경장수야독) : 목동은 가벼운 삿갓 차림으로 소 먹이러 나가고
漁翁本色伴沙鷗(어옹본색반사구) : 어부는 갈매기 따라 삿갓으로 본색을 나타냈지
醉來脫掛看花樹(취래탈괘간화수) : 취하면 벗어서 구경하던 꽃나무에 걸고
興到携登翫月樓(흥도휴등완월루) : 흥겨우면 들고서 다락에 올라 달 구경하네
俗子依冠皆外飾(속자의관개외식) : 속인(俗人)들의 의관은 모두 겉치장이지만
滿天風雨獨無愁(만천풍우독무수) : 하늘 가득 비바람 쳐도 나만은 걱정이 없네!

☞ **한자와 어구**

♠ 詠(읊을 영) : 言-총12획; [yǒng] : 읊다, 노래하다, 사물에 빗대어 노래하다, 새가 노래하다, 시가를 짓다, 시가(詩歌)
♠ 浮(뜰 부) : 水-총10획; [fú] : 뜨다, 둥실둥실 떠 움직이나, 떠오르나
♠ 虛(빌 허) : 虍-총12획; [xū] :비다, 없다, 적다, 드물다, 모자라다, 준비가 없다, 욕심이 없다, 약하다, 비워두다, 틈
♠ 竪(더벅머리 수) : 立-총13획; [shù] : 더벅머리, 내시, 천하다, 비루하다, 豎의 俗字
♠ 牧竪(목수) : 더벅머리 목동
♠ 隨(따를 수) : 阜-총16획; [suí] : 따르다, 따라가 수행하다, 연(沿)하다, 좇다, 근거하다, 맡기다, 허락하다, 잇다, 거느리다, 따라서, 때마다, 일마다
♠ 犢(송아지 독) : 牛-총19획; [dú] :송아지
♠ 漁翁(어옹) : 고기잡이하는 늙은이
♠ 本色(본색) : 본 모습
♠ 沙鷗(사구) : 물가의 모래 위에 있는 갈매기
♠ 醉來(취래) : 술 취하면 취기가 오다.
♠ 外飾(외식) : 겉만 보기 좋게 꾸민 겉치레

月亮代表我的心(월량대표아적심) : 登麗君(등려군)

月亮代表我的心(월량대표아적심) - 달은 내 마음을 대변한다 : 登麗君(등려군)

你问我爱你有多深(니문아애니유다심) : 당신은 제가 당신을 얼마나 많이 사랑하냐고 물었죠
我爱你有几分(아애니유궤분) : 제가 당신을 얼마나 사랑하는지
我的情也真(아적정야진) : 제 마음은 진심이에요
我的爱也真(아적애야진) : 제 사랑도 진심이에요
月亮代表我的心(월량대표아적심) : 달이 제 마음을 대신하고 있어요
你问我爱你有多深(니문아애니유다심) : 당신은 제가 당신을 얼마나 많이 사랑하냐고 물었죠
我爱你有几分(아애니유궤분) : 제가 당신을 얼마나 사랑하는지
我的情不移(아적정불이) : 제 마음은 떠나지 않을 것이고
我的爱不变(아적애불변) : 제 사랑은 변하지 않을 거예요
月亮代表我的心(월량대표아적심) : 달이 제 마음을 대신하고 있어요
轻轻的一个吻(경경적일개문) : 가벼운 한 번의 입맞춤은
已经打动我的心(已经打动我的心) ; 이미 제 마음을 움직였죠
深深的一段情(심심적일단정) : 깊었던 한순간의 마음은
叫我思念到如今(규아사념도여금) : 지금까지 절 그립게 만들어요
你问我爱你有多深(니문아애니유다심) : 당신은 제가 당신을 얼마나 많이 사랑하냐고 물었죠
我爱你有几分(아애니유궤분) : 제가 당신을 얼마나 사랑하는지
你去想一想(니거상일상) : 생각해봐요
你去看一看(你去看一看) : 한번 바라봐요
月亮代表我的心(월량대표아적심) : 달이 제 마음을 대신하고 있어요
轻轻的一个吻(경경적일개문) : 가벼운 한 번의 입맞춤은
已经打动我的心(이경타동아적심) : 이미 제 마음을 움직였죠
深深的一段情(심심적일단정) : 깊었던 한순간의 마음은
叫我思念到如今(규아사념도여금) : 지금까지 절 그립게 만들어요
你问我爱你有多深(你问我爱你有多深) : 당신은 제가 당신을 얼마나 많이 사랑하냐고 물었죠
我爱你有几分(아애니유궤분) : 제가 당신을 얼마나 사랑하는지
你去想一想(니거상일상) : 생각해봐요
你去看一看(니거간일간) : 한번 바라봐요
月亮代表我的心(월량대표아적심) : 달이 제 마음을 대신하고 있어요

有所思(유소사) : 吳璲(오수)

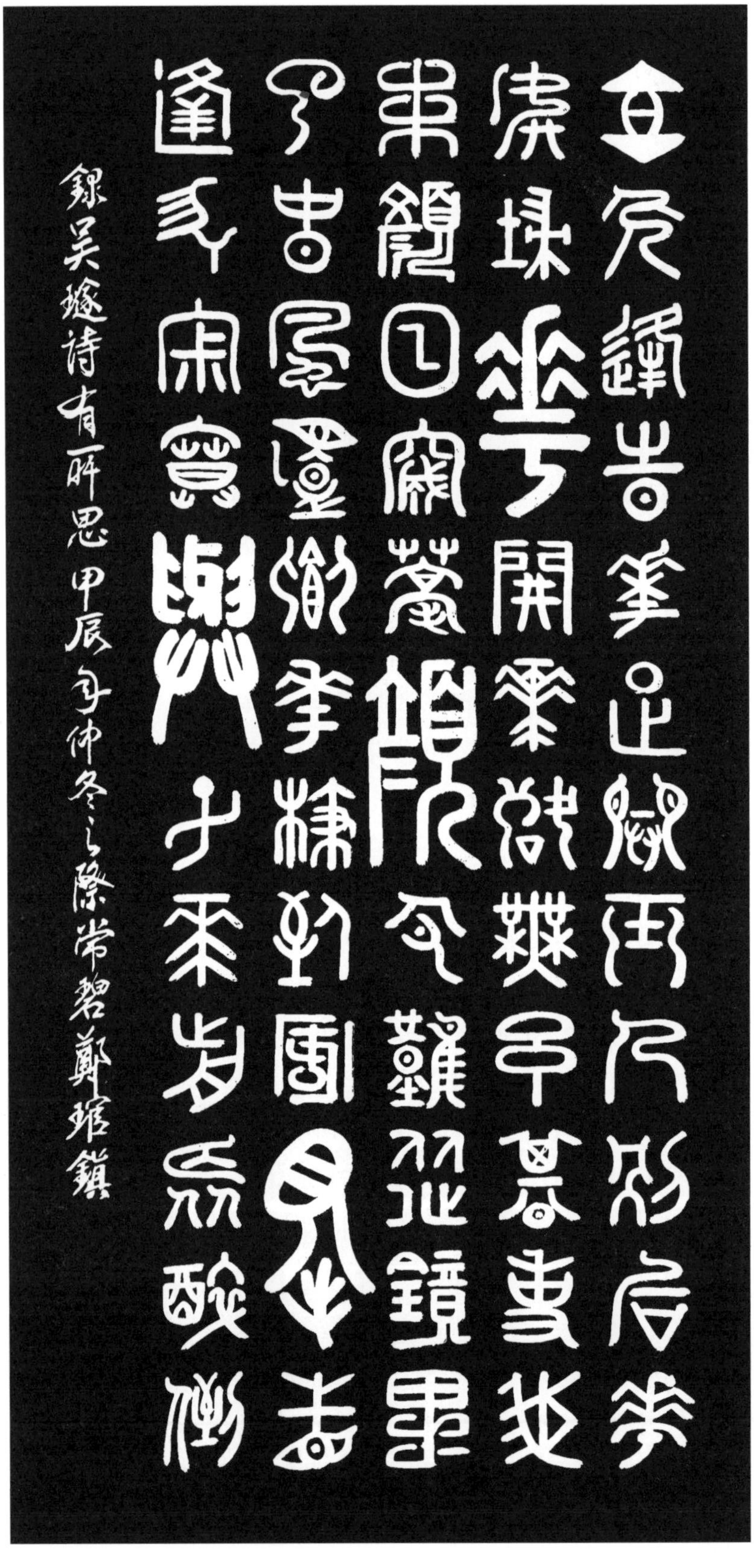

有所思(유소사) - 그리운 님 : 吳璲(오수)

玉人逢時花正開(옥인봉시화정개) : 좋은 사람 만날 때는 꽃이 한창 피었는데
玉人別後花如掃(옥인별후화여소) : 그 사람 떠난 뒤 쓸어버린 듯 꽃은 사라졌네
花開花落無了期(화개화락무료기) : 꽃은 피고 지고 그칠 때가 없는데
使我朱顔日成耄(사아주안일성모) : 내 젊은 얼굴 날마다 늙어만 가게 하네
顔色難從鏡裏回(안색난종경리회) : 얼굴빛은 거울 속에서 돌아오기 어려운데
春風還向花枝到(춘풍환향화지도) : 봄바람은 다시 꽃가지로 돌아오는구나
安得相逢勿寂寞(안득상봉물적막) : 어찌하면 서로 만나면 혼자 적막해지지 않고
與子花前長醉倒(여자화전장취도) : 그대와 꽃 앞에서 길이 취해 누울 수 있나?

☞ **한자와 어구**

♠ 玉人(옥인) : 玉으로 새겨 만든 인형(人形) 玉을 다루어 물건을 만드는 사람, 모양과 마음이 아름다운 사람.
♠ 耄(모) : 늙은이 모, 늙은이 늙어빠지다,
♠ 昏懞(혼몽) : 정신이 흐릿하고 가물가물하다, 늙다.
♠ 安得(安得) : 어디에서(어떻게)...을 읻으라(읻을 수 있으랴)
♠ 寂寞(적막) : 적적(寂寂) 함. 고요함
♠ 有所思(유소사) : 생각할 일이 있다.
♠ 了期(료기): 일이 완전히 끝나는 시간
♠ 顔色(안색) : 얼굴빛.
♠ 與子(여자) : 그대와 함께. 옥인과 함께
♠ 長醉(장취) : 항상(恒常) 술에 취해 있음
♠ 朱顔(주안): 젊어서 혈색(血色)이 좋은 얼굴
♠ 鏡裏(경리) : 거울 속
♠ 所(바 소) : 戶-총8획; [suǒ] : 바, 일정한 곳이나 지역, 지위, 자리, 위치, 경우
♠ 思(생각할 사) : 心-총9획; [sī,sāi] : 생각하다, 어조사, 생각, 뜻, 마음
♠ 使(하여금 사) : 人-총8획; [shǐ,shì] : 하여금, 시키다, 좇다
♠ 日(해 일) : 日-총4획; [rì] : 해, 태양, 햇볕, 햇살, 햇빛, 햇발, 해의 움직임
♠ 難(어려울 난) : 隹-총19획; [nán,nàn,nuó] : 어렵다, 재앙, 근심, 구슬 이름, 힐난하다, 꾸짖다, 성하다, 타다
♠ 從(좇을 종) : 彳-총11획; [cóng] : 좇다, 순직하다, 숙부 더럽다, 나아가다

除夕(제석) : 李晚用(이만용)

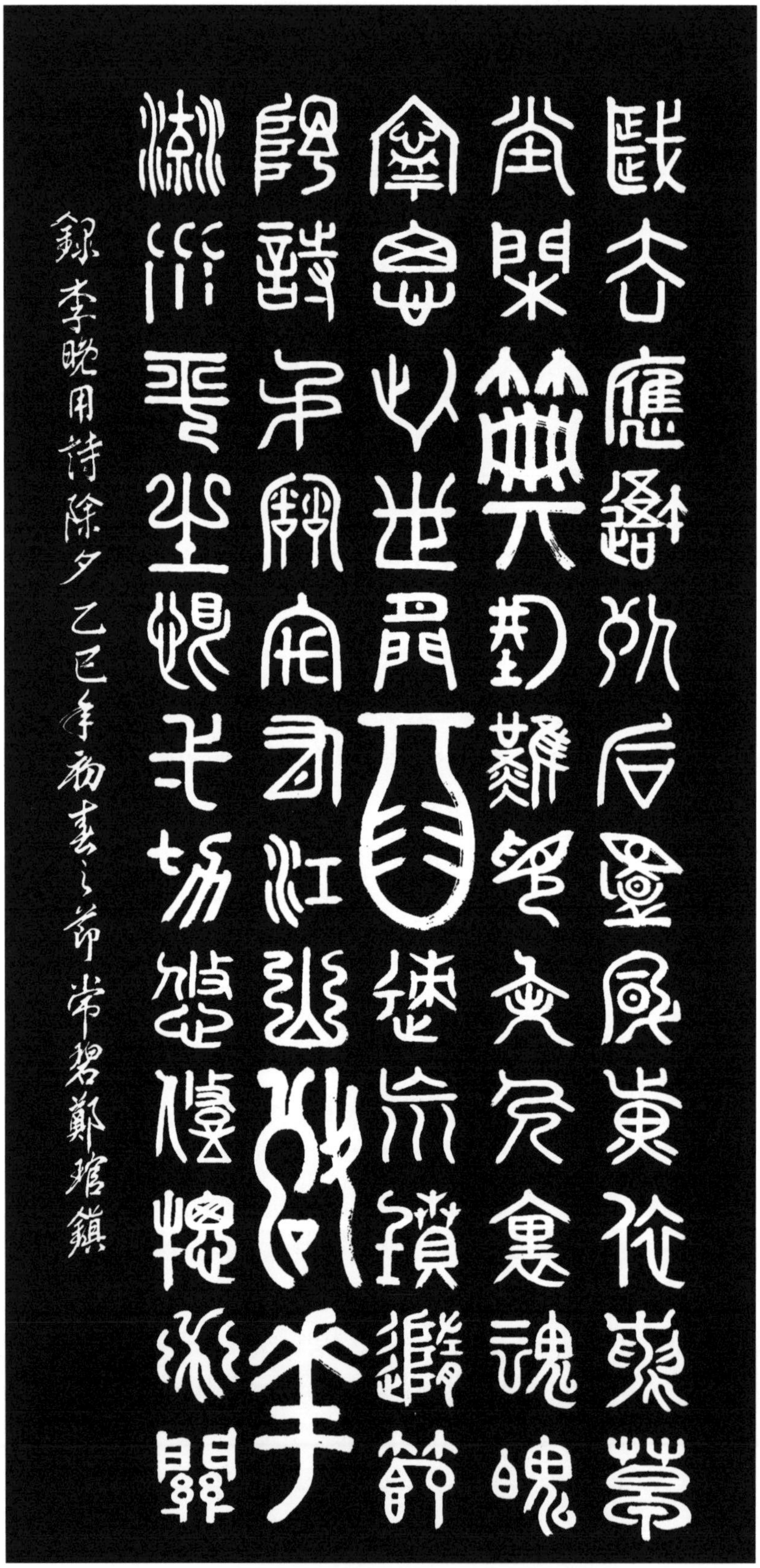

除夕(제석) - 섣달 그믐날 : 東樊(동번) 李晩用(이만용)

歲去應吾死後還(세거응오사후환) : 해는 가도 나 죽은 뒤에 다시 또 오고
風光依舊草堂閒(풍광의구초당한) : 풍경은 전과 똑같고 초당은 한적하겠지
典型難覓餘人裏(전형난멱여인리) : 남은 자들 속에서는 멋진 사람 찾기 어려워
魂魄寧思此世間(혼백영사차세간) : 혼백인들 이 세상을 무엇 하러 그리워하랴?
酒跡荒墳隨節序(주적황분수절서) : 술꾼의 자취 서린 무덤 그 위로 계절은 지나가고
詩名故宅有江山(시명고택유강산) : 시인의 명성 남은 옛집 강산만은 지켜주겠지
落花流水平生恨(낙화유수평생한) : 낙화유수 인생이라 한평생 한 이러니
一切悠悠摠不關(일절유유총불관) : 세상만사 유유하다 상관 않고 버려두리라

☞ **한자와 어구**

♠ 典型(전형) : 모범이 될 만한 본보기, 조상이나 스승을 본받을 틀, 같은 부류 안에서 가장 일반적이고 본질적인 특성.
♠ 詩名(시명) : 시를 잘 지어서 얻은 명예, 시인으로서의 명예.
♠ 歲(해 세) : 止-총13획; [suì] : 해, 새해, 신넘, 시일, 세월, 광음
♠ 應(응할 응) : 心-총17획; [yīng] : 응하다, 받다, 거두어 가지다, 응당-하여야 하다
♠ 舊(예 구) : 臼-총18획; [jiù] : 예, 오래다(久), 오래
♠ 草(풀 초) : 艸-총10획; [cǎo] : 풀, 초원(草原), 거친 풀, 잡초
♠ 覓(찾을 멱) : 見-총11획; [mì] : 찾다, 구하여 찾다, 곁눈질
♠ 餘(남을 여) : 食-총16획; [yú] : 남다, 넉넉하다, 여유가 있다, 여가, 말미, 그 이외의 것, 뒤, 결말, 결국, 죄다, 남김없이, 나라 이름, 부여(扶餘)
♠ 魄(넋 백) : 鬼-총15획; [pò,bó,tuò] : 넋, 몸, 형체, 달, 달빛
♠ 寧(편안할 녕{영}) : 宀-총14획; [níng,nìng] : 편안하다, 문안(問安)하다, 거상(居喪), 거상 하다
♠ 節(마디 절) : 竹-총15획; [jié,jiē] : 마디, 대, 또는 초목의 마디, 뼈의 마디, 사물의 한 단락, 음악의 곡조, 절개, 규칙, 제도
♠ 恨(한할 한) : 心-총9획; [hèn] : 한하다, 원통하다, 원망스럽게 생각하다, 뉘우치다, 억울하다
♠ 切(끊을 절) : 刀-총4획; [qiē,qiè] : 끊다, 갈다, 문지르다, 바로잡다, 고치다
♠ 悠(멀 유) : 心-총11획; [yōu] : 멀다, 걱정하다, 생각하다

楊花(양화) : 李齊賢(이제현)

楊花(양화) - 버들개지 : 李齊賢(이제현)

似花非雪最顚狂(사화비설최전광) : 꽃도 눈도 아닌 것이 미친 듯 날리고
空濶風微轉渺茫(공활풍미전묘망) : 솔솔 불어오는 바람에 점점 아득하여라
晴日欲迷深院落(청일욕미심원락) : 갠 날에 길 잃은 듯이 깊은 정원에 떨어져
春波不動小池塘(춘파부동소지당) : 자그마한 연못에 봄 물결도 일지 않는구나.
飄來鉛砌輕無影(표래연체경무영) : 섬돌에 표연히 날아와도 그림조차 없었고
吹入紗窓細有香(취입사창세유향) : 사창에 불어 드니 향취가 아련하다.
却憶東皐讀書處(각억동고독서처) : 그 옛날 동고가 글 읽던 곳 생각나니
半隨紅雨撲空床(반수홍우박공상) : 반쯤은 비에 따라 비어있는 상을 때린다.

☞ **한자와 어구**

♠ 양화(楊花) : 버들개지. 유서(柳絮). 유화(柳花).

♠ 顚狂(전광) : 전광(癲狂). 미치광이병(간질환자). 경망스럽다. 방정맞다.

♠ 渺茫(묘망) : 아득한 모양. 어찌할 바를 몰라 막연한 모양.

♠ 釦砌(구체) : 金玉으로 치장한 섬돌. 전하여 궁전이나 조정을 가리키기도 한다.

♠ 東皐(동고) : 동쪽 언덕. 여기서는 어려서 지내던 고향 땅을 칭하는 것으로 보았다.

♠ 顚(꼭대기 전) : 頁-총19획; [diān] : 꼭대기, 정수리, 산정(山頂), 이마, 목,

♠ 狂(미칠 광) : 犬-총7획; [kuáng] : 미치다, 사리 분별을 못하다, 상규(常規)를 벗어나다, 경솔하다, 미친 병, 거만하다

♠ 濶(근고할 활) : 水-총17획; [kuò] : 근고하다, 어그러지다, 闊의 俗字

♠ 微(작을 미) : 彳-총13획; [wēi] : 작다, 자질구레하다, 적다, 많지 않다, 숨다, 숨기다

♠ 轉(구를 전) : 車-총18획; [zhuǎn,zhuàn] : 구르다, 회전하다, 굴러 옮기다, 굴러 넘어지다, 옮다, 변하다, 움직이다, 변화하다, 관직이 바뀌다,

♠ 渺(아득할 묘) : 水-총12획; [miǎo] : 아득하다, 물이 끝없이 넓다, 작다, 일(一)의 천억 분의 일

♠ 飄(회오리바람 표) : 風-총20획; [piāo] : 회오리바람, 질풍, 일정하지 않은 바람

♠ 鉛(납 연) : 金-총13획; [qiān,yán] : 납, 분, 백분(白粉), 따르다, 따라 내려가다

子規詩(자규시 = 소쩍새 시) : 端宗(단종)

錄端宗子規詩甲辰年晩冬之際 常碧 鄭瑢鎭

子規詩(자규시 = 소쩍새 시) : 端宗(단종)

一自寃禽出帝宮(일자원금출제궁) : 한 마리 원통한 새 궁궐을 쫓겨나
孤身隻影碧山中(고신척영벽산중) : 짝지을 그림자도 없는 외로운 몸 산속을 떠도네
假眠夜夜眠無假(가면야야면무가) : 밤마다 잠을 청하나 잠을 못 이루고
窮恨年年恨不窮(궁한연년한불궁) : 해가 가고 해가 와도 한은 끝이 없구나
聲斷曉岑殘月白(성단효잠잔월백) : 두견새 울음소리 끊어진 새벽 어스름 달빛이 비치고
血流春谷落花紅(혈류춘곡낙화홍) : 피 뿌린 듯 봄 골짜기에 떨어지는 꽃(두견화)이 붉구나
天聾尙未聞哀訴(천롱상미문애소) : 하늘은 귀머거리인가 내 애끊는 소원 듣못하고
何乃愁人耳獨聰(하내수인이독총) : 어째서 수심 많은 내 귀에 소쩍새 울음만 들리는 것이냐

※소쩍새는 자규 외에도 두견, 망제혼, 귀촉도, 불여귀, 접동새 등 여러 가지 이름으로 불려왔다. 이는 한밤중 치랑하고 피맺히게 우는 솟쩍새 울음소리가 많은 사람들의 심금을 울리는 데서 이렇게 많은 별명이 생겨난 것이다.

☞ **한자와 어구**

♠ 一自(일자) : ~로부터. ~의 뒤로.
♠ 孤身隻影(고신척영) : 외로운 홀몸과 외로운 그림자. 의지할 데 없이 외롭게 떠도는 홀몸을 가리킨다.
♠ 假眠(가면) : 비몽사몽간의 잠. 선잠. 수잠.
♠ 窮恨(궁한) : 끝없는 한. 여기서는 '가슴에 크게 맺힌 한'으로 보았다.
♠ 尙未(상미) : 아직도 ~하지 못하다. 一作 常未. 율격기준으로 보면 상미(尙未)가 더 타당하다.
♠ 何奈(하내) : 어찌하여. 일작 하내(一作 何乃). 하내(何奈)는 奈何와 같은 뜻으로 평측기준에 맞추어 쓰였다.
♠ 禽(날짐승 금) : 禸-총13획; [qín] : 날짐승, 짐승, 날짐승과 짐승,
♠ 斷(끊을 단) : 斤-총18획; [duàn] : 끊다, 절단하다, 쪼개다, 가르다, 근절시키다

長恨歌(장한가) – 比翼鳥(비익조) 連理枝(연리지) : 白樂天(백낙천)

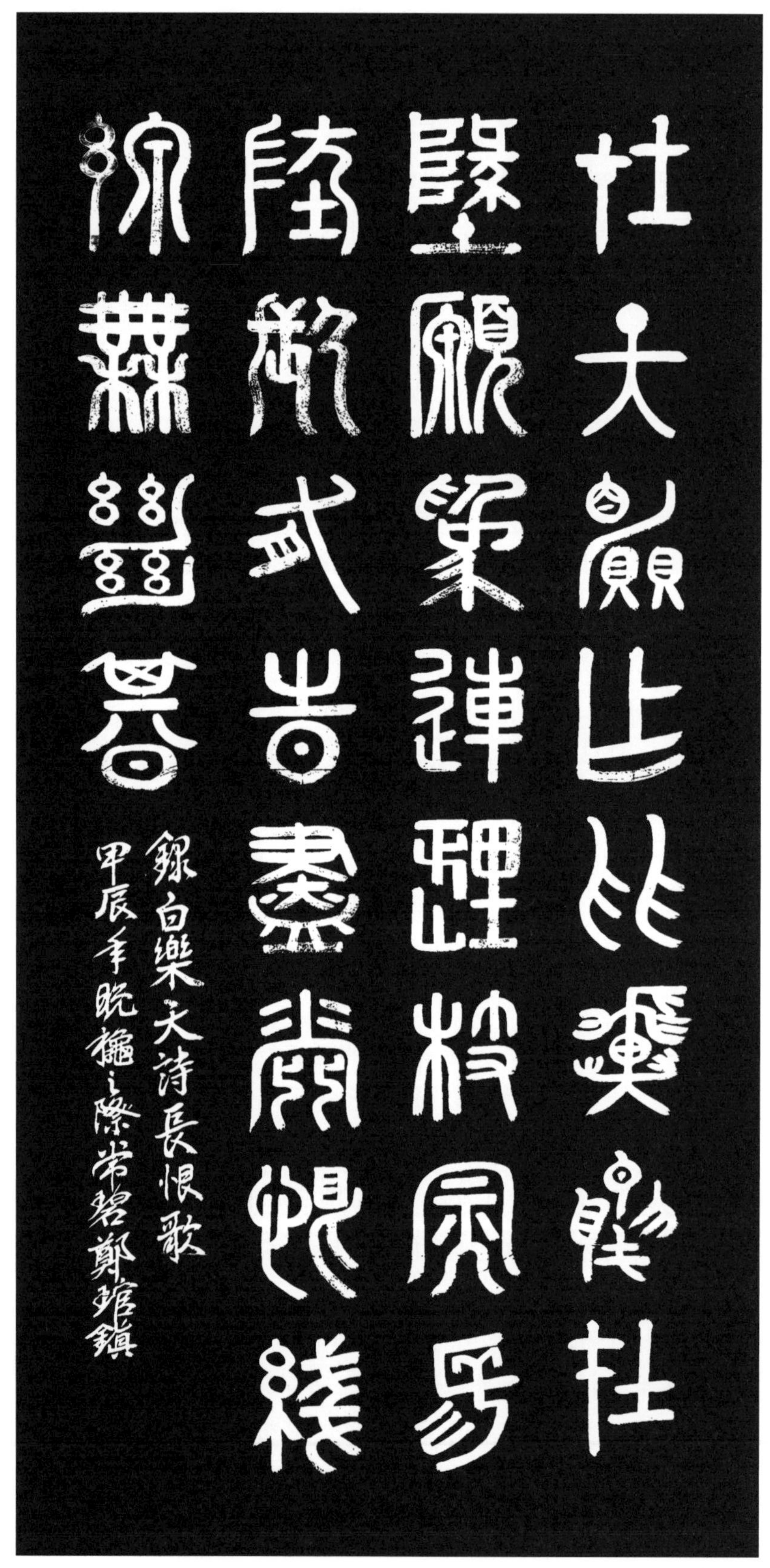

長恨歌(장한가) - 比翼鳥(비익조) 連理枝(연리지) : 白樂天(백낙천)

在天願作比翼鳥(재천원작비익조) : 천상에서는 비익조가 되고 싶기를 원하고요
在地願爲連理枝(재지원위연리지) : 지상에서는 연리지가 되기를 원하였습니다
天長地久有時盡(천장지구유시진) : 장구한 천지라도 모두가 끝나는 때가 있으나
此恨綿綿無絶期(차한면면무절기) : 이 두 사람의 한은 면면히 끊일 날 없으리라

☞ **한자와 어구**

♠ 당현종과 양귀비의 애절한 사랑을 다룬 백낙천의 장한가(長恨歌)에서 다음과 같이 노래한 시로 비익조(比翼鳥)는 암수가 각각 눈 하나와 날개 하나만 있어 짝을 지어야만 날 수 있다는 전설의 새다. 비익은 날개를 나란히 한다는 뜻으로, 가까운 연인이나 친구를 비유한다. 연리지(連理枝)는 뿌리는 다른 두 나무의 줄기나 가지가 연결돼 하나가 된 나무다.

♠ 在天願作比翼鳥(재천원작비익조) : 있을(재), 하늘(천), 원할(원), 지을(작) 견줄(비) 날개(익), 새(조) - '재천'이란 하늘에 있을 때라는 의미, '지을(작)'은 '~이 되길 원한다'라는 의미로 사용됩니다. 따라서 '하늘에 있을 땐 비익조가 되기를 원하고'라는 의미가 됩니다.

♠ 在地願爲連理枝(재지원위연리지) : 있을(재), 땅(지), 원할(원), 될(위), 이을(련), 나뭇결(리), 가지(지) - '재지'는 '땅에 있을 때'이고요, '원위'는 위의 '원작'과 같은 의미, 즉 '~이 되길 원한다'는 뜻입니다. 따라서 '땅에 있을 때에는 연리지가 되길 원한다'는 의미가 됩니다.

♠ 翼(날개 익) : 羽-총17획; [yì] : 날개, 새의 날개, 곤충의 날개, 이루다

♠ 願(원할 원) : 頁-총19획; [yuàn] : 원하다, 바라다, 마음에 품다, 희망하다, 빌다, 기원하다, 청하다, 부탁하다, 소원, 소망, 원컨대, 바라건대

♠ 連(잇닿을 련{연}) : 辵-총11획; [lián] : 잇닿다, 이어지다, 계속되다, 맺다, 연결하다, 길다, 모이다, 끌다, 늘어세우다, 동행

♠ 盡(다될 진) : 皿-총14획; [jìn,jǐn] : 다되다, 비다, 줄다, 없어지다, 끝나다, 그치다, 죽다, 다하다, 한도에 이르다, 죄다 보인다, 맡기다,

♠ 恨(한할 한) : 心-총9획; [hèn] : 한하다, 원통하다, 원망스럽게 생각하다, 뉘우치다, 억울하다

♠ 綿(이어질 면) : 糸-총14획; [mián] : 이어지다, 가늘고 길게 이어지다, 잇다, 연속하다, 두르다, 걸치다

♠ 絶(끊을 절) : 糸-총12획; [jué] : 끊다, 막다, 그만두다, 가로막다, 없애다,

坐中花園(좌중화원) : 崔漢卿(최한경)

坐中花園(좌중화원)- 꽃밭에 앉아서 : 崔漢卿(최한경) 조선조 성균관 유생

坐中花園 瞻彼夭葉(좌중화원 첨피요엽) : 꽃밭에 앉아서 요염한 꽃잎을 보네
兮兮美色 云河來矣(혜혜미색 운하래의) : 아름다운 빛깔은 어디에서 왔을까?
灼灼其花 河彼艶矣(작작기화 하피염의) : 아름다운 꽃이여 그리도 농염한지
斯于吉日 吉日于斯(사우길일 길일우사) : 이렇게 좋은 날에 이렇게 좋은 날에
君子之來 云何之樂(군자지래 운하지락) : 그 님이 오신다면 얼마나 좋을까?
臥彼東山 望其天矣(와피동산 망기천의) : 동산에 누워 하늘을 쳐다보네
明兮靑兮 云何來矣(명혜청혜 운하래의) : 맑고 푸른빛은 어디에서 왔을까?
維靑盈昊 何彼藍矣(유청영호 하피람의) : 푸른 하늘이여 풀어놓은 쪽빛이여
吉日于斯 吉日于斯(길일우사 길일우사) : 이렇게 좋은 날에 이렇게 좋은 날에
君子之來(군자지래) : 그 님이 오신다면
美人之歸(미인지귀) : 그 님이 오신다면
云何之喜(운하지희) : 얼마나 좋을까?

☞ **한자와 어구**

♠ 꽃밭에서 가사 유래
위 시는 세종 때인 1444년, 최한경이 성균관 유생시절 고향의 이웃처녀, 박소저를 그리워하며 쓴 시입니다.

♠ 瞻(볼 첨) : 目-총18획; [zhān] : 보다, 쳐다보다, 우러러보다, 굽어보다
♠ 艶(고울 염) : 色-총19획; [yàn] : 곱다, 윤, 부러워하다
♠ 盈(찰 영) : 皿-총9획; [yíng] : 차다, 그릇에 가득 차다, 가득 차 넘치다, 자라다, 펴지다
♠ 昊(하늘 호) : 日-총8획; [hào] : 하늘, 큰 모양, 성한 모양
♠ 藍(쪽 람{남}) : 艸-총18획; [lán] : 쪽, 마디풀과에 딸린 한해살이풀, 남색, 누더기
♠ 矣(어조사 의) : 矢-총7획; [yǐ] : 어조사, 단정.결정.한정.의문.반어의 뜻을 나타냄, 구(句) 가운데서, 또는 다른 조사 위에 쓰이어 영탄의 뜻을 나타냄, 구(句) 끝에서 다음 말을 일으키는 말
♠ 喜(기쁠 희) : 口-총12획; [xǐ] : 기쁘다, 즐겁다, 즐거워하다, 좋아하다, 즐기다

● 화원의 시를 노래로 정훈희 씨가 부른 꽃밭에서 입니다.

次黃山韻(차황산운) : 추사(秋史) 金正喜(김정희)

次黃山韻(차황산운) - 황산과 함께 짓다 : 추사(秋史) 金正喜(김정희)

芳辰對酒每咨嗟(방신대주매자차) : 꽃피는 철에 술을 보면 탄식이 절로 나니
難把酒錢歲月覗(난파주전세월사) : 돈으로도 술로도 세월은 잡지 못하네.
愧我塡腸同麥飯(괴아전장동맥반) : 부끄러워라! 나는 주린 배나 채우는 보리밥 인데
如君稀世是菖花(여군희세시창화) : 그대는 세상에 드문 창포꽃 같은 사람.
蠅蚊應少拈茶處(승문응소염다처) : 차 달이는 곳에는 파리와 모기가 적은 법
蜂蝶爭喧嫁棗家(봉접쟁훤가조가) : 대추나무 시집보내는 집에는 벌과 나비떼 몰려들리라.
滿眼石榴開似火(만안석류개사화) : 석류꽃이 눈에 가득 불꽃처럼 피는 때에
門前轢轢到詩車(문전역력도시차) : 문 앞에는 삐걱삐걱 시인의 수레 도착했네.

☞ **한자와 어구**

♠ 菖花(창화) : 창포꽃.
♠ 嫁棗(가조) : 음력 5월 5일 단오에 대추나무 열매가 많이 열리도록 대추나무를 시집보내는 풍속.
♠ 對(대답할 대) : 寸-총14획; [duì] : 대답하다, 대하다, 대(對), 짝, 상대
♠ 咨(물을 자) : 口-총9획; [zī] : 묻다, 탄식하다, 이, 이것
♠ 嗟(탄식할 차) : 口-총13획; [jiē] : 탄식하다, 감탄하다, 발어사
♠ 歲(해 세) : 止-총13획; [suì] : 해, 새해, 신념, 시일, 세월, 광음
♠ 覗(엿볼 사) : 見-총12획; [sī] : 엿보다, 훔쳐보다
♠ 塡(메울 전,진) : 土-총13획; [tián] : 메우다, 채우다, 북소리, 궁곤하다, 다하다, 오래가다, 장구하다
♠ 飯(밥 반) : 食-총13획; [fàn] : 밥, 밥을 먹다, 먹이다, 기르다
♠ 蝶(나비 접) : 虫-총15획; [dié] : 나비
♠ 棗(대추나무 조) : 木-총12획; [zǎo] : 대추나무, 과실나무의 한 가지, 대추, 빨강, 대추의 빛깔
♠ 眼(눈 안) : 目-총11획; [yǎn] : 눈, 눈구멍, 눈매, 보다, 보는 일, 구멍
♠ 榴(석류나무 류{유}) : 木-총14획; [liú] : 석류나무
♠ 轢(삐걱거릴 력{역}) : 車-총22획; [lì] : 삐걱거리다, 치다, 바퀴 밑에 깔아 갈아 부수다, 짓밟다, 업신여기다

春夜宴桃李遠逝(춘야연도리원서) : 李白(이백)

春夜宴桃李遠逝(춘야연도리원서) : 시공 속 아름다운 인생 : 李白(이백)

夫天地者萬物之逆旅(범천지자만물지역여) : 천지라는 것은 만물을 맞이하는 여관이고

光陰者百代之過客(광음자백대지과객) : 세월이라는 것은 잠시 지나는 나그네이다

而浮生若夢爲歡幾何(이부생약몽위환기하) : 뜬 인생이 꿈과 같으니 즐거움을 누리는 것이 얼마나 되겠는가?

古人秉燭夜遊良有以也(고인병촉야유양유이야) : 옛사람들이 촛불을 잡고 밤에 놀았던 것은 진실로 이유가 있었도다.

況陽春召我以烟景(황양춘소아이연경) : 하물며 따뜻한 봄날이 안개 낀 경치로 나를 부르고

大塊假我以文章(대괴가아이문장) : 대자연이 나에게 아름다운 문장을 빌려주었음에랴

會桃李之芳園序天倫之樂事(회도리지방원서천륜지락사) : 복숭아꽃과 오얏꽃이 핀 향기로운 동산에 모여 천륜(天倫)의 즐거운 일을 펴니

群季俊秀皆爲惠連(군계준수개위혜연) : 여러 아우들은 뛰어나 모두 사혜련(謝惠連 : 南朝宋 문학가)이지만

吾人詠歌獨慚康樂(오인영가독참강락) : 내가 읊고 노래하는 깃민이 홀로 사령운(謝靈運 : 南朝宋시대 名詩人)에게 부끄럽구나

幽賞未已高談轉淸(유상미이고담전청) : 그윽한 감상이 아직 끝나지 않으니 고상한 담론은 갈수록 맑아진다.

開瓊筵以坐花飛羽觴而醉月(개경연이좌화비익상이취월) : 아름다운 자리를 벌려 꽃밭에 앉고, 술잔을 주고받으며 달 아래에서 취하니

不有佳咏何伸雅懷(불유가영하신아회) : 아름다운 글을 짓지 않는다면 어떻게 고상한 회포를 펴겠는가?

如詩不成罰依金谷酒數(여시불성벌의금곡주수) : 만일 시(詩)를 짓지 못한다면 벌은 금곡원(金谷園)의 벌주 수(罰酒三斗 : 세말의 벌주)에 따르리라.

☞ **한자와 어구**

♠ 逆旅(역여) : 객사와 같으며 여관을 의미한다. '역'은 마중하다, 곧 나그네를 맞이하는 곳.

♠ 光陰(광음) : '광'은 일, '음'은 월, 곧 세월을 말한다.

♠ 瓊筵(경연) : 구슬 방석. 화려한 연회 자리를 비유한다.

春日(춘일) : 鄭知常(정지상)

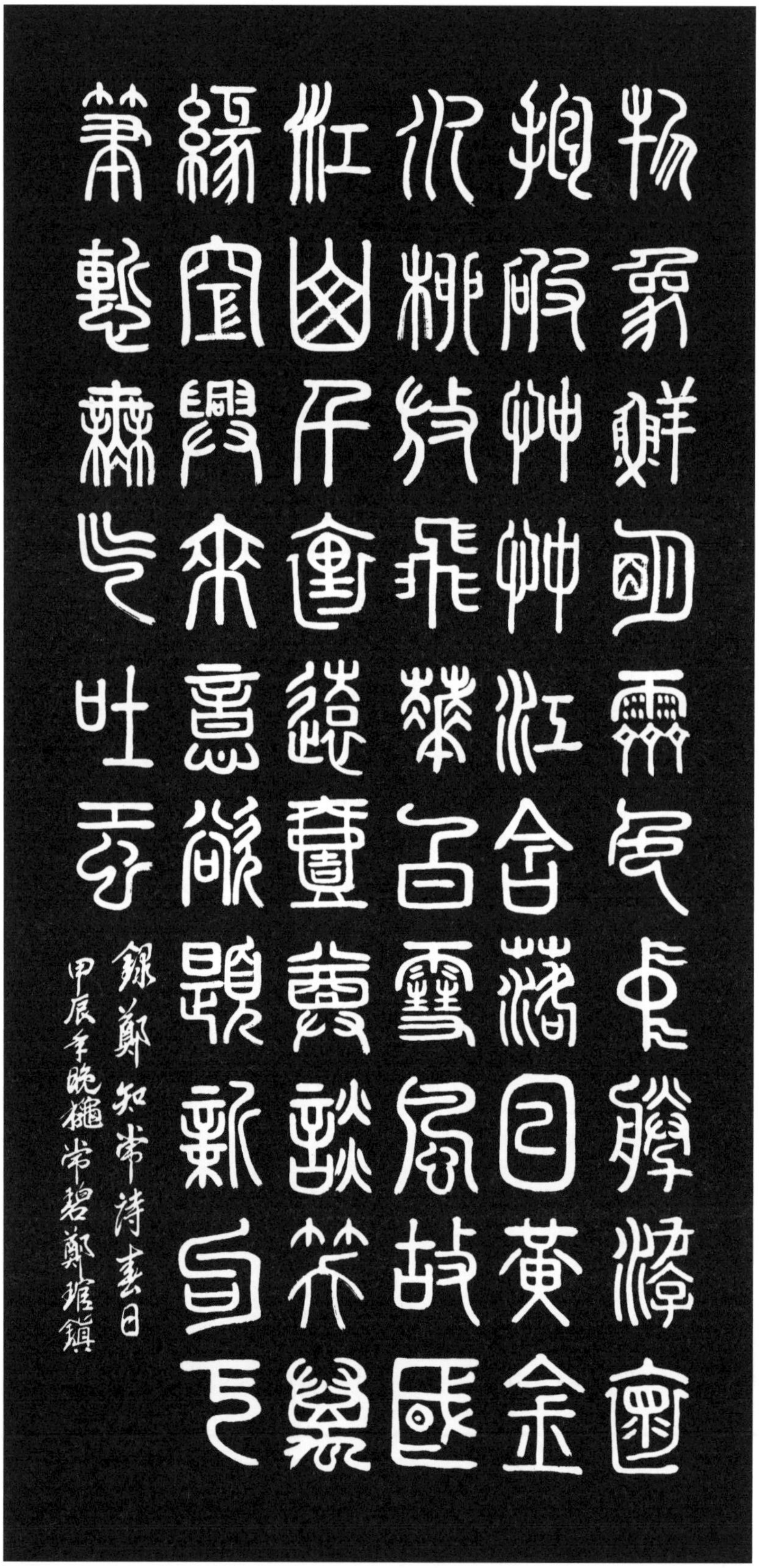

春日(춘일) - 봄날 : 鄭知常(정지상)

物象鮮明霽色中(물상선명제색중) : 쾌청한 가운데 물상은 산뜻하고 뚜렷해
勝遊懷抱破忡忡(승유회포파충충) : 즐겁게 노니나니 온갖 시름 사라지네.
江含落日黃金水(강함락일황금수) : 지는 해 머금은 강엔 윤슬이 반짝이고
柳放飛花白雪風(유방비화백설풍) : 버들개진 흰 눈인 양 바람에 흩날리네.
故國江山千里遠(고국강산천리원) : 고국산천 멀고도 먼 천릿길.
一尊談笑萬緣空(일준담소만연공) : 한 통 술에 웃고 떠드니 온갖 인연 부질없네.
興來意欲題新句(흥래의욕제신구) : 흥이 일어 새롭게 시 한 수 짓고자
下筆慚無氣吐虹(하필참무기토홍) : 붓을 들어도 글솜씨 뽐낼 기개가 부족해 부끄럽구나.

☞ **한자와 어구**

♠ 物象(물상) : 무생물 또는 그것들의 물리적 성질을 학습의 대상으로 하는 교과목

♠ 鮮明(선명) : 산뜻하고 뚜렷함, 깨끗하고 맑다.

♠ 霽色(제색) : 맑게 갠 하늘색.

♠ 勝遊(승유) : 즐겁게 놂.

♠ 懷抱(회포) : 마음속에 품은 생각, 잊혀지지 않는 생각.

♠ 忡忡(충충) : 몹시 궁금하고 슬퍼하는 모양. 여기서는 '온갖 시름'으로 해석함.

♠ 含(머금을 함) : 머금다, 거두다, 드러나지 아니하다, 넓다, 다, 무궁주(염할 때 죽은 사람 입에 물리는 구슬.

♠ 落日(낙일) : 지는 해, 석양, 낙조.

♠ 飛花(비화) : 바람에 흩날리는 꽃잎.

♠ 談笑(담소) : 웃고 즐기면서 이야기함. 또는 그런 이야기.

♠ 下筆(하필) : 붓을 들어 쓴다는 뜻으로 '시나 글을 지음'을 이르는 말.

♠ 慚(부끄러울 참) : 心-총14획; [cán] : 부끄러워하다, 부끄럽게 여기다, 부끄러움, 수치, 참(慙)과 同字

♠ 吐(토할 토) : 口-총6획; [tǔ] : 토하다, 털어놓다, 드러내다, 버리다

♠ 虹蜺(홍예) : 무지개. 虹은 빛이 선명한 수무지개, 예(蜺)는 빛이 연한 암무지개

筆(필) : 金炳淵(김병연)

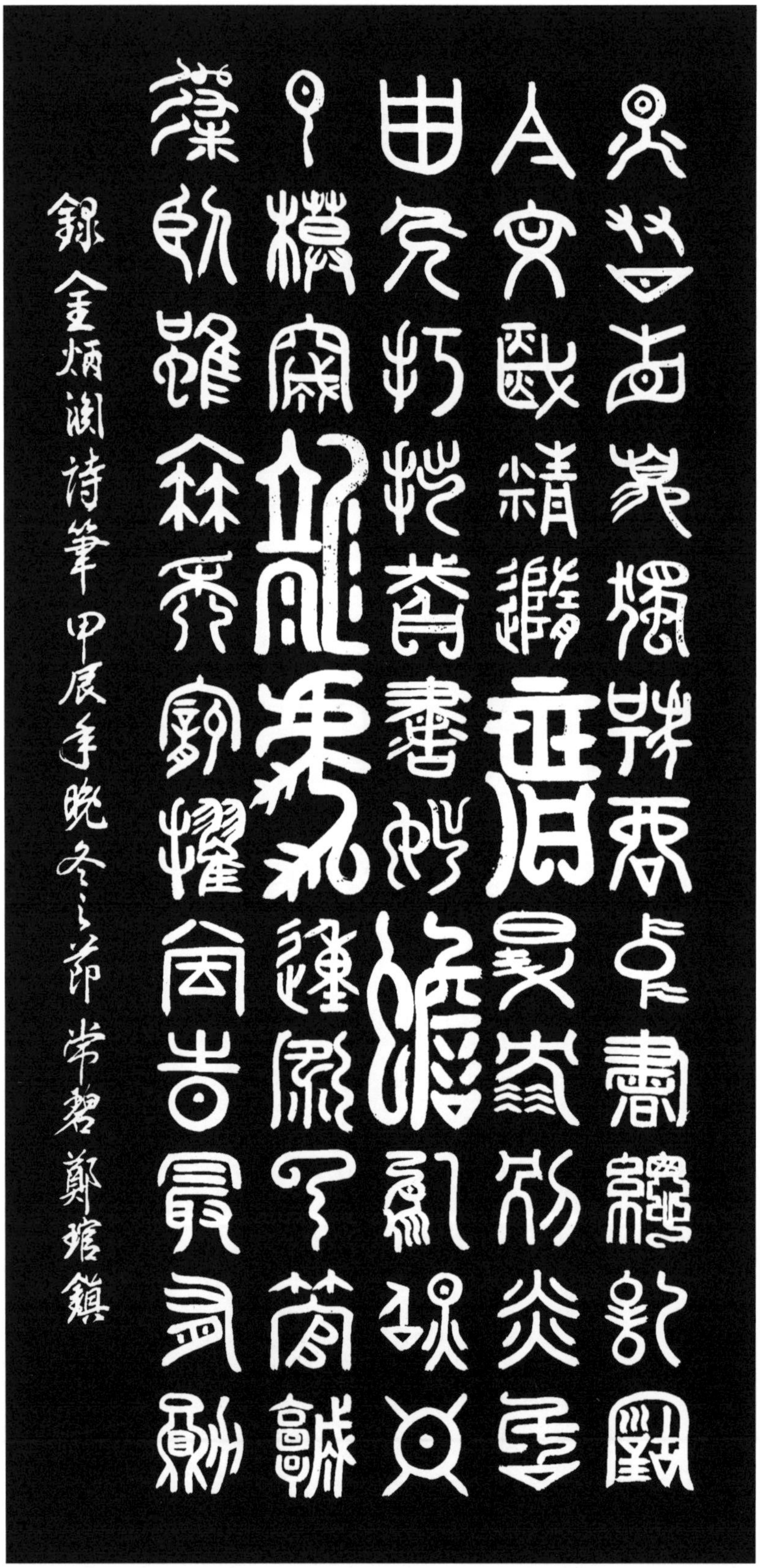

筆(필) - 붓 : 金炳淵(김병연)

四友相隨獨號君(사우상수독호군) : 지, 필, 묵, 연 네 친구가 서로 의지하면서도 유독 너를 군왕이라 칭하니
中書總記古今文(중서총기고금문) : 그대 붓은 고금 천 만권 책을 모두 네가 기록했기 때문이리라.
銳精隨世昇沈別(예정수세승침별) : 너의 재주에 따라 출세함과 낙오함이 따라오고
尖舌由人巧拙分(첨설유인교졸분) : 너의 뜨거운 혀끝의 기교로서 인품도 분별이 되도다.
畫出蟾烏照日月(화출섬오조일월) : 두꺼비와 까마귀를 일월 아래 선명히 그려내고
摸成龍虎動風雲(모성용호동풍운) : 용호를 그리면 마치 산 놈처럼 풍운이 일어나도다
管城歸臥雖衰禿(관성귀와수쇠독) : 할 일을 다 하고 나니 몽당붓이 되었건만
寵擢當時最有勳(총탁당시최유훈) : 지난날의 그 공로가 가장 크다고 하도다

☞ **한자와 어구**

♠ 四友(사우) ; 문방사우(文房四友). 선비의 절신한 4가지 벗. 종이(紙)·붓(筆)·먹(墨)·벼루(硯)를 말함
♠ 中書(중서) ; 중국 한자(漢字)로 쓴 서적(書籍). 한문책(漢文冊)을 일컬음
♠ 銳精(예정) ; 어떤 일을 잘하려고 마음을 단단히 차림
♠ 炎舌(염설) ; 아름다운 글이나 문장(文章).
♠ 由人(유인); 딴사람의 생각대로. 남에 의해.
♠ 巧拙(교졸) ; 교묘(巧妙)함과 졸렬(拙劣)함. 익숙함과 서툶을 말함
♠ 蟾烏(섬오) ; 두꺼비와 까마귀
♠ 管城(관성) ; 붓 대롱
♠ 歸臥(귀와) ; 벼슬을 내려놓고 고향(故鄕)으로 돌아감
♠ 寵擢(총탁) ; 사랑하여 발탁함
♠ 號(부르짖을 호) : 虍-총13획; [hào,háo] : 부르짖다, 큰 소리로 울면서 한탄하다, 닭이 울다.
♠ 銳(날카로울 예) : 金-총15획; [ruì] : 날카롭다, 예민하다, 군대가 날래고 용맹하다, 재빠르다, 창끝, 나아가다
♠ 沈(가라앉을 침) : 水-총7획; [shěn,shén] : 가라앉다, 빠지다, 잠기다, 무엇에 마음이 쏠리어 헤어나지 못하다, 막히다, 침체하다

金剛山(금강산) : 權近(권근)

金剛山(금강산) - 금강산 : 權近(권근)

雪立亭亭千萬峯(설립정정천만봉) : 눈 속에 우뚝우뚝 천만 봉우리
海雲開出玉芙蓉(해운개출옥부용) : 바다 구름을 뚫고 부용 꽃들이 솟았네
神光蕩漾滄溟近(신광탕양창명근) : 신비한 빛 넘실넘실 푸른 바다에 있는가?
淑氣蜿蜒造化鍾(숙기완연조화종) : 맑은 기운 꿈틀꿈틀 조화를 부려 모아 놓았나?
突兀岡巒臨鳥道(돌올강만임조도) : 우뚝 솟은 산봉우리는 가파른 샛길을 굽어보고
淸幽洞壑秘仙蹤(청유동학비선종) : 맑고 그윽한 골짜기는 신선의 자취 감추었네
東遊便欲凌高頂(동유변욕능고정) : 동쪽 높은 산꼭대기에 올라
俯視鴻濛一盪胸(부시홍몽일탕흉) : 천지개벽 전 혼돈의 광경을 굽어보면 단번에 묵은 가슴 씻기리니

☞ 한자와 어구

♠ 亭亭(정정) : 우뚝 솟은 모양, 멀리 까마득한 모양, 멀리 빙빙 돌아 의지할 데가 없는 모양
♠ 玉芙蓉(옥부용) : 아름다운 연꽃 ♠ 蕩漾(탕양) : 출렁거리는 모양. 넘실거림
♠ 蜿蜒(완연) : 뱀이나 용이 꿈틀거리듯 구불구불 길게 뻗어있는 모양
♠ 鳥道(조도) : 나는 새도 넘기 힘든 가파른 샛길
♠ 鴻濛(홍몽) : 천지개벽이 있기 전 혼돈의 상태. 天地自然의 元氣
♠ 峯(봉우리 봉) : 山-총10획; [fēng] : 봉우리, 뫼, 산, 봉우리 모양을 한 것
♠ 芙(부용 부) : 艸-총8획; [fú,fóu] : 부용, 목부용(木芙蓉)
♠ 蓉(연꽃 용) : 艸-총14획; [róng] : 연꽃, 부용, 목련
♠ 蕩(쓸어버릴 탕) : 艸-총16획; [dàng] : 쓸어버리다, 씻어버리다, 흐리게 하다, 물을 대다, 흩어지다
♠ 滄(찰 창) : 水-총13획; [cāng] : 차다, 싸늘하다, 강 이름, 푸르다(蒼)
♠ 溟(어두울 명) : 水-총13획; [míng] : 어둡다, 바다, 남북의 극(極)
♠ 蜿(굼틀거릴 완) : 虫-총14획; [wān] : 굼틀거리다, 굼틀거리는 모양, 벌레가 구물거리는 모양
♠ 蜒(구불구불할 연) : 虫-총13획; [yán] : 구불구불하다, 구불구불하게 긴 모양,
♠ 突(갑자기 돌) : 穴-총9획; [tū] : 갑자기, 부딪다, 불룩하게 나오다
♠ 兀(우뚝할 올) : 儿-총3획; [wù,wū] : 우뚝하다, 머리가 벗어지다, 움직이지 않는 모양
♠ 壑(골 학) : 土-총17획; [hè] : 골, 산골짜기, 도랑, 개천, 해자(垓字), 성지(聖地)

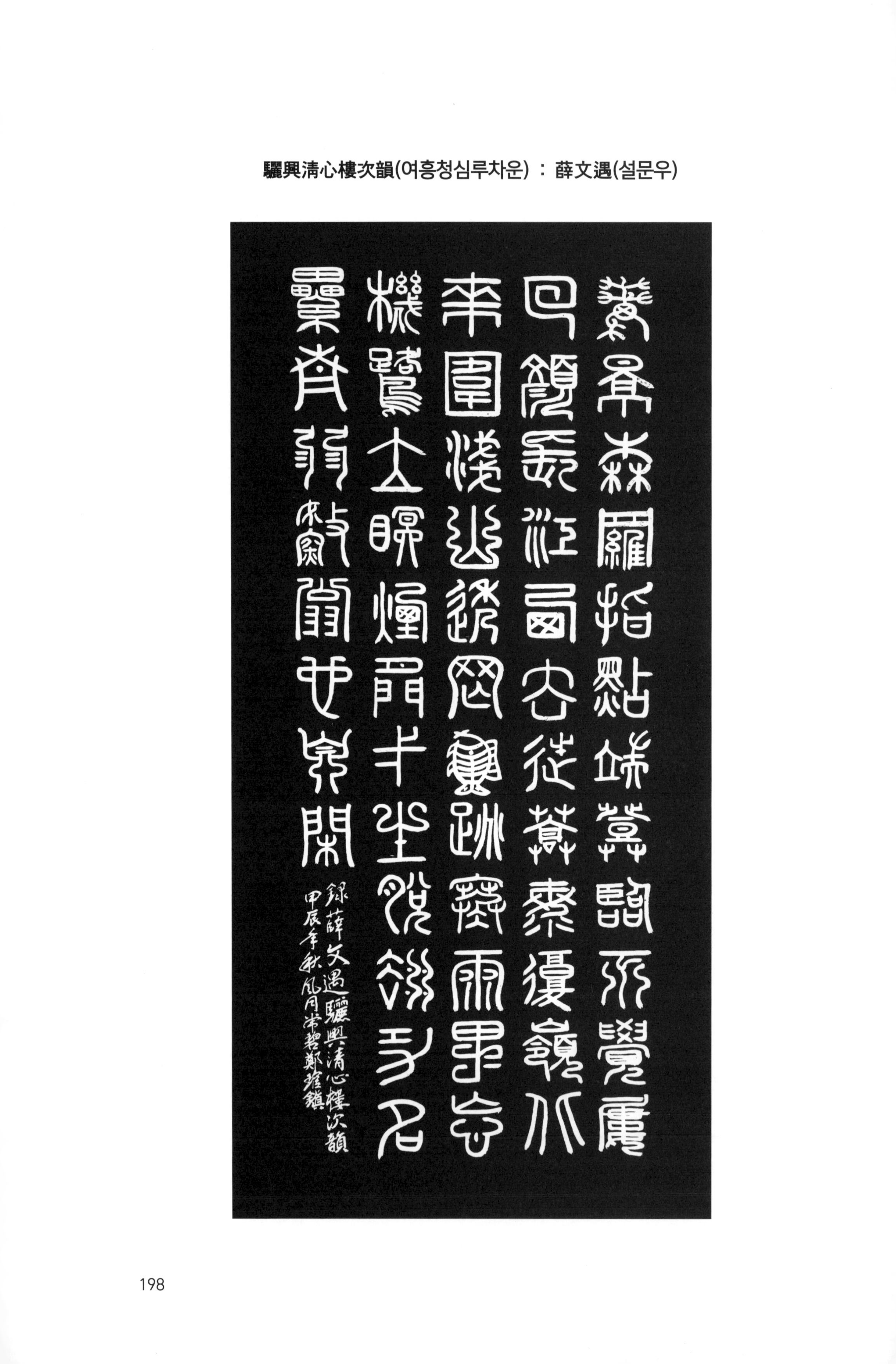

驪興淸心樓次韻(여흥청심루차운) : 薛文遇(설문우)

驪興淸心樓次韻(여흥청심루차운) - 여흥 청심루의 시를 차운하다 : 薛文遇(설문우)

萬景森羅指點端(만경삼라지점단) : 온갖 경치 손가락질 끝에 보이고
登臨不覺屢回顏(등림불각루회안) : 올라와 보니 나도 모르게 자꾸 고개 돌려진다
長江西去赴蒼海(장강서거부창해) : 긴 강은 서로 흘러 푸른 바다에 들고
複嶺北來圍淺山(복령북래위천산) : 겹친 고개 북에서 와 낮은 산을 둘렀구나
透網魚跳寒雨裏(투망어도한우리) : 찬비 속에 고기들은 그물 뚫으며 뛰놀고
忘機鷺立暝煙間(망기로립명연간) : 시름 잊은 해오리 아득한 연기 속에 서 있다
一生脫却功名累(일생탈각공명루) : 한 평생 공명의 누를 다 벗어버리고
靑蒻漁翁也自閑(청약어옹야자한) : 부들 삿갓 저 어부야 저절로 한가롭다.

☞ **한자와 어구**

♠ 驪興(여흥) : 경기도 驪州의 옛 이름.
♠ 淸心樓(청심루) : 여주읍(驪州邑) 漢江 가에 있던 누대. 여주 절경의 하나로, 목은(牧隱)· 포은(圃隱) 등 40여 文客의 詩板이 걸려 있었다고 한다.
♠ 忘機(망기) : 機心(기회를 보고 움직이는 마음. 긴교하게 속이기니 책략을 꾸미는 마음)을 잊음. 즉 끊임없이 부귀영화와 같은 세속적 욕심을 이루려는 마음에서 벗어나 한가로운 마음이 되는 상태를 지칭함.
♠ 靑蒻(청약) : 청약립(靑蒻笠). 푸른 부들로 만든 삿갓.
♠ 點(점 점) : 黑-총17획; [diǎn] : 점, 문자의 말소(抹消), 자구(字句)의 정정(訂正), 세다, 점검하다
♠ 端(바를 단) : 立-총14획; [duān] : 바르다, 곧다, 옳다, 바로잡다, 진실
♠ 臨(임할 림{임}) : 臣-총17획; [lín] : 임하다, 보다, 크다, 군림하다, 괘 이름, 여럿이 울다, 굽히다
♠ 赴(나아갈 부) : 走-총9획; [fù] : 나아가다, 알리다, 가서 알리다,
♠ 嶺(재 령{영}) : 山-총17획; [lǐng] : 재, 산봉우리, 연산(連山), 잇달아 뻗어 있는 산줄기
♠ 透(통할 투) : 辵-총11획; [tòu] : 통하다, 뛰다, 뛰어넘다, 지나가다, 다하다, 극도에 달하다, 궁지에 빠지다
♠ 網(그물 망) : 糸-총14획; [wǎng] : 그물, 날과 씨가 빗겨 엇갈리는 무늬, 규칙, 법

水仙花(수선화) : 黃庭堅(황정견)

水仙花(수선화) - 수선화 꽃 : 황정견(黃庭堅)

凌波仙子生塵襪(능파선자생진말) : 물결을 압도하는 신선 버선에 먼지가 일듯
水上盈盈步微月(수상영영보미월) : 물위를 사뿐사뿐 희미한 달빛 속을 걷는 듯 하다
是誰招此斷腸魂(시수초차단장혼) : 누가 이 애끓는 혼령을 불러
種作寒花寄愁絶(종작한화기수절) : 늦가을에 피는 꽃 종자를 심어 애절한 시름을 부치나
含香體素欲傾城(함향체소욕경성) : 향기 머금은 하얀 몸은 경국지색 미인이라
山礬是弟梅是兄(산반시제매시형) : 산반 꽃은 동생이요 매화꽃은 형이라네
坐待眞成被花惱(좌대진성피화뇌) : 앉아서 보노라니 꽃에 번뇌 당하니
出門一笑大江橫(출문일소대강횡) : 문을 나와 한번 웃으니 큰 강물이 옆으로 흐르누나

☞ **한자와 어구**

♠ 水仙花(수선화) : 수선을 일러 금잔옥대(金盞玉臺)、여시화(女史花)·설중화(雪中花)·능파선(凌波仙)이라고도 한다.

♠ 仙子(선자) : 신선(神仙). 용모(容貌)가 아름다운 여자(女子).

♠ 盈盈(영영) : [문어] 물이 맑고 얕다. 여자의 자태가 날렵하고 아름답다. 걸음 걸이가 사뿐사뿐하다.

♠ 미월(微月) : 가늘게 빛나는 달. (新月 초승달. 음력(陰曆) 초하룻날 보이는 달. 달과 태양(太陽)이 같은 황경(黃經)이 되는 때의 달.)

♠ 斷腸(단장) : 애끓다. 매우 슬프다. 창자가 끊어진다는 뜻으로, 창자가 끊어지는 듯하게 견딜 수 없는 심한 슬픔이나 괴로움.

♠ 襪(버선 말) : 버선(발에 신는 물건). 허리띠.

♠ 招(부를 초) : 부르다, 손짓하다.

♠ 凌(얼음 릉(능)릉/업신여길 릉(능)) : 얼음. 업신여기다(≒陵). 압도하다(壓倒--: 보다 뛰어난 힘이나 재주로 남을 눌러 꼼짝 못 하게 하다)

♠ 波(파 물결 파, 방죽 피) : 물결// 방죽(물이 밀려들어 오는 것을 막기 위하여 쌓은 둑), 둑

♠ 魂(넋 혼) : 넋(정신이나 마음). 혼령.

♠ 惱(번뇌할 뇌) : 번뇌하다(煩惱--). 괴로워하다.

獨夜(독야) : 韓龍雲(한용운)

獨夜(독야)-밤에 홀로 : 韓龍雲(한용운)

天末無塵明月去(천말무진명월거) : 해맑은 하늘 끝으로 밝은 달은 넘어가고
孤枕長夜聽松琴(고침장야청송금) : 외로운 잠자리, 긴긴밤 솔바람 소리 들린다.
一念不出洞門外(일념부출동문외) : 이 생각도 동문 밖을 나가지 못하고
惟有千山萬水心(유유천산만수심) : 오로지 온갖 산과 물과 함께 하는 마음뿐.
玉林垂露月如霰(옥림수로월여산) : 숲에 내린 이슬에 달빛 싸락눈 같은데
隔水砧聲江女寒(격수침성강녀한) : 물 건너 다듬질 소리에 강가 여인의 마음 차다.
兩岸靑山皆萬古(양안청산개만고) : 두 언덕 푸른 산들은 모두가 옛과 같아
梅花初發定僧還(매화초발정승환) : 매화꽃 피어날 때면 정녕 다시 돌아오리라

☞ **한자와 어구**

♠ 天末(천말) : 천제(天際), 하늘 끝.
♠ 一念(일념) : 염불에 전념함, 한결같은 생각.
♠ 千山萬水(천산만수) : 수없이 많은 산과 물, 깊은 산속.
♠ 垂露(수로) : 필법의 하나, 세로로 내리는 획의 끝을 뭉뚝하게 멈추는 필법, 뚝뚝 듣는 이슬
♠ 無(없을 무) : 火-총12획; [wú,mó] : 없다, 허무(虛無)의 도, 금지하는 말
♠ 聽(들을 청) : 耳-총22획; [tīng] : 듣다, 자세히 듣다, 받다, 받아들이다
♠ 松(소나무 송) : 木-총8획; [sōng] : 소나무
♠ 琴(거문고 금) : 玉-총12획; [qín] : 거문고
♠ 惟(생각할 유) : 心-총11획; [wéi] : 생각하다, 도모하다, 꾀하다, 늘어서다,
♠ 垂(드리울 수) : 土-총8획; [chuí] : 드리우다, 베풀다, 가, 끝
♠ 霰(싸라기눈 산) : 雨-총20획; [xiàn,sǎn] : 싸라기눈, 말린 떡을 잘게 썬 것
♠ 隔(사이 뜰 격) : 阜-총13획; [gé] : 사이가 뜨다, 또 사이를 떼다, 멀어지다, 나누다, 등한히 하다, 가리다, 숨기다, 거리, 치다(擊)
♠ 砧(다듬잇돌 침) : 石-총10획; [zhēn] : 다듬잇돌, 모탕
♠ 岸(언덕 안) : 山-총8획; [àn] : 언덕, 기슭, 뛰어나다
♠ 僧(중 승) : 人-총14획; [sēng] : 중, 마음이 편안한 모양
♠ 還(돌아올 환) : 辵-총17획; [hái,huán] : 돌아오다, 복귀하다, 뒤돌아보다, 물러서다, 돌려보내다, 보상하다, 사방을 둘러보다

邀月亭韻(요월정운) : 奇大升(기대승)

邀月亭韻(요월정운) - 요월정의 운을 쓰다 : 奇大升(기대승)

夫君才氣合乘車(부군재기합승차) : 그대의 재주와 기운은 수레를 탈 만한 데
遁跡江湖放浪餘(둔적강호방랑여) : 강호에 숨어 방랑한 나머지 자취를 감추었네
載酒引船風色嬾(재주인선풍색란) : 술을 싣고 배를 타니 날씨는 조용하고
藝花扶杖月華虛(예화부장월화허) : 꽃 심고 지팡이 짚으니 달빛도 밝은데
經心舊學惟心也(경심구학유심야) : 옛 학문에 마음을 다스리니 오직 한 마음
脫手新詩更賁如(탈수신시경분여) : 새로운 시에 손을 대니 다시 흥겨워지네
雨露九天應下漏(우로구천응하루) : 하늘의 비와 이슬은 당연히 내려오려니
直長威望壓周廬(직장위망압주려) : 직장의 위엄과 명망이 주려를 압도하리라

☞ **한자와 어구**

♠ 邀月亭(요월정) : 전남 장성군 황룡면 황룡리에 있는 정원임. 1985년 전라남도 기념물로 지정. 황룡강 서북쪽 언덕 위에 세워진 정면 3칸, 측면 3칸 팔작지붕.
♠ 才氣(재기) : 재치가 있어 훌륭하게 일을 해 내는 정신능력(精神能力)
♠ 合乘車(합승거) : 벼슬할 만하다는 밀.
♠ 舊學(구학) : 구학문(舊學問)
♠ 直長(직장) : 돈녕부, 상서원, 봉상시, 종부시, 사옹원, 내의원, 상의원, 군기시, 내자시, 내섬시, 예빈시, 사섬시, 군자감 등 여러 관청에 두었던 종7품직.
♠ 威望(위망) : 위세와 명망.
♠ 周廬(주려) : 궁궐을 경호하는 군사가 번들어 자던 군막(軍幕)
♠ 乘(탈 승) : 丿-총10획; [chéng,shèng] : 타다, 오르다, 업신여기다
♠ 遁(달아날 둔{원음(原音);돈} : 辵-총13획; [dùn] : 달아나다, 끊다, 피하다, 숨다
♠ 跡(자취 적) : 足-총13획; [jī] : 자취, 흔적, 뒤를 캐다, 밟다, 뛰다
♠ 嬾(게으를 란{난}) : 女-총19획; [lǎn] : 게으르다, 꽤 나른하다, 엎드리다, 눕다
♠ 虛(빌 허) : 虍-총12획; [xū] : 비다, 없다, 적다, 드물다, 모자라다, 준비가 없다, 욕심이 없다, 약하다, 비워두다, 틈
♠ 賁(클 분) : 貝-총12획; [bì,bēn] : 크다, 날래다, 지다, 결을 내다, 흙 부풀어 오르다
♠ 漏(샐 루{누}) : 水-총14획; [lòu] : 새다, 스며들다, 틈으로 나타나다, 비밀이 드러나다, 구멍, 틈, 구멍을 뚫다
♠ 壓(누를 압) 土-총17획; [yā,yà] : 누르다, 억압하다, 무너뜨리다, 막다,

無題(무제) : 李商隱(이상은)

無題(무제) - 제목을 잃은 시 : 李商隱(이상은)

相見時難別亦難(상견시난별역난) : 어렵게 만난 사이 헤어짐도 애태워
東風無力百花殘(동풍무력백화잔) : 시들어지는 꽃 봄바람인들 어쩌리
春蠶到死絲方盡(춘잠도사사방진) : 봄 누에는 죽기까지 실을 뽑고
蠟炬成恢淚始乾(납거성회누시건) : 재 되어서야 마르는 초의 눈물이여
曉鏡但愁雲빈改(효경단수운빈개) : 아침마다 거울 보며 희어진 머리 쓸어 빗으며 한숨 짓고
夜吟應覺月光寒(야음응각월광한) : 잠 못 이뤄 흥얼대면 달빛은 차리
蓬山此去無多路(봉산차거무다로) : 봉래산은 여기서부터 멀지 않으니
靑鳥殷勤爲探看(청조은근위탐간) : 파랑새야 날 위해 남몰래 가보아다오.

☞ **한자와 어구**

♠ 相見時難別亦難(상견시난별역난) : 힘들게 얻은 만남이므로, 이별이 더욱 힘들다는 말이다.

♠ 東風無力百花殘(동풍무력백화잔) : 봄바람이라도 온갖 꽃이 시들어감을 막힘이 없다. 우리의 이별도 어쩔 수 없다는 뜻.

♠ 春蠶到死絲方盡(춘잠도사사방진) : '絲'와 '思'는 같은 음으로 重意語이다. 봄누에가 죽어야 실을 토하는 것이 끝나듯, 굳건한 애정 역시 죽어서야 끝남을 비유하였다.

♠ 蠟炬成灰淚始乾(납거성회루시건) : '淚'는 촛농과 눈물을 뜻하는 중의어이다. 이 구절 역시 초가 다 타서 재가 되어야 촛농이 마르듯, 애정이 변하지 않음을 비유하였다.

♠ 雲鬢改(운빈개) : '운빈(雲鬢)'은 젊은 여인의 구름과 같은 검은 머리를 형용한다. '改'는 용모가 초췌하게 바뀌었음을 말한다.

♠ 蓬萊(봉래) : 봉산(蓬山)으로 되어있는 본도 있다. 봉래는 동해의 선산(仙山)인데 여기서는 애인이 있는 곳을 지칭한다.

♠ 靑鳥(청조) : 서왕모(西王母)에게 소식을 전해주던 전설상의 신조(神鳥)인데, 여기서는 소식을 전해주는 사람을 말한다.

♠ 殷勤(은근) : 은근(慇懃)과 같음, 살며시.

♠ 蠶(누에 잠) : 虫-총24획; [cán] : 누에, 누에 치다, 양잠하다

♠ 蠟(밀 랍{납} : 虫-총21획; [là] : 밀, 꿀벌의 집을 끓여서 짜낸 기름, 밀초, 밀로 만든 초, 밀을 발라 광택을 내다.

月溪寺樓上初晴晩眺(월계사루상초청만조) : 陳澕(진화)

月溪寺樓上初晴晚眺(월계사루상초청만조) - 월계사 누대위에서 맑아지는 저녁 풍경을 보며 : 陳澕(진화)

小樓高倚碧孱顔(소루고의벽잔안) : 작은 누각 푸르고 험한 산마루에 높이 기대고 있어
雨後登臨物色閑(우후등림물색한) : 비 온 뒤 올라보니 주변 경치 한적하구나!
帆帶綠煙歸遠浦(범대녹연귀원포) : 돛배는 푸른 안개 띠고 먼 포구로 돌아가고
潮穿黃葦到前灣(조천황위도전만) : 조수는 누런 갈대숲을 뚫고 눈앞의 물굽이에 밀려온다.
水分天上眞身月(수분천상진신월) : 강물과 나뉜 하늘 위엔 참모습 달이 떠 있고
雲漏江邊本色山(운루강변본색산) : 구름이 흘러내린 강가엔 본래의 산색이 드러나네
客路幾人閑似我(객로기인한사아) : 나그넷길에서 몇 사람이나 나처럼 한가할까?
曉來吟到晚鴉還(효래음도만아환) : 새벽에 시 읊으러 왔는데, 저녁 까마귀 돌아가네

☞ **한자와 어구**

♠ 孱顔(잔안) : 산이 높고 험한 모양.
♠ 眞身月(진신월) : 진신(眞身)은 불교 용어로 '진짜 제몸'임. 진신월은 '진짜 제몸의 달'로, '하늘에 있는 달'을 뜻하며, 거울이나 물에 비친 달에 내비해 쓴 말임.
♠ 晩鴉還(만아환) : 저녁이 되어 갈까마귀들이 보금자리로 날아돌아오는 것으로, 여기서는 이렇게 날아돌아오는 저녁 시간을 말함
♠ 孱(잔약할 잔) : 子-총12획; [chán,càn] : 잔약하다, 나약하다, 산이 높거나 험한 모양, 삼가다
♠ 煙(연기 연) : 火-총13획; [yān,yīn] : 연기, 연기가 끼다, 그을음
♠ 眺(바라볼 조) : 目-총11획; [tiào] : 바라보다, 살피다, 주의하여 보다
♠ 帆(돛 범) : 巾-총6획; [fān,fán] : 돛, 돛단배, 돛달다
♠ 潮(조수 조) : 水-총15획; [cháo] : 조수, 흘러 들어가다, 조수가 밀려들기 시작하다
♠ 穿(뚫을 천) : 穴-총9획; [chuān] : 뚫다, 구멍, 구멍이 나다.
♠ 葦(갈대 위) : 艸-총13획; [wěi] : 갈대, 작은 배, 변동하는 모양
♠ 灣(물굽이 만) : 水-총25획; [wān] : 물굽이, 육지로 쑥 들어온 바다의 부분, 활등처럼 쑥 들어온 모양
♠ 曉(새벽 효) : 日-총16획; [xiǎo] : 새벽, 동틀 무렵, 밝다, 환하다, 깨닫다, 환히 알다.
♠ 邊(가 변) : 辵-총19획; [biān] : 가, 가장자리, 근처, 부근, 일대, 끝, 한계
♠ 鴉(갈까마귀 아) : 鳥-총15획; [yā] : 갈까마귀, 검다, 검은빛

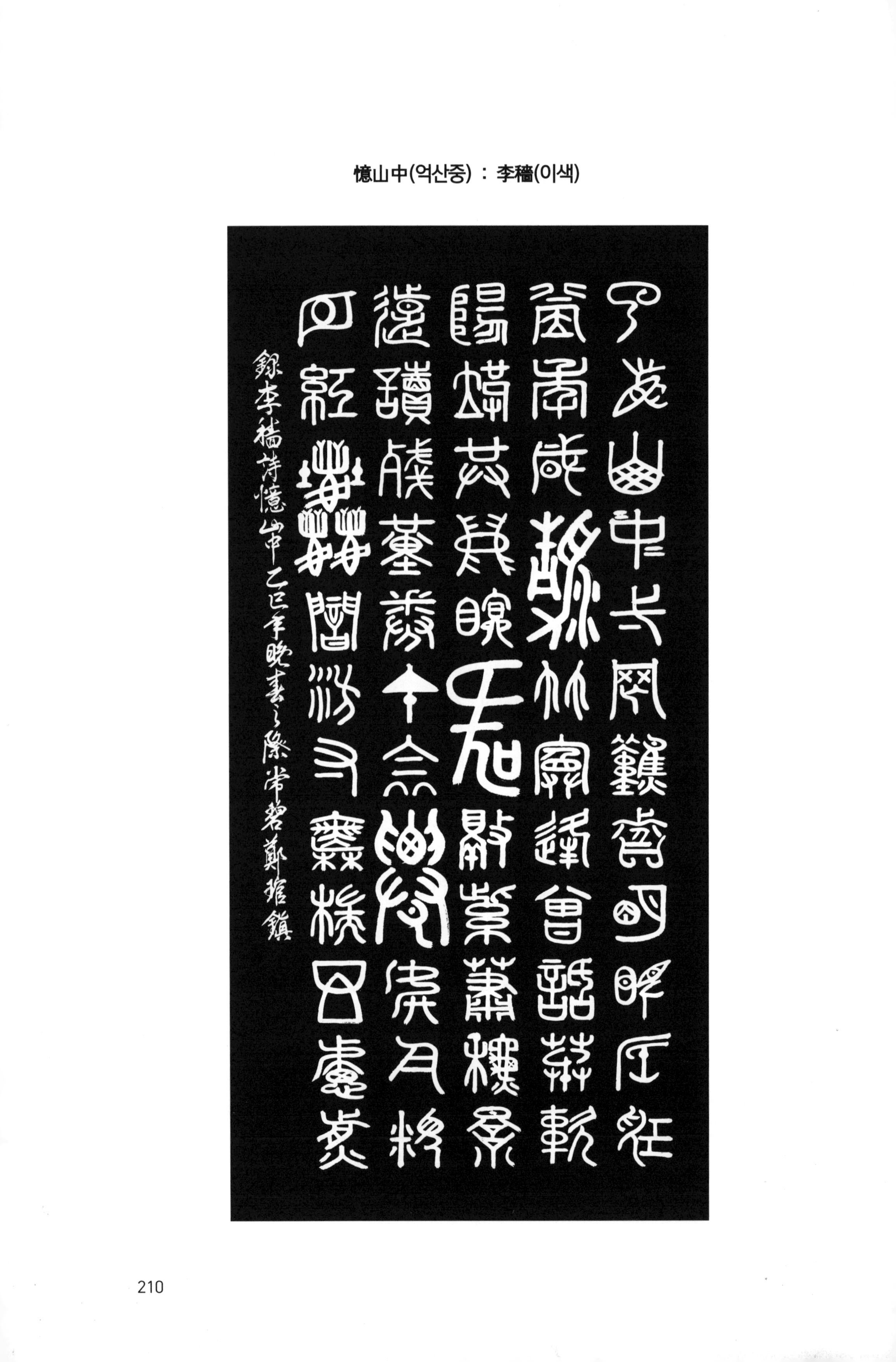

憶山中(억산중) : 李穡(이색)

憶山中(억산중) - 산속을 생각하며 : 李穡(이색)

回首山中一惘然(회수산중일망연) : 산속의 일을 생각해보니 한결같이 아련하고
分明眼底記當年(분명안저기당년) : 눈앞에 생생한 그해 일을 기억해 보노라.
風淸竹院逢僧話(풍청죽원봉승화) : 대나무 뜰 맑은 바람, 스님 만나 이야기 나누고
草軟陽坡共鹿眠(초연양파공록면) : 풀 부드러운 양지 언덕에서 사슴과 함께 잤도다.
吹徹紫簫秋景遠(취철자소추경원) : 자색 퉁소 다 불고 나니 가을 풍경 멀어지고
讀殘黃卷午陰遷(독잔황권오음천) : 책 읽기를 다하자 한낮이 지나갔도다.
如今眯目紅塵暗(여금미목홍진암) : 오늘처럼 세속에서 눈이 어두워지면
方寸無端百慮煎(방촌무단백려전) : 내 마음은 까닭 없이 온갖 근심에 애가 탄다.

☞ **한자와 어구**

♠ 惘然(망연) : 망망(惘惘). 실의(失意)에 빠짐. 정신이 멍함. 마음이 불편하고 허전함
♠ 眼底記(안저기) : 망막(網膜)에 기록됨. 여기서는 뇌리에 각인되다(머릿속에 새겨짐) 정도의 의미임
♠ 竹院(죽원) : 대나무숲 속의 집. 주위에 대나무를 많이 심은 집
♠ 吹徹(취철) : 취편(吹遍). 두루 불다. 여기서는'퉁소 소리 널리 퍼짐' 정도의 의미임.
♠ 紫簫(자소) : 퉁소. 자줏빛 퉁소
♠ 黃卷(황권) : 누런 두루마리 서권(書卷). 書卷은 권자본(卷子本) 즉 두루마리 형식으로 둘둘 만 서적(書籍).
♠ 午陰(오음) : 한낮. 한낮의 나무 그늘
♠ 眯目(미목) : 눈을 가늘게 뜸. 눈에 티가 들어감.
♠ 紅塵暗(홍진암) : 속세(俗世) 사정에 어두움. 티끌로 자욱한 인간 세상
♠ 方寸(방촌) : 사람 마음. 사방 한 치(寸)의 좁은 인간의 속내. 寸은 손가락 한 마디(2~2.5cm) 길이를 말함.
♠ 無端(무단) : 무단(無斷). 끊임없이.
♠ 白慮煎(백려전) : 온갖 근심으로 애태움
♠ 惘(멍할 망) : 心-총11획; [wǎng] : 멍하다, 멍한 모양
♠ 軟(연할 연) : 車-총11획; [ruǎn] : 연하다, 輭의 俗字
♠ 遷(옮길 천) : 辵-총16획; [qiān] : 옮기다, 위치를 바꾸어 놓다, 교환하다, 오르다, 움직이다, 이동하다, 변하다, 물러나다, 떠나다, 헤어지다, 내몰다

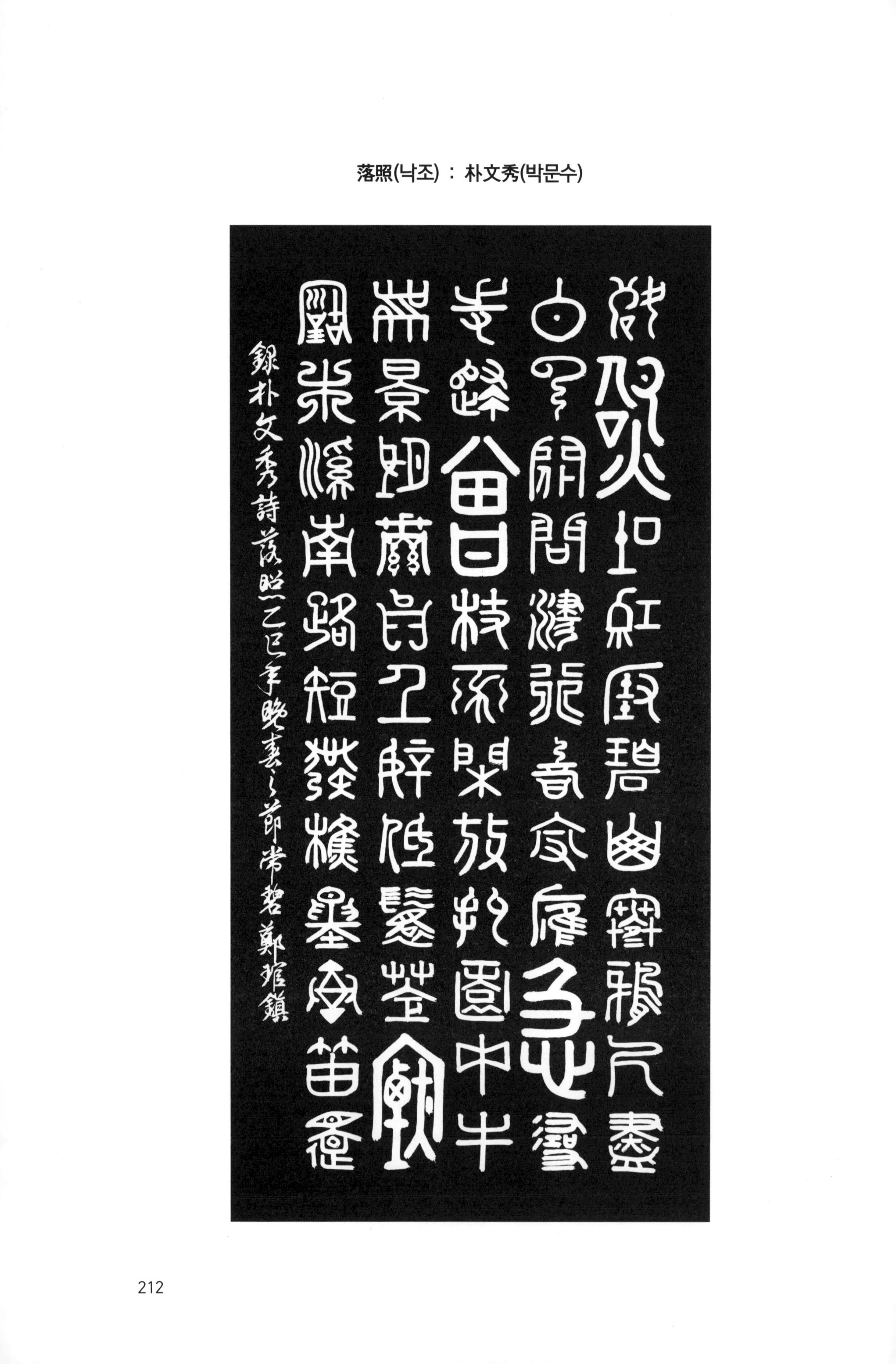

落照(낙조) : 朴文秀(박문수)

落照(낙조) -저녁에 지는 햇빛 : 朴文秀(박문수) : 암행어사 과거 등과 시

落照吐紅掛碧山(낙조토홍괘벽산) : 지는 해는 푸른 산에 걸려 붉은빛을 토하는데
寒鴉尺盡白雲間(한아척진백운간) : 찬 하늘에 까마귀는 흰 구름 사이로 사라지는 구나.
問津行客鞭應急(문진행객편응급) : 나루터를 묻는 길손은 말을 급히 몰아가고
尋寺歸僧杖不閒(심사귀승장불한) : 절로 돌아가는 스님도 지팡이 옮기기 바쁘구나
放牧園中牛帶影(방목원중우대영) : 놓아먹이는 동산에는 소 그림자 길게 드리웠고
望夫臺上妾低鬟(망부대상첩저환) : 누대 위에서 지아비를 기다리는 첩의 쪽 나지 막하네.
蒼煙古木溪南路(창연고목계남로) : 냇가의 남쪽 길 고목에는 푸른 연기 서려 있고
短髮樵童弄笛還(단발초동농적환) : 더벅머리 초동은 피리를 불며 돌아오는구나.

☞ **한자와 어구**

♠ 尺盡(척진) : 한 자만 더가면=조금만 더가면=거의 다가서다
♠ 掛(걸 괘) : 手-총11획; [guà] : 걸다, 걸어 놓다, 마음에 걸리다.
♠ 碧(푸를 벽) : 石-총14획; [bì] : 푸르다, 푸른 옥돌
♠ 鴉(갈까마귀 아) : 鳥-총15획; [yā] : 갈까마귀, 검다, 검은빛
♠ 鞭(채찍 편) : 革-총18획; [biān] : 채찍, 매질하다, 옛날 형벌의 이름
♠ 急(급할 급) : 心-총9획; [jí] : 급하다, 갑자기(亟), 빠르다
♠ 尋(찾을 심) : 寸-총12획; [xún] : 찾다, 생각하다, 보통, 평소
♠ 僧(중 승) : 人-총14획; [sēng] : 중, 마음이 편안한 모양
♠ 杖(지팡이 장) : 木-총7획; [zhàng] : 지팡이, 짚다, 지팡이를 짚다, 잡다, 쥐다
♠ 帶(띠 대) : 巾-총11획; [dài] : 띠, 띠다, 띠를 두르다, 차다, 허리에 차다.
♠ 鬟(쪽찐 머리 환) : 髟-총23획; [huán] : 쪽찐 머리, 산(山)의 모양, 또 산색(山色)의 비유, 계집종, 비자(婢子)
♠ 髮(터럭 발) : 髟-총15획; [fà,fā] : 터럭, 머리털, 초목(草木), 길이의 단위
♠ 樵(땔나무 초) : 木-총16획; [qiáo] : 땔나무, 화목(火木), 나무하다, 나무꾼, 나무하는 사람
♠ 弄(희롱할 롱{농}) : 廾-총7획; [nòng,lòng] : 희롱하다, 가지고 놀다, 제 마음대로 다루다
♠ 笛(피리 적) : 竹-총11획; [dí] : 피리

鄭澈(정철)과 眞玉(진옥)의 情念(정념) 시

鄭澈(정철)과 妓生(기생) 眞玉(진옥)이 隱密(은밀)히 나눈 情念(정념) 시

酬酌詩(수작시)

居世不知世(거세부지세) : 세상을 살면서도 세상을 모르고 사니
戴天難見天(대천난견천) : 하늘을 머리에 이고 살면서도 하늘 보기가 쉽질 않네
知心惟白髮(지심유백발) : 내 마음 알아주는 건 오직 백발 너뿐인 듯
隨我又經年(수아우경년) : 나를 따라서 또 한세월을 넘는구나

流配地(유배지)에서
정철이 신세 한탄 하는 詩(시) 한 수를 읊자 곁에 있던 妓生(기생) 眞玉(진옥)이 한 수 읊기를

鐵而曰鐵如鍱鐵(철이왈철여섭철) : 철이 철이 라커룸을 섭철인가 여겼더니
今視卽分明正鐵(금시즉분명정철) : 이제야 보아하니 정철(진짜 쇠 송곳)임이 분명하네
我有谷火無欲鎔(아유골불무욕용) : 내게 골 불모 있으니 녹여볼까 하노라.

장안에 정철의 이름이 떠들썩하게 났길래 별 볼 일 없는 사람이겠거니 여겼었는데 지금에서야 막상 마주에 대하여 보아하니 소문이 자자하던 그 유명한 정철임을 또렷이 알았도다

정철의 和答詩(화답시)

玉而曰玉如燔玉(옥이왈옥여번옥) : 옥이 옥이라커늘 燔玉(번옥=인조옥)만 여겼더니
今視卽的實眞玉(금시즉적실진옥) : 이제야 보아하니 眞玉(참옥)임이 的實(적실)하다
我有生肉錐欲穿(아유생육추욕천) : 내게 生肉錐(살송곳) 있으니 뚫어볼까 하노라.

평안도 江界(강계)에 진옥이란 기생 이름이 그리도 자자하기로 그저 그러려니 雜玉(잡옥)으로만 여겼더니 막상 대면하여 만나보니 진짜배기 참옥이 확실하네 내게 기둥 같은 튼실한 살 송곳이 있으니 한번 뚫어보고 싶구나.

薔薇花(장미화) : 李冶(이야) 여류 시인

薔薇花(장미화) - 장미꽃 : 李冶(이야) 여류 시인

翠融紅綻渾無力(취융홍탄혼무력) : 비취색 봉오리를 열고 붉게 피어나니 정신이 아득하고
斜倚欄杆似詫人(사의난간사타인) : 난간에 기대어 바라보니 나를 속이는 듯하다
深處最宜香惹蝶(심처최의향야접) : 조용한 곳에 피어나 그 진한 향기로 나비 부르고
摘時兼恐焰燒春(적시겸공염소춘) : 질 때는 봄을 태우는 듯하니 또한 놀라워라
當空巧結玲瓏帳(당공교결령롱장) : 허공중에 가지를 뽑아 올려 영롱한 휘장을 두르고
著地能鋪錦繡裀(저지능포금수인) : 땅 위에 가지를 늘여 비단 자리를 펼쳤구나!
最好凌晨和露看(최호릉신화로간) : 아! 새벽이슬 머금은 너를 바라보노라니 나를 업신여기듯
碧紗窗外一枝新(벽사창외일지신) : 푸른 휘장 밖으로 뻗은 가지에 또 한 송이가 피어난다,

☞ **한자와 어구**

♠ 玲瓏(영롱) : 광채가 찬란함
♠ 最好(최호) : 가장 좋다, 제일 좋다, (가장) 바람직한 것은, (제일) 좋기는
♠ 凌晨(능신) : 이른 새벽, 새벽녘, 동틀 무렵 ♠ 窗外(창외) : 창밖
♠ 翠(물총새 취) : 羽-총14획; [cuì] : 물총새, 물총새의 암컷, 비취색, 꽁지 살
♠ 融(화할 융) : 虫-총16획; [róng] : 화하다, 화합하다, 화락하다, 녹다,
♠ 欄(난간 란{난}) : 木-총21획; [lán] : 난간, 우리, 울, 칸막이, 경계
♠ 惹(이끌 야) : 心-총13획; [rě] : 이끌다, 끌어당기다, 흐트러지다, 끼다, 엉겨 붙다
♠ 恐(두려울 공) : 心-총10획; [kǒng] : 두려워하다, 두려움, 협박하다, 으르대다, 아마, 의심컨대
♠ 焰(불 댕길 염) : 火-총12획; [yàn] : 불이 댕기다, 불이 붙기 시작하는 모양, 불꽃, 빛, 불빛, 염(燄)과 同字
♠ 瓏(옥 소리 롱{농}) : 玉-총20획; [lóng] : 옥 소리, 바람 소리, 환한 모양
♠ 繡(수 수) : 糸-총18획; [xiù] : 수, 수놓다, 성(姓), 생초(生綃)
♠ 紗(깁 사) : 糸-총10획; [shā] : 깁, 엷고 가는 견직물, 외올실, 합사하지 아니한 실, 미미하다

曲江(곡강) : 杜甫(두보)

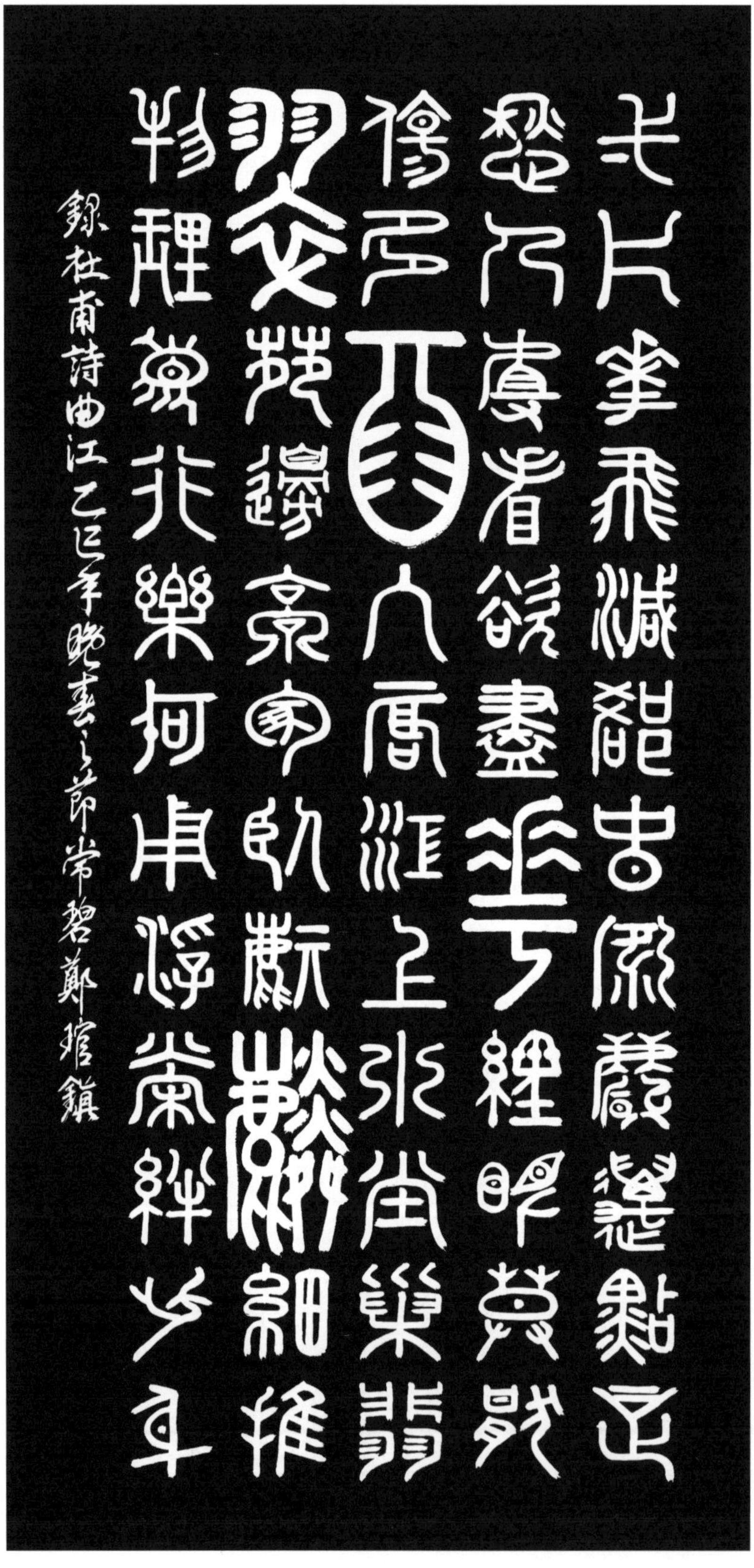

曲江(곡강) - 호수의 이름 : 杜甫(두보)

一片花飛減却春(일편화비감각춘) : 한 조각 꽃잎이 져도 봄빛 줄어드는데
風飄萬點正愁人(풍표만점정수인) : 만 점의 꽃바람에 날리니 참으로 시름겹구나
且看欲盡花經眼(차간욕진화경안) : 이 경치를 다 보려 하나 꽃은 잠깐뿐이니
莫厭傷多酒入脣(막염상다주입순) : 몸 상한다고 어찌 술을 마시지 않으리
江上小堂巢翡翠(강상소당소비취) : 강가 작은 정자엔 비취 새 깃들고
苑邊高塚臥麒麟(원변고총와기린) : 부용원 뜰 가 고관의 무덤 기린 석상도 뒹구네
細推物理須行樂(세추물리수행락) : 세상 이치 따져보니 모름지기 즐거움을 따를 지니
何用浮榮絆此身(하용부영반차신) : 어찌 헛된 영화에 이 한 몸 얽매이리

☞ **한자와 어구**

♠ 曲江(곡강) : 장안 동남쪽에 있는 명소의 호수 이름
♠ 減却(감각) : 덞, 깎음, 양이 줄어듦
♠ 却春(각춘) : 가는 봄
♠ 風飄(풍표) : 바람에 흩날리다
♠ 正愁人(정수인) : 정말로 사람을 슬프게 함
♠ 且看(차간) : 잠깐 보다.
♠ 盡花(진화) : 지는 꽃
♠ 經眼(경안) : 눈을 스치다
♠ 莫厭(막염) : 싫어하지 말라
♠ 入脣(입순) : 마시다
♠ 巢翡翠(소비취) : 비취 새의 집
♠ 臥麒麟(와기린) : 쓰러진 기린 석
♠ 麒麟(기린) : 묘원에 세운 기린 모양의 석상
♠ 細推(세추) : 헤아려
♠ 須行樂(수행락) : 즐겨야 함
♠ 絆此身(반차신) : 이 몸을 얽어매다
♠ 飄(회오리바람 표) : 風-총20획; [piāo] : 회오리바람, 질풍, 일정하지 않은 바람
♠ 厭(싫을 염) : 厂-총14획; [yàn] : 싫다, 족하다, 차다, 가득 차다.

代悲白頭翁(대비백두옹) - 劉希夷(유희이) 또는 劉廷芝(유정지)

代悲白頭翁(대비백두옹) - 劉希夷(유희이) 또는 劉廷芝(유정지)

(전반부)

洛陽城東桃李花(낙양성동도이화) : 낙양성 동녘에 핀 복사꽃
飛來飛去落誰家(비래비거낙수가) : 바람에 흩날려 뉘 집에 지는가?
洛陽女兒惜顔色(낙양여아석안색) : 낙양에 색시들 늙기 한이 되어
行逢落花長歎息(행봉낙화장탄식) : 길가다가 지는 꽃 바라보며 긴 탄식한다
今年落花顔色改(금년낙화안색개) : 올해 지는 꽃에 얼굴빛도 변하리니
明年花開復誰在(명년화개부수재) : 내년에 꽃 피면 여기 누가 남아 있으리
已見松栢摧爲薪(이견송백최위신) : 보았노라, 송백은 꺾여져 땔나무 되고
更聞桑田變成海(갱문상전변성해) : 또 들었노니 뽕나무밭은 부른 바다 된다 는 것을
古人無復洛城東(고인무복낙성동) : 낙성엔 옛사람 자취 다시없고
今人還對落花風(금인환대낙화풍) : 지금 사람 대신 나와 지는 꽃바람 보네
年年歲歲花相似(연년세세화상사) : 해마다 세월 가도 꽃은 서로 비슷하나?
歲歲年年人不同(세세년년인부동) : 해마다 사람은 같은 사람 아니구나
寄言全盛紅顔子(기언전성홍안자) : 말 좀 들어보라 사랑하는 청춘들아
應憐半死白頭翁(응련반사백두옹) : 서럽지 않은가 늙은 이 몸이
此翁白頭眞可憐(차옹백두진가련) : 늙은이의 센 머리 가련하구나
伊昔紅顔美少年(이석홍안미소년) : 옛날엔 홍안의 미소년이었다네

☞ **한자와 어구**

♠ 대비백두옹(代悲白頭翁), 작자는 유희이(劉希夷)로 되어있으며 전당시(全唐詩)에도 유희이(劉希夷)의 작품으로 실려 있으나, 고문진보에는 宋之問(송지문)의 有所思(유소사)로 실려 있는데 그 사연은 다음과 같다.

장인인 송지문(宋之問)이 뒤의 한 연(聯)을 매우 좋아하여 이 시가 아직 세상에 알려지지 않은 것을 알고 자신에게 달라고 간절히 요구하였으나 유희이는 허락만 하고 결국 주지 않았다. 송지문은 그가 자신을 속인 것에 노하여 종을 시켜 별채에서 흙 포대로 압사시켜 죽이니, 당시 그의 나이가 채 서른이 못 되었다. 그리하여 사람들이 모두 불쌍하게 여겼다." 하였다.

♠ 更聞(갱문) : 다시 들음. ♠ 寄言(기언) : 말을 전(傳)해 달라고 함
♠ 紅顔(홍안) : 붉고 윤색이 나는 얼굴 ♠ 伊昔(이석) : 그 옛날.
♠ 芳樹(방수) : 한창 꽃이 피어 있는 나무
♠ 光祿(광록) : 중국 한나라 때의 벼슬 ♠ 鳥雀(조작) : 새와 참새. 또는 작은 새

작가 이력

- 옥조근정훈장(제47206호) - 대통령
- 현 (사)UN참전용사유공자연합회 세계문화예술추진위원장
- 현 (사)남북코리아미술교류협의회 이사장
- (사)남북코리아미술교류협의회 초대작가
- 일본 특정비영리활동법인 초대작가
- 대한민국 서예문인화 초대작가
- 제 17, 18, 19, 20, 21, 22, 23회 대한민국서예문인화대전 운영위원 및 심사위원
- 한국서예미술예총특별작가연합회 2021 서울비엔날레전(문인화)특별작가상
- 제6회 대한민국통일명인미술대전 (대회장상)
- 8.15 광복절 특별기획 2021 통일미술대축전(한국예술문화대상 우수작가상)
- 2022 인사동 비엔날레 한국서예미술예총명인
- 제7회 평화사랑 그림그리기 국제대회 심사위원 (사) 세계여성평화그룹
- 앙데팡당 KOREA 국제예술제 초대작가
- 한 작가회 회장 • 한국미술협회 회원 • 대한민국 예술인 인증회원
- 평강 정주환 선생님 사사

<작품 기획 및 전시>

- 제3회 평화통일 기반 조성을 위한 남북코리아 명인미술대전 기획 및 전시(인사동 한국미술관)
- 평화통일기반조성을 위한 제4회 남북코리아미술대축전 기획 및 전시(인사동 한국미술관)
- 평화를 사랑 미래를 창조 제1회 동북아여름(기념항일전쟁승리 70주년) 및 제5회 남북코리아 국제 미술작품전 기회 및 전시(중국 길림성 황미술관)
- 평화를 열애 미래를 동경 제1회 동북아여름 및 제6회 남북코리아국제미술작품전 기획 및 전시 (중국 길림성 황미술관)
- 중앙아시아 고려인 이주 80주년 기념 및 평화통일기반 조성을 위한 제7회 남북코리아국제미술전 기획 및 전시(키르기즈공화국 국립현대미술관)
- 중앙아시아 고려인 이주 81주년 기념 및 평화통일기반 조성을 위한 제8회 남북코리아국제미술전 기획 및 전시(키르기즈공화국 국립현대미술관)
- 중앙아시아(러시아)고려인 이주 82주년 기념 제9회 남북코리아국제미술전 기획 및 전시 (러시아 모스크바 Gostiny Dvor 미술관)
- 평화통일 기잔 조성을 위한 8·15 광복 75주년 기념 제10회 남북코리아국제미술전 기획 및 전시 (인사동 한국미술관)
- 제1회 한 작가회 회원전(서울 인사동 한국미술관)

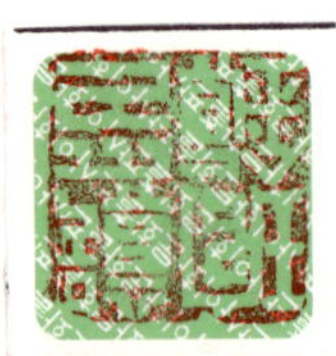

금석문
한시101수

2026년 2월 10일 초판 발행

저 자 정 관 진

발행인 이 홍 연·이 선 화
발행처 ㈜이화문화출판사
주 소 서울시 종로구 인사동길 12, 310호(대일빌딩)
전 화 02-732-7091~3 (도서주문)
02-738-9880 (본사)
FAX 02-725-5153 (팩스)
홈페이지 www.makebook.net

값 20,000원